Soziale Schicht, Bildung und Schicksal

Soziale Schicht, Bildung und Schicksal

Geschichte einer Bergmannsfamilie in Ottfingen, Südwestfalen, um 1900

Joachim Bröcher

Lissa Eichert-Klute

Das Gemälde auf der Buchvorderseite zeigt das im Tal der Großmicke gelegene Dorf Ottfingen, Südwestfalen. Das Bild stammt von Käte Krähmer. Es handelt sich um eine Temperamalerei. Das 48 cm x 35 cm große Bild befindet sich im Privatbesitz von Lissa Eichert-Klute.

2. leicht korrigierte Auflage, 2025
(Erstauflage 2024)

Bibliografische Information der Deutschen Nationalbibliothek:
Die Deutsche Nationalbibliothek verzeichnet diese Publikation in der Deutschen Nationalbibliografie; detaillierte bibliografische Daten sind im Internet über http://dnb.dnb.de abrufbar.

Verlag: BoD · Books on Demand GmbH, In de Tarpen 42, 22848 Norderstedt, bod@bod.de
Druck: Libri Plureos GmbH, Friedensallee 273, 22763 Hamburg
ISBN: 978-3-7597-6212-2

Inhalt

Innehalten, Zurückschauen und den sich stellenden Fragen auf den Grund gehen

Joachim Bröcher

Innehalten und zurückschauen

Natürlich könnten wir mit unserem Leben auch einfach weitermachen, ohne zurückzuschauen, einfach immer weiter machen, alles, was hinter uns liegt, einfach vergessen, die Gegenwart gestalten, die sich uns stellenden Herausforderungen angehen und die Zukunft entwerfen, so gut wie wir es eben vermögen und soweit es in unseren eigenen Händen liegt.

Doch wenn wir innehalten und dann doch die Rückschau wagen, und das auch in Ruhe, mit genügend Zeit und in gründlicher Betrachtung tun, können wir zu vielschichtigen Überlegungen und Erkenntnissen gelangen. Auf der Basis lassen sich dann weitere Fragen entwickeln und vorläufige Antworten finden, wenigstens ansatzweise.

Die wahre historische, geistige und seelische Komplexität und Tiefe der hinter uns liegenden Gesellschaftsformen und Lebensrealitäten der Menschen, die darin lebten, können wir natürlich nicht mehr im vollen Maße erfassen. Doch es bleiben uns Wege, die Vergangenheit, die hinter uns selbst und im Leben unserer Vorfahren und noch weiter zurückliegt, in einer Art „hermeneutischen Zirkel", wie Gadamer (1990) es nennt, quasi durch kreisförmige, spiralförmige Annäherung, schrittweise immer besser zu erfassen, stets in dem Bewusstsein, dass wir den thematischen Zusammenhang, um den es dabei geht, niemals in vollem Ausmaß werden begreifen können.

Wenn wir dies also tun, dann werden wir sicher mit Entdeckungen und Einblicken belohnt, die unser Bewusstsein der eigenen Existenz erweitern können und die uns vielleicht anders weitermachen lassen, in unserem heutigen und zukünftigen Leben, als wir es sonst getan hätten.

Generationen und Lebenswege

In diesem Sinne und mit dieser Absicht schauen wir nun zurück in das in Südwestfalen gelegene Dorf Ottfingen. Wir versetzen uns in die Jahre zwischen etwa 1750 und 1970, teils gehen wir auch noch wesentlich weiter zurück. Zunächst einmal betrachten wir die Lebensgeschichten und Lebensumstände des Bergmanns Josef Eichert und der Strumpfstrickerin Maria Weber und ihrer insgesamt elf Kinder.

Wir betrachten auch einen Teil ihrer familiären Vorgeschichte, soweit sich diese aus heutiger Sicht noch rekonstruieren lässt, das heißt das Leben der Generationen vor ihnen. Bei alledem sind auch die gesellschaftlichen Rahmenbedingungen von großer Bedeutung, sodass wir versuchen werden, diese zugleich in den Blick zu bekommen.

Schließlich skizzieren wir die Lebenswege von zwei Kindern dieser Bergmannsfamilie aus Ottfingen, das heißt von Rosa und Johann. Rosa wurde 1901 geboren. Johann, eigentlich Johannes, aber alle nannten ihn „Johann", so tun wir es hier auch, wurde 1905 geboren. Das Verb „skizzieren" trifft es aber auch wiederum nicht ganz, denn wir leuchten auch aus, wir erkunden und versuchen zum einen in die Tiefe der historischen Ereignisse wie auch in die Tiefenregionen des Seelenlebens der Hauptfiguren zu gelangen.

In die soziale Unterschicht hineingeboren werden

Den Titel „Soziale Schicht, Bildung und Schicksal" wählten wir, weil der Stoff, der sich hier entfaltet, dies nahelegte. Rosa und Johann wurden in der Zeit des Wilhelminischen Deutschlands geboren und wuchsen unter den Bedingungen der „Kaiserzeit" auf. Die beiden Geschwister wurden in die Gesellschaftsschicht der Bergleute, Ackerer, Wald- und Feldarbeiter, Tagelöhner, Knechte und Mägde hineingeboren.

Somit gehörten sie zu der sozialen Schicht der abhängig beschäftigten Arbeiterinnen und Arbeiter, die zusätzlich ein wenig Vieh, im Rahmen einer Nebenerwerbslandwirtschaft, hielten und zusätzlich ein Feld und einen Garten bestellten. Diese Ackerflächen wurden teils gegen Entgelt gepachtet, wenn sie nicht im Familienbesitz waren, um Möhren, Salat, Erbsen, Wirsing, Rotkohl oder Grünkohl für den eigenen Bedarf ernten zu können. Nur durch diesen zusätzlichen Ackerbau und diese parallele Viehzucht ließ sich die Versorgung mit Lebensmitteln, auch mit Fleisch, Wurst, Eiern und Milchprodukten, sicherstellen.

Beide, Rosa und Johann, hatten die, aus der sozialen Schicht, in die sie hineingeboren wurden, resultierenden Konsequenzen zu tragen, ihr ganzes Leben lang. Beide versuchten, allerdings auf ganz unterschiedliche Art und Weise, Bildung zu erwerben. Johann unternahm dies eher am Anfang seines Lebens, indem er institutionalisierte, das heißt schulische Wege formaler Bildung beschritt und Rosa, indem sie sich, etwa ab der Mitte des Lebens, auf informelle Art und Weise über das Lesen von Romanliteratur einen Bildungszugang verschaffte.

Johann machte einen Dorfschullehrer auf sich aufmerksam

Durch seine besondere Art hatte Johann offenbar einen Volksschullehrer auf sich aufmerksam gemacht. Ich stelle mir einen Jungen auf der Schulbank vor, der wissbegierig ist und der ein ausgeprägtes ethisch-moralisches Bewusstsein und ein feines Gerechtigkeitsempfinden hat, wie immer wieder berichtet wurde.

Ein guter Pädagoge wird schnell erkennen, dass ein solches Kind nach Höherem strebt, dass es nach anspruchsvolleren und intensiveren

Studien in den Wissenschaften, nach der Übernahme von gesellschaftlicher Verantwortung, nach Führungsaufgaben drängt, ohne dies freilich bereits schon im vollen Maße selbst zu wissen oder zu ahnen. Ein engagierter Lehrer weiß jedoch, dass ein solches Kind pädagogisch besonders unterstützt werden sollte.

Der Volksschullehrer setzt sich für Johann ein

So setzte sich Johanns Lehrer dafür ein, dass der Junge aus Ottfingen ein Gymnasium besuchen konnte, was für das soziale Milieu, aus dem der Junge kam, zu dieser Zeit eine absolute Ausnahme darstellte und was zudem mit vielerlei Hindernissen und Erschwernissen verbunden war.

Einem Mann, der durch und durch Pädagoge und Lehrer ist, können diese Dinge jedoch nicht gleichgültig sein. Oftmals kamen solche Lehrer selbst aus den unteren Sozialschichten und hatten somit eine hohe Identifikation mit Kindern und Jugendlichen aus eben dieser Gesellschaftsschicht, das heißt mit jungen Menschen, die es durch ihren sozialen Stand erst einmal schwer hatten und die es vielleicht schaffen könnten, sich durch schulische Bildung ins Zentrum der Gesellschaft hineinzubewegen, etwas aus sich zu machen und bedeutsame Positionen einzunehmen und so das gesellschaftliche Ganze positiv zu beeinflussen.

Der Ottfinger Volksschullehrer ging also zu Josef und Maria Eichert, setzte sich mit ihnen an den Küchentisch und sprach mit ihnen. Er zeigte ihnen auch Wege auf, wie das ganze Vorhaben praktisch umgesetzt werden konnte. Sodann verhandelte er mit den Schulbehörden und mit dem Rektor des Attendorner Rivius-Gymnasiums.

Bei alledem trat der Lehrer als Johanns Fürsprecher auf. Vor allem organisierte er zusätzlichen Lateinunterricht beim Wendener Pfarrer, damit Johann auf das Wissensniveau der renommierten Attendorner Lehranstalt gelangen und dort auch tatsächlich mithalten und bestehen konnte.

Auf den Gymnasien waren damals Schüler aus der Oberschicht

Nun war es im 19. Jahrhundert und auch noch weit nach 1900 so, dass sich auf den Gymnasien fast ausschließlich Schüler aus der gesellschaftlichen Oberschicht befanden, das heißt die Kinder der Adligen, der Industriellen und höheren Beamten.

Der polnische Schriftsteller Stanisław Przybyszewski (1868-1927) thematisiert in seinen Lebenserinnerungen genau diesen Zusammenhang von sozialer Herkunft und schulischer Bildung. Er beschreibt den Gegensatz zwischen Adel und Bauernschaft im preußisch besetzten Polen im 19. Jahrhundert.

Auch wenn die Lage in dieser Region ein wenig anders war als in der Provinz Westfalen, so lassen sich doch gewisse Dinge übertragen, um sich Johanns Situation besser vorstellen zu können.

Ein Volksschullehrer im preußisch besetzten Polen

Przybyszewski (1965), dessen Vater Lehrer war, schreibt: „Einmal kam Dybalski nicht wegen eines Berichts oder wegen einer Eingabe; er war heftig bewegt... `Ich möchte mir einen Rat holen, Herr Kollege... Ich habe in meiner Schule einen so erstaunlich begabten Schüler... und er zog ein paar Zeichnungen aus der Tasche... Aber das ist nicht alles... der Lümmel schreibt Gedichte´, er reichte Vater ein Blatt Papier, `und er hat ein Gedächtnis....“ (S. 35).

„Mein Vater sagte: ‚Ja! Das ist wirklich ein ungewöhnliches Talent! Hier muss etwas gefunden werden, hier muss man helfen. Schade um den Jungen, wenn er nicht vorwärts käme.'... Sie gingen zum alten Bauern

Słabędzki, baten ihn um ein Fuhrwerk und fuhren noch am gleichen Abend zu Józef Kościelski" (S. 36).

Die beiden Lehrer spannen ein Fuhrwerk an und fahren zum Schulrat

Wir haben eine durchaus vergleichbare Situation. Ein engagierter Lehrer, der einen begabten Schüler in der Klasse hat, einen Jungen, den er voranbringen will. Er sucht den Rat eines erfahrenen Kollegen. Gemeinsam fahren sie zum Schulrat und scheuen auch den Aufwand nicht, ein Fuhrwerk anzuspannen, denn es gab ja noch keinerlei Telekommunikationsmittel, die sie hätten nutzen können, um ihr Anliegen mitzuteilen und etwas in dieser Hinsicht zu erreichen.

Das waren engagierte Pädagogen, die so handelten und so ähnlich muss es auch in Ottfingen um das Jahr 1915 herum gewesen sein, wo sich der Volksschullehrer engagierte, um Johann den Weg zu höherer Bildung zu ebnen.

Wer aus dem Volksboden kam, hatte es unter den Söhnen der gesellschaftlichen Elite nicht leicht

Lesen wir jedoch weiter in Przybyszewskis Lebenserinnerungen und übertragen wir das Gelesene hypothetisch auf die Provinz Westfalen, dann war das, was da im Hinblick auf das altehrwürdige Rivius-Gymnasium von dem Ottfinger Dorfschullehrer geplant war und was Johann vor sich hatte, vermutlich kein einfaches Unternehmen.

Przybyszewski schreibt dazu: „Ach mit wieviel Galle sein Aufenthalt dort (auf dem Gymnasium, J.B.) von frühester Jugend an durchtränkt gewesen sein muss, das zu verstehen ist nur der imstande, der die damaligen Verhältnisse im Posenschen kennt! Zwischen Herrn und Bauer, zwischen Herrenhof und Bauernkate klaffte derselbe Abgrund wie einst zur Sachsenzeit. Ins Gymnasium konnte nur der Adel seine Söhne schicken; ein Bauernkind war im Gymnasium ein so unerhörtes, unwahrscheinliches Phänomen, dass alle Adelssöhnchen dieses Wundertier mit jener Verachtung, mit jener Nichtachtung betrachteten, in der man sie von Kind auf sorgfältig erzogen hatte: ein Bauer war kein Mensch" (S. 37).

Es dominierte Abhängigkeit und es herrschte ein Machtgefälle

Wir können uns den sozialen Graben heute gar nicht mehr vorstellen, der damals noch in den preußischen Provinzen, einschließlich der besetzten polnischen Gebiete, herrschte und der die gesellschaftliche Elite von den Bauern, Knechten, Tagelöhnern, Bergarbeitern usw. trennte. Das enorme Gefälle, das Abhängigkeits- und Machtgefälle zwischen den sozialen Schichten konnte sich etwa auf die von Stanisław Przybyszewski beschriebene Art und Weise äußern:

„Ich war selber Zeuge, wie ein dummer, vierzehnjähriger Lümmel in Gegenwart seines Vaters, der umfangreiche Güter besaß – `Besitzer´ heißt so ein Herr im früheren preußischen Teilgebiet -, einen alten Kutscher mehrere Male ins Gesicht schlug, weil er die Pferde etwas zu lose angespannt hatte. Ein zufriedenes und stolzes Lächeln erblühte auf dem Gesicht des hochmögenden Herren angesichts dieser ritterlichen Tat seines Erben" (S. 37).

Menschen aus den unteren Sozialschichten wurden vielfach als Menschen zweiter Klasse angesehen

Den jungen Przybyszewski hat das Erlebte freilich aufgewühlt und aufgebracht. Er schreibt in seinen Lebenserinnerungen: „Und ein einziges Mal schwang ich mich zu einer aggressiven Tat auf: Ich verabreichte dem Sohn eines Adligen eine Ohrfeige, weil er lauthals verkündigte, man solle das Schulgeld im Gymnasium um tausend Prozent erhöhen, um dem Bauernpack den Zugang zur höheren Schule zu versperren, es verpeste diese immer mehr, es sei doch unmöglich, mit solchem Gesindel auf derselben Bank zu sitzen!" (37 f.)

Der Lehrersohn Przybyszewski fährt fort: „Heute haben sich die Verhältnisse geändert, damals aber um das Jahr 1870, im Posenschen, als Kasprowicz (und das war eben der begabte Junge aus der unteren Volksschicht, J.B.) ein ganz und gar unwahrscheinliches Phänomen war inmitten der gesamten spottenden, verachtenden, höhnenden, zudringlichen Horde flacher, geschniegelter und gebügelter Adelssöhnchen – der Aufenthalt eines Bauernkindes unter ihnen musste eine schwere Qual, ein überaus schmerzhaftes Martyrium sein!" (S. 38)

Ausgeprägtes Gerechtigkeitsempfinden des Lehrersohns Przybyszewski

Wir sehen die starke Identifikation von Stanisław Przybyszewski mit dem Sohn einer alleinerziehenden Hebamme und wir erfahren auch, dass dieser zunächst ausgegrenzte Junge aus der unteren Sozialschicht sich unter den überheblichen Söhnen der gesellschaftlichen Elite schließlich nach und nach behaupten und schrittweise etablieren kann und dass er sogar eine gewisse Autorität gewinnt, die in bestimmten geistigen und intellektuellen Fähigkeiten des Jungen begründet ist.

Przybyszewski notierte dazu: „Welche Riesenkraft musste in dem kleinen Kasprowicz stecken, welch trotziger Stolz, welch wütendes Verlangen nach Verteidigung seiner Würde, wenn es ihm gelang, seine Seele vor endgültiger Deformierung zu bewahren... Schon damals musste eine große Kraft von ihm ausgehen, denn nach wenigen Jahren errang er ein geistiges Übergewicht über seine Altersgenossen, was auch die verbissensten Bauernfeinde ihm gegenüber machtlos werden ließ" (S. 38).

Keine vorschnellen Verallgemeinerungen, trotz allem:
Der Graben zwischen den sozialen Schichten existierte

Nun wäre es wissenschaftlich betrachtet nicht haltbar, aus einer solchen autobiografischen Erinnerung, wie sie der polnische Schriftsteller Stanisław Przybyszewski notiert hat, allgemeingültige Schlussfolgerungen zu ziehen und etwa zu behaupten, es sei überall in den preußischen Provinzen genau so zugegangen.

Trotz allem können wir jedoch davon ausgehen, dass der soziale Gegensatz im 19. Jahrhundert viel stärker ins Gewicht fiel, als wir uns das heutzutage noch vorstellen können. Die Situation des jungen Kasprowicz in der deutsch regierten Stadt Thorn, im Posener Land, und die Situation von Johann in Attendorn, in Südwestfalen, werden daher in gewisser Weise vergleichbar gewesen sein. Es galt für Johann jedenfalls eine ziemlich hohe soziale und kulturelle Hürde zu überwinden.

Allein schon die Frage, ob der Ottfinger Bergmannsjunge über ausreichend Schuhe und Kleider verfügte, um vom äußeren Auftritt hinreichend gut dazustehen, unter den Jungen aus den gehobenen sozialen Schichten. Sodann die Frage, wie hoch das Schulgeld damals war und welche Summe für die täglichen Zugfahrten aufzubringen war und wie Johanns Eltern es bewerkstelligt haben, dieses Geld über all die Jahre hinweg abzuzweigen, um ihrem Sohn diesen Schulbesuch zu ermöglichen.

Informelle, autodidaktische Bildung auf der
Basis der Jahre in der Volksschule

Blicken wir nun auf Rosa. Ganz anders als ihr Bruder Johann erwarb sie sich einige Bildung in ihren späteren Jahren, allerdings auf informelle und autodidaktische Art und Weise. Als sie in der alten Fachwerkschule auf der anderen Seite der mittelalterlichen Kirche, nur einen Steinwurf vom Elternhaus entfernt, lesen und schreiben lernte, und über einer Fibel oder einem Lesebuch saß, kam niemand von den Lehrerinnen oder Lehrern auf die Idee, dem Mädchen und seinen Eltern den Besuch eines Gymnasiums zu empfehlen.

Rosa ging den anscheinend naturgegebenen Weg, das heißt zu heiraten sowie Ehefrau und Mutter zu sein. Doch später im Leben, als die Verpflichtungen und Verantwortlichkeiten weniger wurden und sie sich mehr und mehr aus dem Alltagsgeschehen zurückziehen konnte, las Rosa sehr viel.

Sicher las sie auch in den mühevollen Jahren vorher, als sie ihre acht Kinder großzog, hier und da, also immerhin ein wenig. Ihre jüngste Tochter sagte jedenfalls: „Unsere Mutter, die las Romane!" Diesem Satz kommt in unserer Studie eine Schlüsselrolle zu, denn ausgehend von diesen fünf Wörtern lässt sich Rosas besonderes geistiges und seelisches Universum verstehen und beschreiben.

Gesellschaftliche Rahmenbedingungen und Schicksalseinwirkungen

Rosa und Johann hatten jedoch nur begrenzte Chancen, Bildungsziele auch tatsächlich zu erreichen, denn das Schicksal oder die Vorsehung, oder wie auch immer wir dieses Kräftefeld, das in die Lebensgeschichten der Menschen hineinwirkt, nennen wollen, machte vieles unmöglich. Das Schicksal zwang zum Abbruch des Begonnenen, im Fall von Johann, und es schränkte ein, im Fall von Rosa, wenngleich noch einige Handlungsräume offen blieben, aber eben doch nur sehr begrenzte.

Auch hätte Rosa das Lesen der Bücher, in ihrer subjektiven Sichtweise, sicher gar nicht mit höher gesteckten Bildungszielen verknüpft und hat auch niemals, so weit mir bekannt ist, etwas in dieser Richtung gesagt. Sie tauchte eben einfach in die Romanwelten ein, die sich ihr durch das Lesen eröffneten. Das war erst einmal alles und trotzdem war das sehr viel.

Es formten sich zwei starke Persönlichkeiten aus

In Anbetracht der wenig entgegenkommenden gesellschaftlichen Rahmenbedingungen und Schicksalseinwirkungen formten sich trotz der angedeuteten Einschränkungen bei beiden, das heißt bei Rosa wie auch bei Johann, starke Persönlichkeiten aus, wenn auch auf ganz unterschiedliche Art und Weise. Wir werden dies nun schrittweise herausarbeiten, unter Berücksichtigung der damaligen gesellschaftlichen Verhältnisse.

Biografie, Lebensgeschichte, kulturelles Kartografieren und generationenübergreifendes Lernen

Joachim Bröcher

Themen und Probleme, mit denen sich unsere Vorfahren auseinandersetzten

Es gibt Zeiten im Leben, wo wir mehr darüber wissen wollen, wer unsere Vorfahren waren, unter welchen politischen, wirtschaftlichen, kulturellen und gesellschaftlichen Bedingungen sie gelebt haben, mit welchen Themen und Problemen sie sich auseinandersetzen mussten, wie ihnen dies gelungen ist, welches Berufsleben sie geführt haben, welche Art von Familienleben sie hatten, welche Krisen sie zu bewältigen hatten. Eine andere Frage ist, ob es Schicksalsschläge oder auch besonders glückliche Lebensereignisse gab und wie sie all das gemeistert haben.

Wer solchen Fragestellungen nachgehen und dazu Gespräche führen, Briefe und Tagebücher, Fotoalben und Dokumente sichten und auswerten will, hat heutzutage die Möglichkeit, sich an einer bestimmten Forschungsliteratur zu orientieren, wo es theoretische Konzepte und methodische Anleitungen und breite Interpretationshintergründe gibt, die teils psychologischen, teils philosophischen, historischen oder soziologischen Charakter haben.

Herausfinden, was uns selbst antreibt

So können wir dem, was uns da im Inneren antreibt, mehr wissen zu wollen, eine Richtung, eine Struktur geben. Zugleich können wir das, was uns da bewegt, zumeist wissen wir zunächst einmal nicht so genau, was es eigentlich ist, genauer ergründen und verstehen und das, was wir schließlich gefunden haben, ein wenig einordnen in größere Zusammenhänge, soweit sie sich uns erschließen.

Lebensgeschichten, soziale Gemeinschaften, Lernprozesse

Es gibt auf dem Gebiet einige führende wissenschaftliche Gesellschaften, etwa ESREA, die European Society of Research on the Education of Adults.[1] Übersetzen wir diesen Namen ins Deutsche, so handelt es sich um die Europäische Gesellschaft zur Erforschung der Bildung von Erwachsenen. ESREA ist nun zu verstehen als eine Art Dachgesellschaft, die eine Reihe von Netzwerken überspannt.

Solche Netzwerke sind etwa "Life History and Biography; Between Global and Local: Adult Learning and Communities; Active Democratic Citizenship and Adult Learning; Education and Learning of Older Adults" u.a.

Übersetzen wir auch das ins Deutsche so lauten die Namen der genannten Netzwerke: Lebensgeschichte und Biografie; zwischen dem Globalen und Lokalen: Erwachsenenbildung und soziale Gemeinschaften; aktives demokratisches Engagement von Bürgerinnen und Bürgern und Bildung von Erwachsenen; Bildung und Lernen bei oder mit älteren erwachsenen Menschen.

In diesen Netzwerken geht es unter anderem um Lern- und Reflexionsprozesse von Erwachsenen, auch von älteren Menschen, die sich ge-

---

[1] https://esrea.org/

rade eben oftmals mit biografischen und lebensgeschichtlichen Fragen beschäftigen.

Komplexe Daseinsfragen: Christliche und keltische Philosophien, bis hin zu den Mystikern

Wenn wir uns mit komplexeren Daseinsfragen beschäftigen wollen, brauchen wir weitere theoretische Bezugspunkte, wie sie etwa von dem irischen Philosophen John O'Donohue angeboten werden. O'Donohue war knapp zwanzig Jahre lang als katholischer Priester in Irland tätig, beendete diese Tätigkeit dann und zog sich, nach einigen Jahren intensiver philosophischer Studien an der Universität Tübingen, in die Einsamkeit der irischen Westküste zurück, um zu schreiben.

Früh verstorben, mit Anfang fünfzig, hat er uns vor allem zwei sehr wertvolle Bücher hinterlassen: „Anam Cara" und „Eternal Echoes". Der zweite Titel lautet in deutscher Übersetzung „Echo der Seele", während Anam Cara, was gälisch bzw. keltisch ist und soviel wie „Seelenfreund" bedeutet, in allen fremdsprachigen Übersetzungen als Titel beibehalten worden ist.

Nimm dich selber wahr, und wo du dich findest, da lass von dir ab (Meister Eckhart)

In seinen teils poetischen Texten verschmilzt O'Donohue christliches Gedankengut mit keltischer Philosophie. Dabei schöpft er auch aus Texten des mittelalterlichen Mystikers Meister Eckhart (1260-1328). Gregor Papsch schreibt dazu:

„Er (Meister Eckhart, J.B.) war in seiner Zeit ein Star, weil er auf Deutsch predigte und für die Suche nach Gott das innere Loslassen

von allen Dingen empfahl, in seiner Wortneuschöpfung: „gelazenheit'".[2]
Über seinen Artikel setzte Papsch das Eckart-Zitat: „Nimm dich selber
wahr, und wo du dich findest, da lass von dir ab."[3]

Ich werde später auf dieses Thema zurückkommen, in Zusammenhang
mit Rosa und der Art, wie sie ihr Leben gestaltet hat, im Rahmen der
Möglichkeiten, die sie in ihrem bescheidenen Leben hatte. Sie machte
ganz und gar den Eindruck, als habe sie Meister Eckhart gelesen,
wenngleich sie mit hoher Wahrscheinlichkeit keinen Zugang zu seinen
Schriften gehabt hat. Andererseits können wir dies nicht mit Sicherheit
sagen.

Rosa verkörperte auf natürliche Art
und Weise die stoische Philosophie

Vielleicht gehörte diese, von den Mystikern beschriebene, Haltung einfach zu Rosas natürlichem Wesen. Sie verkörperte darüberhinaus, ich
werde später darauf zurückkommen, die philosophische Haltung des
Stoizismus, aber wohl von sich aus und nicht, weil sie die Texte von
Epiktet oder Seneca gelesen hätte.

Andererseits können wir nicht wirklich wissen, was sie gelesen oder
nicht gelesen hat. Sie las jedenfalls viel, und je älter sie wurde, umso
mehr, und sie strahlte eine tiefe innere Ruhe und Gelassenheit aus. Sie
schien zu allem, was um sie herum geschah, eine gewisse Distanz auf-
rechtzuerhalten und eine Art Gleichmut zu praktizieren, wie er ja auch
Bestandteil von vielen spirituellen Philosophien und meditativen Prakti-
ken ist.

---

[2] https://www.swr.de/swrkultur/wissen/meister-eckhart-prediger-der-gelassenheit-
swr2-wissen-2023-12-15-104.html
[3] Ebd.

Wir führen das Leben der Ahnen fort

Wenn Menschen nun langsam älter werden und erst einmal aus der oftmals hektischen Mitte des Lebens heraus sind, dann können sie zurückschauen. Bei diesem Rückblick können wir Fragen stellen, nach den Vorfahren, nach den Ahnen, von denen wir abstammen und letztlich stellen wir uns die Frage nach uns selbst, das heißt wer wir eigentlich sind. Wir wollen besser verstehen, wer wir wirklich sind, wie wir diejenigen geworden sind, die wir sind und vielleicht auch, ob wir unser Leben jetzt noch einmal neu ausrichten können.

Bei alldem führen wir das Leben der Ahnen fort. Wir tragen die Großmütter, Urgroßväter, Ururgroßväter und so weiter in uns. Es liegt auf der Hand, dass wir schon rein körperlich von unseren Ahnen abstammen und dass wir, wenn auch in neuen Mischungen und Brechungen, weil ja noch mehrere andere genetische Linien in uns eingeflochten sind, all das in uns tragen, was sie an uns weitergegeben haben.

In den körperlichen Dingen, insbesondere den Genen, sind auch die Geistesstrukturen, die Persönlichkeitsstrukturen, die emotionalen Erlebnisweisen, vielleicht auch die unbewältigten Erfahrungen, Krisen und Ängste, bis hin zu Traumatisierungen, eingelagert und verankert. Wir tun sicher gut daran, uns mit alldem zu beschäftigen.

Bildungs- und Berufschancen, die wir selbst hatten

Menschen, wenn sie älter werden, beginnen auch über ihre soziale Herkunft nachzudenken. Sie wollen noch einmal genauer wissen, welche Bildungs- und Berufschancen sie denn tatsächlich hatten. Sie legen sich Rechenschaft darüber ab, was sie auf dieser Basis dann aus ihrem Leben gemacht haben. Sie mögen sich auch die Frage stellen, an welcher Stelle es vielleicht Alternativen gegeben hätte. Denkbar wäre ja, in einer bestimmten Situation eine andere Entscheidung zu treffen oder einen anderen Handlungsansatz zu versuchen.

Gelegentlich kommen wir auch zu dem Ergebnis, dass es besser gewesen sein könnte, an einer bestimmten Stelle vielleicht gar nicht zu handeln, einfach gar nichts zu tun. Nun lässt sich das nicht mehr ändern, was wir zu einer bestimmten Zeit und in einer bestimmten Situation getan oder nicht getan haben, aber die Erkenntnis, die wir daraus ziehen können, nämlich über die Bedeutung und die Angemessenheit unseres Handelns oder Nicht-Handelns, kann für unsere Gegenwart und Zukunft von großer Bedeutung sein. All das hat viel mit Rosa zu tun. Doch schrittweise.

Mündliche Überlieferungen, Auslegen von Erzählungen, Dokumentenanalysen

Im Allgemeinen orientieren wir uns hier an den theoretischen Grundlagen und Methoden, wie sie mit qualitativer Sozialforschung überschrieben werden (Denzin und Lincoln, 2011; Patton, 2002). Darin spielen mündliche Überlieferungen (Oral History) (Shopes, 2011), das interpretative Auslegen von Erzählungen (Narrative Inquiry) (Chase, 2011; Goodson et al., 2010) und das Analysieren von Dokumenten, das heißt von Fotos, Urkunden, Zeugnissen, Briefen, Tagebüchern, Stammbäumen, Familienstammbüchern, Geburtsurkunden, Heiratsurkunden oder Sterbeurkunden eine zentrale Rolle.

Methodische und theoretische Komponenten unserer Studie sind ferner das kulturelle Kartografieren (Cultural Mapping) (Duxbury et al., 2015) und das Erkunden von kulturellen Geografien (Cultural Geographies) (Mitchell, 2000; Norton, 2006), wobei in dem zweiten Ansatz auch ein gewisses sozialkritisches Denken enthalten ist, indem nach sozialen Ungleichheiten und Ungerechtigkeiten in bestimmten sozialen Räumen und Milieus gefragt wird.

Individuelle Biografien im Verhältnis zu den zeitgeschichtlichen Rahmenbedingungen

Der biografische Ansatz, so lässt es sich aus der wissenschaftlichen Literatur ableiten, betrachtet dabei die einzelne, die individuelle Lebensgeschichte der Menschen (Merrill und West, 2009; Sikes, 2007) und der Life History-Ansatz, das heißt der lebensgeschichtliche Ansatz, betrachtet die einzelne Biografie in Beziehung zu den zeitgeschichtlichen, politischen, wirtschaftlichen, gesellschaftlichen und kulturellen Rahmenbedingungen, die das Leben der einzelnen Menschen umspannen und prägen (Goodley et al., 2004; Goodson und Sikes, 2001).

Natürlich greift immer beides ineinander, die biografische Betrachtung und die Analyse der sozialen Klasse oder Schicht (Merrill, 2004) bzw. überhaupt die Betrachtung der gesellschaftlichen Hintergründe und Zusammenhänge. Wir werden hier, im Hinblick auf Johann und Rosa und ihre Herkunftsfamilie, auch beides gemeinsam in den Blick nehmen. Wir zeigen das gegenseitige Verflochtensein beider Aspekte, der Biografie und der gesellschaftlichen Rahmenbedingungen.

Wir werden zu zeigen versuchen, wie das eine in das andere hineinwirkt. Auch der Titel dieses Buches soll das zum Ausdruck bringen. Eine einzelne Biografie ist niemals von den übergreifenden sozialen, wirtschaftlichen und kulturellen Bedingungen bzw. vom gesellschaftlichen Gesamtzusammenhang zu trennen.

Zentrale Lebensdaten werden mit zeitgeschichtlichen Ereignissen in Beziehung gesetzt

Wir werden deshalb bei den zentralen Lebensdaten unserer Hauptfiguren, das heißt von Rosa und Johann, aber auch von Maria und Josef, das heißt ihren Eltern, einige zeitgeschichtliche Bezüge herstellen, sodass deren Leben verbunden wird mit den Ereignissen jener Zeit und dass deren Leben eingebettet wird in das übergreifende soziale, gesell-schaftliche, politische, wirtschaftliche und kulturelle Ganze.

Das werden insbesondere die Jahre 1874, 1875, 1900, 1901, 1905, 1925, 1929, 1930, 1936, 1971 und 1986 sein. Diese Jahreszahlen ge-ben die Geburtsjahre, die Hochzeitsjahre und die Todesjahre der vier Hauptcharaktere unserer Studie an.

Die zeitgeschichtlichen Bezüge entnehmen wir exemplarisch einer vom Deutschen Historischen Museum in Berlin, dem Haus der Geschichte der Bundesrepublik Deutschland in Bonn und dem Bundesarchiv be-triebenen interaktiven Datenbank.[4] Wer sich dafür interessiert, kann dort weiterstöbern und das eigene Bild der damaligen Zeiten und die Kenntnis der damaligen Verhältnisse erweitern, um dann all das, was wir hier in dieser Studie aufrollen werden, tiefergehender zu verstehen und noch besser einordnen zu können.

Schicksal, Vorsehung und das Unvorhersehbare

Doch ist damit noch nicht alles gesagt, denn es sind noch nicht alle Faktoren benannt: Es gibt auch das Schicksal, die Vorsehung, das Un-vorhersehbare, wo auch immer es herkommt und wer immer es steuert. Für die Menschen damals waren das überwiegend Gott, die Gottesmut-ter Maria, Jesus, die Apostel und die Heiligen. Wie auch immer wir die-ses Kraftfeld heute nennen, es ist da und es greift in das Leben der Menschen ein, teils plötzlich und unverhofft, teils scheinbar natürlich, harmonisch und ruhig, teils dramatisch mit enormen Folgen, Erschwer-nissen oder Entbehrungen, was wir dann „Schicksalsschlag" nennen. Auch davon wird noch die Rede sein.

---

[4] Diese Informationen wurden entnommen: https://www.dhm.de/lemo/

Reflexionen und Lernprozesse auf europäischer Ebene

Dabei ist es auch interessant zu sehen, was sich in den einzelnen Regionen, lokal, sagen wir im Dorf Ottfingen, oder in den Nachbardörfern, etwa Wenden, Möllmicke, Hillmicke, Hünsborn, Altenhof oder Römershagen abgespielt hat und wie sich das dann wiederum auf einer globalen Ebene darstellt und zusammenbringen lässt.

Bei einer der ESREA-Tagungen im italienischen Turin 2018 kamen etwa Menschen aus Großbritannien, Norwegen, Italien, Polen, Kroatien oder Deutschland zusammen, stellten Projekte zu den Biografien und Lebensgeschichten von Menschen vor und diskutierten die darin zur Sprache gekommenen Erfahrungen und Erkenntnisse miteinander. Es wurde verglichen oder nach Gemeinsamkeiten und Unterschieden gesucht.

In Turin hing im Frühjahr 2018 auch ein Forschungsposter mit Ergebnissen und Erkenntnissen aus dem Dorf Ottfingen. Es ging dabei um biografische Prozesse und soziale Gemeinschaften, und wie sich diese etwa zwischen 1900 und 1970 in Ottfingen gestalteten, am Beispiel der Familie der Bräijder.

Erweiterung der Perspektive

Ist es nicht interessant zu sehen, wie Menschen aus Skandinavien, Großbritannien, Italien, oder Kroatien, ein Forschungsposter über die Bräijder in Ottfingen lesen, darüber nachdenken und diskutieren und dann Querverbindungen herstellen zu den Lebensverhältnissen, zu den betreffenden Zeiten, um die es da ging, in ihren eigenen Ländern?

Es kommt so ja auch zu einer erweiterten Perspektive jener Menschen, sagen wir aus England oder Frankreich, wenn sie dann auf Deutschland blicken, ein Land, zu dem sie ja in der Regel, historisch bedingt, durch den Zweiten Weltkrieg, eine eher komplizierte Beziehung haben.

Transatlantischer Ideenaustausch

So habe ich gemeinsam mit meinen beiden amerikanischen Kolleginnen Janet Painter und Joyce Davis eine Posterpräsentation für die Tagung in Turin erstellt (Bröcher, Painter und Davis, 2018), auf der Basis der zuvor unternommenen Auswertungen von Material, dass ich im Dorf Ottfingen, zwischen 2011 und 2014, im familiären Umfeld der Bräijder gewonnen und in einer Art kollektiven Tagebuch zu Papier gebracht habe, in enger Zusammenarbeit mit Siegfried Bröcher d. J..

Zu dem Thema der Bräijder haben wir auch einen Dokumentationsband (Bröcher und Bröcher, 2014) zusammengestellt, mit zahlreichen Fotos, Dokumenten, mit Stammbäumen, Anekdoten und Erzählungen. Ergänzend habe ich ein Buchkapitel zu dem Projekt (Bröcher, 2021) verfasst.

Gemeinsam mit den beiden oben genannten amerikanischen Kolleginnen habe ich ferner einen Artikel in einer internationalen Fachzeitschrift (Bröcher, Davis und Painter, 2017) veröffentlicht, nachdem wir das gesamte Material noch einmal unter verschiedenen Fragestellungen analysiert und diskutiert haben. Auch darauf komme ich noch zurück, denn es gibt verschiedene Querverbindungen zum Leben von Rosa, da sie ja mit Gustav, das heißt einem Bräijder, verheiratet war.

Erneute Kommunikations- und Reflexionsmöglichkeiten auf europäischer Ebene

Im Hinblick auf die jetzige Studie zur Bergmannsfamilie der Chreschten zeichnen sich derzeit einige interessante Möglichkeiten ab, erneut in die Kommunikation und Reflexion mit anderen interessierten Menschen, die an solchen Themen arbeiten, zu gehen. Dies zum einen bei einem Forschungsexerzitium des ESREA Life History Network, das für Frühjahr 2025 in dem kleinen italienischen Bergdorf Costa Rainera, in der Nähe der ligurischen Küste, geplant ist und wofür ich mich angemeldet habe.

Zum anderen erscheint es mir als vielversprechende Möglichkeit, eine Posterpräsentation zum Projekt für den großen Jahreskongress von ESREA zu erstellen. Dieser wird im September 2025 an der Prager Karls-Universität stattfinden. Eine Vielzahl von Personen aus allen ESREA-Netzwerken aus Europa und allen anderen Erdteilen wird daran teilnehmen.

Chancen zum sozialen Aufstieg, kulturelle Partizipation, Geschlechterrollen

Das genannte Buchkapitel dreht sich um die Lebensgeschichten der sieben Kinder des Landarbeiters Anton Bröcher (1865-1935) aus Ottfingen und der Müllerstochter Wilhelmine Schwarz (1869-1944) aus Gerlinger Mühle. Einleitend beschreibe ich unsere damalige Herangehensweise, nämlich eine Art generationenübergreifendes, narratives Lernen (Learning across generations, Schmidt-Hertha et al., 2014) innerhalb der dörflichen Community von Ottfingen zu versuchen (S. 183-185). Sodann analysierten wir die Biografien und Lebensgeschichten der sieben Kinder von Anton und Wilhelmine, die alle im Dorf Ottfingen geboren und aufgewachsen sind, unter den folgenden drei Aspekten:

Erstens: Was waren ihre Chancen zum sozialen Aufstieg (Bröcher, 2021, S. 186-188)? Zweitens: Welche Möglichkeiten der kulturellen Mitwirkung oder Partizipation boten sich ihnen (S. 189-190)? Drittens: Welche Geschlechterrollen, das heißt welche Ausformungen von Männlichkeit bzw. Weiblichkeit, zeigen sich in ihren Lebensläufen und wie wurden diese Rollenschemata konkret zum Ausdruck gebracht und eventuell experimentell verändert (S. 190-192)?

Ich werde später, in Zusammenhang mit der Rekonstruktion der Biografie von Rosa Eichert auf diese Themen zurückkommen, denn das was sich bei den Bräijder abspielte betraf ja auch Rosa, weil sie nun mal in diese Großfamilie eingeheiratet hat und weil die Brüder und die Schwestern ihres Mannes Gustav und deren Ehepartnerinnen bzw.

Ehepartner, eben durch diese Heirat einen großen Teil ihres sozialen und kulturellen Lebens bestimmten und prägten, dies auf ganz unterschiedliche Art und Weise, teils direkt, teils mehr indirekt.

Zusammengehörigkeit und Harmonie einerseits, Spannungen und Konflikte, andererseits

Bei der Tagung in Turin, im Frühjahr 2018, wurde von den Organisatoren des ESREA-Netzwerks eine Fragestellung aufgeworfen, wie sie etwa bei biografisch und lebensgeschichtlich ausgerichteten Projekten eine Rolle spielen kann, nämlich soziale Gemeinschaften unter dem Aspekt anzuschauen, wo und wie sie Zusammengehörigkeit zelebrieren (togetherness) und wo sich gleichzeitig Spannungen und Konflikte (discontents) zeigen. So haben wir dann das Poster entworfen und in Turin präsentiert und in die Diskussion eingebracht.

Familienforschung in der vollen Breite gelang bei den Chreschten nicht

Bemerkenswert ist nun an dieser Stelle, dass wir auch bezogen auf die Chreschten[5], wie Rosas und Johanns Herkunftsfamilie in Ottfingen bis heute genannt wird, trotz anfänglicher Skepsis, so etwas versucht haben. Besonders meine Co-Autorin Lissa Eichert-Klute, geboren als Berteliese Eichert, das heißt als jüngste Tochter von Johann und Johanna Eichert, hat sich sehr bemüht, alle noch lebenden Familienmitglieder aus den verschiedenen Linien für eine solche Zusammenarbeit zu gewinnen.

---

[5] Heinrich Solbach (ca. 1990, S. 122) schrieb den Haus- bzw. Flurnamen „Chreschten" in seinem Fotoband über Ottfingen auf diese Weise. Wer das aber so aussprechen will, wie es historisch überliefert ist, muss das „e" fast wie ein „i", aber eben nicht ganz wie ein „i" aussprechen, in etwa so, wie im Polnischen ein „y" ausgesprochen wird, in Abgrenzung zum polnischen „i".

Auch ich habe, dort wo ich noch über Kontakte verfügte, einige Versuche unternommen. Doch haben wir es nicht geschafft, ein größeres familiäres Netzwerk aufzuspannen, um dann die Familiengeschichte der Chreschten in ihrer vollen Breite zu erforschen und zu dokumentieren.

Letztlich muss ich aber auch einräumen, dass wir das „in der vollen Breite" bereits bei den Bräijder nicht geschafft haben. Es gab auch hier etliche Personen, die sich nicht für das Projekt interessierten und folglich auch nicht dafür engagiert haben. Immerhin, so lässt sich vielleicht positiv festhalten, hat niemand aktiv dagegen gearbeitet und das ist manchmal schon viel. So können dann diejenigen, die so etwas machen wollen, dies eben einfach ungehindert tun. So war es bei dem Projekt über die Bräijder.

Achtsamer Umgang mit den eigenen Kräften

Vielleicht hätte ein breiter aufgespanntes Projekt unsere Kräfte auch überfordert, denn das wäre mit noch viel mehr Fahrtätigkeit, Gesprächszeit, Zeit für das Sichten, Auswerten und Dokumentieren von Materialien, sehr vielen Stunden Textverarbeitung und Bildbearbeitung am Computer, Einscannen von Fotos, immer wieder Überarbeiten und Weiterentwickeln von Texten, Vervielfältigen und Versenden von Manuskripten, vorläufigen Buchversionen und so weiter, verbunden gewesen.

Auch vor Ort, das heißt im Feld, hätten wir enorm hohe Zeitressourcen aufbringen müssen, für das Erkunden, Benennen und Entwickeln von Themen, das Ausloten, das Absprechen, sodann die Einigung, über was geschrieben werden kann und über was nicht und wie das Ganze in eine für alle akzeptable Form gebracht werden kann, was davon veröffentlicht werden kann und was internes Familienwissen bleiben soll und dergleichen.

Verständigung über die zentralen Themen

Allein die Frage, was denn die zentralen Themen sind, kann schon sehr unterschiedlich beantwortet werden und zu zahlreichen Kontroversen führen, wenn man im Kontext von Familienforschung arbeitet. Dies wird im späteren Verlauf unserer Studie noch deutlich werden. Das mehrperspektivische Vorgehen, Dokumentieren und Schreiben, wobei ja bewusst unterschiedliche subjektive Sichtweisen erhalten bleiben sollen, stellt auch sehr hohe Anforderungen, was Zeitressourcen und Kräfteeinsatz anbelangt, weil das alles mit sehr viel Kommunikation, mit Abstimmung, mit Nachfragen, mit Erkunden, den Dingen auf den Grund gehen, mit teils kontroversen Diskussionen und Einigungsprozessen und so weiter verbunden ist.

Konzentration auf zwei bzw. vier Lebensgeschichten

So haben wir das Ganze schließlich enger gefasst und uns dann, nach einigen Überlegungen, dazu entschieden, uns auf zwei Lebensgeschichten zu konzentrieren, nämlich diejenigen der beiden Geschwister Rosa und Johann. Zum einen geht es also um Rosa, die meine Großmutter und Lissa Eichert-Klutes Tante war. Zum anderen geht es um Johann, der Lissas Vater und mein Großonkel war.

Aber schon bald wurde klar, dass es auch um die Eltern der beiden gehen würde, das heißt um Josef Eichert und Maria Eichert, geboren als Maria Weber. Da kommen nun auch männliche und weibliche Perspektiven zum Zuge, in der Annäherung an diese beiden Charaktere, die wir ja beide nicht persönlich gekannt haben und in die wir uns nun versuchen hineinzuversetzen, zum einen auf der Basis der überlieferten Fakten und zum anderen durch die Kraft der Imagination.

Ein magisch wirkendes historisches Familienportrait

Wir stellten fest, dass wir uns in unserem bisherigen Leben kaum mit Josef Eichert und Maria Weber, die dann Josefs Ehefrau und die Mutter von elf Kindern wurde, beschäftigt haben. Fast ist es so, dass uns deren Leben gar nicht weiter bewusst oder bekannt gewesen ist, wenngleich wir beide, das heißt Lissa Eichert-Klute und ich, das eindrucksvolle Familienfoto mit den zehn Kindern, die schließlich überlebt haben, ja durchaus kannten.

Beide hatten wir das Familienportrait, es befindet sich hinten im Materialteil dieses Buches, in irgendeiner Mappe oder in einem Schuhkarton liegen, zusammen mit anderen Fotos, insbesondere historischen Fotos. Das Bild mit den zwölf Personen, die etwas mit unserer familiären Vergangenheit zu tun haben, hatten wir beide irgendwo in unserem Gedächtnis abgespeichert, doch weit entfernt von unserem Alltagsleben.

Das Foto und seine Geschichte ruhten, ja schliefen quasi, jahrzehntelang vor sich hin. Doch dieses Familienportrait entfaltete mit der Zeit etwas Magisches. Es weckte Interesse, es warf Fragen auf, es zog uns in seinen Bann, und regte uns dazu an, mehr wissen zu wollen.

Die Schlüsselrolle von Siegfried Bröcher d. J.

Letztlich war aber Siegfried, Rosas jüngster Sohn, stark daran beteiligt, weil er sich nach der ausführlichen Recherche bezüglich der Bräijder, das heißt seiner väterlichen Linie, immer auch mit den Chreschten, das heißt seiner mütterlichen Linie, befassen wollte und dann irgendwann Lissa Eichert-Klute und mich miteinander in Kontakt brachte.

Ohne Siegfried, wir nennen ihn Siegfried den Jüngeren (d. J.), in Abgrenzung zu Siegfried Bröcher dem Älteren (d. Ä.) (1907-1989), der der jüngste Bruder seines Vaters Gustav war und der um 1937 den Gutshof Wilhelmsthal übernahm, würde also keine Leserin und kein Leser dieses Buch in den Händen halten. Auch beschaffte Siegfried d. J. zahlreiche Dokumente und steuerte eine beachtliche Menge an Informationen für diese Studie bei.

Umfangreiche Dossiers bei der Erforschung der väterlichen Seite

Bezogen auf die Bräijder hatten wir bei unseren Forschungen vor gut zehn Jahren auch recht gute Ausgangsbedingungen. Dies lag in zwei besonderen Umständen begründet. Es gab zwei Männer, wegen denen sehr umfangreiche Familienrecherchen unternommen worden waren.

Der eine wurde Pastor, in der Mitte des 19. Jahrhunderts, und der andere machte als Ingenieur und hoher Beamter eine Karriere während der Weimarer Republik und in der Zeit des Nationalsozialismus. Es gab also zweierlei Dossiers. Das eine war von Pastor Hufnagel erstellt worden und rekonstruierte die familiäre Vorgeschichte eines zukünftigen Pfarrers.

Das andere stammte von den nationalsozialistischen Behörden und hatte das Ziel auszuschließen, dass Wilhelm Bröcher, ein zukünftiger Schwager von Rosa, wir kommen später auf ihn zurück, irgendwo tief in seiner Ahnenreihe jüdische Vorfahren hatte. Dieses zweite Dossier nannte sich „Arier-Mappe".

Die dabei zu Tage geförderten Geburtsurkunden, Heiratsurkunden, Sterbeurkunden, Stammbäume, Stammbücher, auch Pässe, Ausweise, Urkunden aus dem Bereich des Militärs, der NSDAP, der Organisation Todt und so weiter waren auch gut durch die Zeiten gelangt und lagen uns alle vor, dies auch, weil Erna Wendtland, Wilhelms Frau, diesen ganzen Nachlass mit auf den Gutshof Wilhelmsthal gebracht hatte, wo sie ihren Lebensabend verbrachte, nachdem ihr Mann 1978 verstorben war.

Die Geschichte der Ottfinger Bräijder ließ sich dadurch lückenlos bis 1700 und dann, mit einigen ergänzenden Recherchen, sogar bis ins Jahr 1690 zurückverfolgen. Diese Geschichte begann im Dorf Möllmicke. Spuren der Bröchers gibt es auch in Hillmicke.

Was wir in der Zeit vor 1690 fanden, blieb jedoch fragmenthaft, einschließlich der Tatsache, dass wir in Wenden auf den Schultheiß Johannes Bröcher stießen, der im Jahr 1495 geboren wurde. Vergleichbares gab es bezogen auf die Chreschten nicht. Es hieß, der erste Ottfinger Eichert sei aus dem Hessischen, südlich der Edertalsperre, eingewandert. Hier war jedenfalls alles viel schwerer zu erkunden.

Die Niederschrift des Norbert Eichert

Siegfried d. J. verfügte jedoch über ein Dokument, aus dem sich, mit einiger Mühe, Anhaltspunkte für einen Stammbaum der Familie Eichert gewinnen ließen. Dabei handelt es sich um ein mit Klebestreifen zusammenmontiertes Poster, das wiederum aus sechs bis acht DIN A4-Seiten besteht. Diese Kopien müssen aus den späten 1970er Jahren stammen, denn zu der Zeit konnte man erstmals diese glänzenden Fotokopien machen. Das Dokument befindet sich, Seite für Seite eingescannt, im Materialteil dieses Buches.

Das handschriftliche Original, es ist in altdeutscher Schrift verfasst, ist vermutlich mit einer Tintenfeder geschrieben. Von diesem wurde dann die zusammenmontierte Fotokopie hergestellt. Das Dokument ist mit „Ahnentafel der Familie" überschrieben. Es stammt von Norbert Eichert, einem 1904 geborenen Bruder von Rosa und Johann. Norbert hat eine enorm lange Auflistung von Namen, Geburts- und Sterbedaten erstellt, am 25. Juli 1927.

Er hat dies in linearer Form getan, das heißt er hat einfach alle Namen und Daten untereinander geschrieben. Hier und da hat er einige Daten korrigiert. Die Fotokopie enthält an vielen Stellen technisch bedingte

Schwärzungen. Trotz allem war Siegfried d. J., der die altdeutsche Schrift entziffern kann, in der Lage, aus dieser Ahnentafel vielerlei Daten und Informationen zu gewinnen und stellte uns diese zur Verfügung.

Bemerkenswert ist, dass Norbert die Anstrengung, diese Niederschrift zustande zu bringen, unternahm, als er gerade einmal 23 Jahre alt war. Das ist ungewöhnlich früh. In der Regel beginnen Menschen sich erst später im Leben für Stammbäume, Ahnentafeln und die Generationen vor ihnen zu interessieren. Doch Norbert war auch ein musisch sehr interessierter junger Mann. Er liebte Gesang und Geselligkeit. Er baute sich mit einfachen Mitteln ein kleines Klavier oder Harmonium, es gibt dazu eine Anekdote, die auch Eingang in die regionale Heimatliteratur (Keseberg, 1986, S. 135 f.) gefunden hat.

Um Heimkehrer aus dem Ersten Weltkrieg zu empfangen, wurde im Jahr 1920 eine Schlafstube im Chreschten Haus geräumt, sodass dort 16 Männer Platz fanden, um gemeinsam zu singen und Lieder einzuüben. Zur musikalischen Begleitung diente das selbst gebaute Klavier. Die Heimkehr der Kriegsgefangenen verschob sich indes auf den 23. Januar 1921. Doch war der positive Begleiteffekt des Ganzen, dass sich durch Norberts Initiative der Ottfinger Gesangsverein gründete. Dieser Männergesangsverein besteht bis heute.

Ich würde Norbert also zutrauen, dass er die Ahnentafel von sich aus, das heißt aus eigenem Interesse, niederschrieb. Denkbar ist aber auch, dass Vater Josef ihn vor seinem Tod gebeten hat, dies zu tun. Vielleicht auch, weil er wegen seiner angegriffenen Gesundheit spürte, dass er nicht mehr lange leben würde und deshalb das Gefühl hatte, er müsste auf diese Weise das Familienerbe sichern und die entscheidenden Lebensdaten aller Beteiligten festhalten, damit nicht einfach alles vergessen würde. Vielleicht schrieb Norbert Eichert all die Namen und Lebensdaten auch auf Wunsch seiner Mutter Maria nieder.

Beide Dokumente wirkten nun zusammen

Wir verdanken Norbert also nicht nur die im Wendener Land bis heute vielfach verbreitete Erzählung von den Gesangsproben auf einer der Schlafstuben der Chreschten, mit dem selbstgebauten Klavier zur Begleitung, einschließlich der Begründung des Ottfinger Männergesangsvereins, sondern auch ein für unsere Studie überaus wichtiges Dokument, um die Generationen der Chreschten, bis ins frühe 18. Jahrhundert zurückgehend, rekonstruieren zu können. Die mit Tinte und Feder niedergeschriebenen Aufzeichnungen des Norbert Eichert treten nun neben das, etwa aus dem Jahr 1922 stammende, Familienportrait.

Nun wurde dieses Bild plötzlich lebendig. Es trat regelrecht in unser Leben hinein, das heißt in Lissa Eichert-Klutes Leben, in mein Leben, sicher auch in Siegfrieds Leben, mit Norberts Niederschrift dahinter oder darunter liegend. Vier der Personen aus diesem Foto, die Eltern Maria und Josef und zwei der Kinder, das heißt Rosa und Johann, traten quasi aus dem Bild heraus und begannen mit Lissa und mir in Interaktion und in einen immer intensiver werdenden geistigen Austausch zu treten.

Die Ahnen werden Teil des eigenen Lebens

Jetzt rücken Josef und Maria in unser Leben hinein, jetzt zoomen wir sie quasi heran, jetzt schauen wir sie genauer an. Die wenigen Fotos, die wir von ihnen haben, hängen vergrößert um mich herum, neben all den Notizen, die ich hier verarbeite, und ich frage mich, wie sie ihr Leben gelebt und wie sie es geschafft haben, unter den enorm schwierigen wirtschaftlichen Bedingungen ihre zehn Kinder groß zu bekommen?

Natürlich sind wir durch die verwandtschaftlichen Beziehungen zu den zentralen Personen in dieser Studie nicht wirklich objektiv, wir können es auch gar nicht sein. Denn beide haben wir, durch die eigenen Lebensgeschichten und unser Aufwachsen bedingt, bestimmte emotional geprägte Bilder von Großmutter oder Tante (Rosa, auch Röschen genannt) auf der einen Seite und Vater oder Großonkel (Johann) auf der anderen Seite verinnerlicht. Dazu kommen möglicherweise Idealisierungen und Wunschprojektionen, die wir auf die zentralen Figuren übertragen. Nun, wir machen uns das bei der Recherche und beim Schreiben bewusst.

Die körperliche, die geistige, die seelische Verwandtschaft

Bezogen auf Josef und Maria sind es vielleicht Vorstellungen, die sich aus den überlieferten Erzählungen, aus den Fotos, und im Übrigen aus unserer Imagination, das heißt unserer Vorstellungskraft ergeben. Aber auch die Gene, die Blutlinien, wie auch immer wir die körperliche, die geistige, die seelische Verwandtschaft nennen wollen, werden sich hier auswirken.

Ich bestehe körperlich zu einem Achtel aus Josef, und zu einem Achtel aus Maria, und Lissa besteht zu einem Viertel aus Maria und zu einem weiteren Viertel aus Josef. Hinzu kommen die geistigen und seelischen Verbindungen, die in alles Körperliche eingebettet sind.

Während des Projekts zu den Bräijder wurde mir erstmalig klar, dass ich insgesamt vier Urgroßväter und vier Urgroßmütter habe. Eigentlich ist das eine klare und logische Angelegenheit, doch wer macht sich das wirklich bewusst? Wer stellt sich diese acht Personen tatsächlich möglichst konkret vor? Wer sammelt dann auch noch Informationen über sie? Wer erkundet im Detail und in der größtmöglichen Tiefe und Ausführlichkeit ihre Lebenswege?

In der Mitte des Lebens ist selten Zeit,
weil wir im Rädchen laufen

Ich musste also erst einmal 50 Jahre alt werden, um eine solche Perspektive überhaupt einnehmen und um ein solches Interesse entwickeln zu können und um den Blick auf ein solches Thema zu richten. In der „Rush Hour", das heißt in der geschäftigen Mitte des Lebens, war anscheinend keine Zeit und auch kein Bewusstsein dafür vorhanden, auch bei mir nicht.

Ich muss nun als erstes einmal die Frage für mich klären, ob ich mehr über diese Menschen, die meine Vorfahren sind, wissen will. Sodann stellt sich die Frage, wie ich an Informationen kommen kann. Spannend wird dann sein zu sehen, was ich gefunden habe und wie ich das Ganze für mich einordne, in welche Zusammenhänge ich das stelle und was ich für mich daraus an Erkenntnissen ableiten kann.

Prägung durch die eigenen Lebenserfahrungen
und Wissenshintergründe

Die Art, wie wir die Dinge wahrnehmen, deuten und interpretieren, hat selbstverständlich eine ganze Menge mit unseren persönlichen Denkweisen, Einstellungen und den durch uns selbst gesammelten Erfahrungen, den eigenen Lebenswegen, Bildungshintergründen, der selbst erlebten aktuellen Familiengeschichte, in Herkunftsfamilie wie auch in der jetzigen eigenen Familie, auch den selbst durchgemachten Lebenskonflikten, Krisen, den selbst erlebten schönen Zeiten sowie den eigenen Leidenserfahrungen und so weiter zu tun.

Wider den Methodenzwang

Es gehört mit zu den Grundprinzipien der qualitativen Sozialforschung, auf diese subjektiven Perspektiven hinzuweisen und sich diese bewusst zu machen. Doch wir betreiben hier keine qualitative Sozialforschung im engeren Sinne. Dazu bin ich zu sehr von Paul Feyerabends wissenschaftstheoretischem Werk „Wider den Methodenzwang" beeinflusst.

Wir halten das also offener und freier. Es gibt in dieser Studie auch literarische Bezüge und manches basiert auf der Imagination. Anders ausgedrückt: Das, was wir nur fragmenthaft oder bruchstückhaft wissen, wird mit Einfühlungsvermögen und Vorstellungskraft schöpferisch ausgestaltet und ausgemalt, damit es erzählbar wird.

Die Methode der Konjektur und die Bedeutung der Imagination

Selbst wenn die qualitative Sozialforschung schon eine recht offene und weite Arbeitsweise und Denkwelt ist, so erweitern wir diese an einigen Stellen noch, mit Übergängen in die Welt der Literatur. Sonst würden wir schon zu bald an Grenzen des Sagbaren und Darstellbaren stoßen.

Die polnische Nobelpreisträgerin Olga Tokarczuk hat ihrem historischen Epochenroman „Die Jakobsbücher" einen für uns überaus aufschlussreichen Untertitel gegeben. Dieser lautet: „Eine Reise, erzählt von den Toten und von der Autorin ergänzt mit der Methode der Konjektur, aus mancherlei Büchern geschöpft und bereichert durch die Imagination, die größte natürliche Gabe des Menschen."

Konjektur? Imagination? Der Duden definiert zunächst einmal Konjektur im Hinblick auf die Literaturwissenschaft wie folgt: „verbessernder Eingriff eines Herausgebers in einem nicht einwandfrei überlieferten

Text" oder aber, und diese Bedeutung wird als veraltet gekennzeichnet: „Vermutung".[6]

Für uns bedeutet das, so wie es Olga Tokarczuk bezogen auf Jakob Frank (1726-1791), sein Leben und die damaligen Zeitumstände gemacht hat, dass wir immer da ergänzen und auffüllen, wo wir zu wenig Faktenwissen haben. Dazu brauchen wir eben die Imagination. Der Duden bezeichnet diese als „Einbildungsvermögen" oder „Einbildungskraft"[7]. Das Cambridge Lexikon definiert wie folgt: „The ability to form pictures in the mind"[8], das heißt die Fähigkeit, Bilder in unserem Geist zu kreieren.

Wir arbeiten bei der Rekonstruktion der Lebensgeschichten von Rosa, Johann, Josef und Maria folglich, unter anderem, mit den Methoden der Konjektur und der Imagination, um die Dinge, um die es uns geht, besser erzählen und interessierten Leserinnen und Lesern näher bringen zu können. Wir tun dies umso mehr, wenn wir noch weiter in die Jahrhunderte zurückgehen. Anders ausgedrückt: Wir setzen mit diesen Methoden immer dann an, wenn uns historisch überlieferte, gesicherte Fakten fehlen.

Männer aus Ottfingen, die sich im Rahmen des Bürgermeisteramtes in Wenden engagierten

Außer Johann Eichert hat es noch einige andere Männer aus Ottfingen gegeben, die sich im Rahmen des Bürgermeisteramts in Wenden engagiert haben. Heinrich Solbach gibt uns in seinem Bildband einen Überblick. Kunibert Kinkel war einer von ihnen. Er wurde in besonderer Weise geehrt und ausgezeichnet, indem man ihm den „Goldenen Ehrenring" der Gemeinde verliehen hat. Die Ottfinger und Wendener werden ihn noch kennen, wegen seines vielfältigen Engagements in der

---

[6] https://www.duden.de/rechtschreibung/Konjektur
[7] https://www.duden.de/suchen/dudenonline/Imagination
[8] https://dictionary.cambridge.org/de/worterbuch/englisch/imagination

Kommunal- und Kreispolitik sowie in Verbänden und Vereinen, in der Musik wie im Sport. Kinkel war zunächst von 1979 bis 1989 stellvertretender Bürgermeister und dann bis 1994 erster Bürgermeister der Gemeinde Wenden.

Ansiedlung von Industrie, Voranbringen schulischer Bildung und Schaffen von Wohnraum

Johann Eicherts Zeit als Bürgermeister (1952-1967) lag, im Vergleich zur Ära Kinkel, eine ganze Generation früher und erscheint vielen heutzutage schon fast als vergessen. Bereits aus diesem Grund halten wir es für wichtig, Johann Eicherts Engagement für die Gemeinde Wenden hier hervorzuheben und zu dokumentieren, haben doch die zuletzt erschienenen Wendener Heimatbücher dies nicht getan.

Die Ansiedlung von Industrie im Wendener Land und die Stärkung des Wirtschaftsstandorts Wenden, die Bildungs- und Schulpolitik sowie die Erschließung von Bauland und der Wohnungsbau waren Bereiche, in denen sich Johann Eichert besonders engagiert hat. Dies zeigt sich in den Sitzungsprotokollen und lässt sich folglich auch belegen.

Interessenskonflikte und kontroverse Themen

In Johann Eicherts Amtszeit als Bürgermeister gab es auch kontroverse Themen, etwa was den Bau der Autobahn A 45 anbelangt. Doch war es nicht Johann, der die Entscheidung getroffen hat, dass diese vielbefahrene Autobahn das Wendener Land durchschneidet, denn der Bau von Autobahnen liegt im Entscheidungsbereich des Bundes.

Es ging auf der Ebene der Gemeinde Wenden höchstens um die Festlegung der genauen Lage, ob ein Stückchen mehr nach Ottfingen oder nach Wenden hin gebaut wird. Zusätzlich mussten sicher geologische und landschaftliche Aspekte berücksichtigt werden.

Es wäre sicher gut, wenn dieser gesamte Prozess noch einmal rekonstruiert und aufgearbeitet würde. Es ist davon auszugehen, dass die Besitzer der Grundstücke, die schließlich für gutes Geld verkauft werden konnten, in Zusammenhang mit dem Autobahnbau, hier ihre Interessen ins Spiel gebracht haben und dass es hier massive Konflikte gegeben hat. Für den Bürgermeister Johann Eichert wird es nicht gerade leicht gewesen sein, mit dieser Situation umzugehen.

Andere konflikthafte Themenfelder waren etwa das Erschließen von Gewerbegebieten, was ja immer auch mit dem Verkaufen von Grundstücken zu tun hat. Die einen wollen ihre Grundstücke dann gerne lukrativ an die Gemeinde verkaufen, die anderen aber gerade nicht. Wieder andere können nicht berücksichtigt werden, weil der Zuschnitt des Gewerbegebietes, wegen der widerstreitenden Interessen verschiedener Parteien, dann aber so und nicht anders festgesetzt worden ist. Es ist hier kaum möglich, es allen Beteiligten recht zu machen, sodass automatisch Ärger und Unmut entstehen. Solche Emotionen werden dann auch an Johann, in seiner Rolle als Bürgermeister, adressiert worden sein. Auch damit musste er umgehen und fertig werden.

Zum tieferen Sinn der Dinge vordringen

Um sich nicht in den biografischen und gesellschaftlichen Details zu verheddern brauchen wir theoretische Hintergründe, die eine breitere Gesamtschau ermöglichen, etwa philosophische Texte. Neben den bereits erwähnten Arbeiten des Iren John O'Donohue können das auch die existentialistischen Texte von Jean-Paul Sartre sein.

Interessant ist, dass sich in der privaten Bibliothek von Johann Eichert, Lissa Eichert-Klute hat sie in ihr Haus übernommen, nicht nur umfangreiche literarische Werke befinden, Bücher von Goethe und Schiller, bis hin zu Fontane oder Storm, sondern auch zahlreiche philosophische Bände, etwa von Jean-Paul Sartre und Albert Camus.

Sodann vermögen uns weitere theoretische Texte dabei zu helfen, eine breitere und offenere Perspektive einzunehmen und nicht am Detail zu kleben oder uns gar in enge, verworrene Sichtweisen zu verstricken und darin hängen zu bleiben, Texte etwa wie sie Peter Sloterdijk, speziell in seiner Sphären-Trilogie, verfasst hat, Texte, die den Blick weiten, die das Denken weit und frei machen.

Weitere Bezugspunkte können die soziologischen Arbeiten von Philipp Ariès und Georges Duby zur Geschichte des privaten Lebens sein oder die Texte von Pierre Bourdieu zu den sozialen Schichten und Milieus. Auch die Kapitalismuskritik von Karl Marx lässt sich heranziehen, ferner die gesellschaftskritischen Arbeiten von Herbert Marcuse. Ebenso bedeutsam sind soziologische Arbeiten zum Umgang mit dem eigenen Körper (Foucault, 1991; Shusterman, 1994).

Die Drehbücher und Filme des Schweden Ingmar Bergman

Auch die Drehbücher und Filme von Ingmar Bergman eröffnen enorme Reflexionsräume, wie wir sie hier bei dieser Studie bezogen auf die Ottfinger Chreschten benötigen, etwa „Licht im Winter", „Schreie und Flüstern" oder „Wie in einem Spiegel". Es war Raimund Quiter, Wendener Pastor, Studienrat und Autor von respektablen historiografischen Arbeiten über die Geschichte der Gemeinde Wenden, der mir während der gymnasialen Oberstufe am Städtischen Gymnasium Olpe den Impuls gab, mich mit den Filmen des Schweden Bergman zu befassen.

Dies geschah im Religionsunterricht. Quiter stand an seinem Pult und hielt ein Programm für ein Filmseminar in der Hand, das in der Akademie Franz-Hitze-Haus, in Münster, stattfand und warb für eine Teilnahme an dem Wochenendseminar. Niemand meldete sich, außer mir. Raimund Quiter gab mir daher das in drei Teile gefaltete, beidseitig bedruckte, grüne Blatt.

Ich meldete mich an, fuhr mit dem Zug nach Münster und nahm an dem Seminar teil. Bergmans Filme haben mich noch viele Jahre beschäftigt und begleitet, bis heute. Ich besitze sogar noch die Unterlagen von dem betreffenden Filmwochenende aus den späten 1970er Jahren, trotz aller Umzüge in den vielen Jahren. Vieles habe ich zurückgelassen, aber nicht das.

Denken in größeren Zusammenhängen

Auch die aus dem Jahr 1927 stammende „Kulturgeschichte der Neuzeit" von Egon Friedell wird uns in mancherlei Hinsicht Orientierung und wichtige Impulse geben, indem wir uns angewöhnen, zwar auf die Details und Einzelheiten zu schauen und auch sehr genau hinzuschauen. Aber letztlich müssen wir gleichzeitig die großen Themen, Strömungen, Entwicklungen, Krisen und Herausforderungen in den verschiedenen Jahrhunderten in den Blick nehmen. Friedell ist hier ein wunderbarer Lehrmeister, der mit leichter Feder die Jahrhunderte skizziert und ausleuchtet.

Der für unser Vorhaben relevante Literaturbestand umschließt neben Lebenswelttheorien (Schütz und Luckmann, 1994 a, b) und sozialökologischen Theorien (Bronfenbrenner, 1989) auch persönlichkeits- und entwicklungspsychologische Theorien und Konzepte, etwa zum Umgang der Menschen mit ihren „Daseinsthemen", wie Thomae (1968, 1988) es genannt hat, wobei dann bestimmte „Daseinstechniken" oder „Reaktionsformen" eingesetzt werden.

Ferner erscheint es ratsam, psychoanalytische Texte (Freud, 1989 a, b; Blos, 1989, 1990; Erikson, 1989; Boszormenyi-Nagy, 1980 u.a.) heranzuziehen, damit wir die subtileren seelischen Themen, die Identitätsfragen, die unbewussten Prozesse in einem bestimmten Menschen, sodann die unterschwelligen, unbewussten Prozesse zwischen Eltern und Kindern oder zwischen den Geschwistern, theoriebasiert betrachten und zumindest in Ansätzen verstehen können.

Die eigene Perspektive erweitern

Aus der genannten Literatur können wir Werkzeug, theoretisches Rüstzeug und auch Inspiration und Motivation beziehen, auch ein tieferes Verständnis und eine erweiterte Perspektive gewinnen, um ein Projekt wie dieses hier auf eine solide Grundlage zu stellen und zu einem guten Ende zu bringen.

Wir tun dies auch in dem Bewusstsein, dass wir mit unserem Verständnis der ganzen Materie und der verschiedenen berührten Themen immer noch am Anfang sind. Vielleicht inspirieren wir ja andere Personen, die dann weitermachen und einige der Fäden, die wir hier herausgearbeitet haben und denen wir hier gefolgt sind, wieder aufgreifen.

Erkundungen und Rekonstruktionen

Die Chreschten in Ottfingen: Bergmannsfamilien über mehrere Generationen

Joachim Bröcher

Der Vahlberger Zug

Josef Eichert (1874-1925) war Bergmann, genauso wie seine Vorfahren. So weit wir wissen, arbeitete Josef in Gruben, die zum Vahlberger Zug, einem größeren Zusammenschluss von Bergwerken gehörten, die von der Gutehoffnungshütte A.-G. Oberhausen betrieben wurden (Wiemers, 2004, S. 662, 667). In den Gruben, die zum Vahlberger Zug gehörten, wurde speziell nach Eisen, Zink, Blei und Kupfer gegraben.

Wir gehen davon aus, dass auch Josefs Vater Peter (geboren 1845 in Ottfingen), sein Großvater Josef (geboren 1807 in Ottfingen), sein Urgroßvater Johann Josef (geboren 1774 in Ottfingen) und sein Ururgroßvater Johann Peter (gestorben 1777 in Ottfingen, wann er geboren wurde, wissen wir nicht) in den Bergwerken gearbeitet haben, denn es gab in der Gegend sonst keine anderen Möglichkeiten, zu überleben, wenn man in diese, ganz unten angesiedelte, soziale Schicht hineingeboren worden war.

Selbst wenn es auch gelegentlich Hinweise auf andere Berufstätigkeiten gibt, oftmals wurden diese im späteren Leben aufgenommen und ausgeübt, als die Männer schon krank waren, bedingt durch die kräftezehrende Arbeit im Berg, etwa als Ackerer, Wald- und Wiesenarbeiter oder Schneider.

Der Berg Löhkopf: Atmosphären wie im Wilden Westen

Damals wurde in vielen Gruben in der Umgebung von Ottfingen Erz abgebaut, auch im Siegerland. Es gibt vielleicht noch Listen in den Archiven, wo wir entnehmen können, welche Bergleute genau wo und für welche Zeiträume in einer konkreten Grube gearbeitet haben. Doch wissen wir von den vorhandenen Karten und aus den historischen Quellen, dass es in Ottfingen, um den 454 Meter hohen Berg Löhkopf herum, tief unten im Löhkopf selbst, im Tal der durch Ottfingen fließenden Großmicke, dem großen Bach, den die Menschen „Flut" nannten, auch nach Möllmicke hinüber sowie in Vahlberg, zahlreiche Stollen und Schächte gab.

Schaut man sich die alten Fotos aus dem 19. Jahrhundert und der Zeit um 1900 an, so sieht es auf dem Vahlberg aus wie im Wilden Westen und so ähnlich wird es auch auf dem Ottfinger Berg Löhkopf ausgesehen haben. Die Männer trugen Hüte mit breiten Krempen.

Stollen bis 360 Meter Tiefe

Diese Stollen und Schächte reichten anfangs bis etwa 60 Meter hinab, später sogar bis 360 Meter. Es gab Stollen in mehreren Lagen übereinander. Zumeist wurden die Stollen, wenn sie ausgeschöpft waren, wieder mit dem Gestein aufgefüllt, dass man nicht gebrauchen konnte.

Das alles war mit ungeheuer schwerer, harter und teils gefährlicher Arbeit verbunden, das Losschlagen des Gesteins, der Transport nach oben, das Zerschlagen und Sortieren des Gesteins, wo schon die Jungen frühzeitig eingespannt wurden, bevor sie später mit in die Gruben fuhren. Schließlich der Rücktransport des nicht erzhaltigen Gesteins in die Stollen, um das Absacken der darüberliegenden Felder, Wiesen und Wälder zu verhindern. Auch das war eine harte und gefährliche Arbeit.

Ein verschachteltes unterirdisches System

Wir können uns ein unterirdisches verschachteltes System, bestehend aus Stollen und Schächten, vorstellen. In der Regel waren diese rechtwinklig angeordnet. Es gab auch Verbindungsgänge, zum Abtransport des abgebrochenen Gesteins sowie Lüftungsschächte sowie Schächte zum Hochpumpen von Grundwasser. Dann gab es noch Schächte, durch die die Grubenarbeiter mit Körben nach unten gelassen und wieder nach oben gezogen wurden.

Dieses komplexe unterirdische System hatte enorme Ausmaße und Reichweiten. Schauen wir auf die verfügbaren Karten, so reichte es bis ans Dorf Ottfingen heran. Insbesondere der Berg Löhkopf gehörte in vollem Maße zum Grabungsgebiet. Schon seit dem Mittelalter wurde ja im Wendener Land und in der weiteren Region gegraben und Eisenerz und andere Arten von Erz zur Gewinnung diverser Metalle auf die Erdoberfläche gebracht.[9]

Männerkörper, Spitzhacken, Brechstangen

Die Arbeitsbedingungen waren extrem hart. Es war eine Männerwelt in den Bergwerken und Gruben, während die Frauen sich um Hof, Haushalt, Garten, Vieh und Kinder kümmerten. Auch das war in der Summe ein hartes Leben voller Mühsal und Entbehrungen.

---

[9] https://www.wendener-huette.de/rund-ums-museum/huettenwanderweg/13-uralt-bergbau-am-loehkopf/; https://www.wendener-huette.de/rund-ums-museum/huettenwanderweg/15-das-bergwerk-vahlberg/

Es gibt historische Fotografien, die Männer mit Spitzhacken und Brech-stangen in den Händen zeigen.[10] Sie arbeiteten mit nacktem Oberkör-per und in einfachen Lederschuhen. Es gab keine Schutzkleidung, etwa Handschuhe, Helme, Sicherheitsschuhe oder Atemschutzmasken. Die Körper der Männer befanden sich in direktem Kontakt mit Eisen und Stein. Ungefiltert atmeten sie den Steinstaub.

Die Bergmänner arbeiteten in Wechselschichten, denn um die Produk-tivität der Grube zu steigern, wurde rund um die Uhr immer weiter ge-macht. Die einen kamen und die anderen gingen. Während die einen Männer mit dem Korb nach unten gelassen wurden, wurden die ande-ren nach oben gezogen.

Unfälle und tödliche Ereignisse

Immer wieder gab es Unfälle und tragische, folgenschwere, oftmals töd-liche Ereignisse in den Stollen und Schächten. Gasverpuffungen, Stein-schlag, Deckenabstürze oder sich ungewollt entzündendes Dynamit. Viele der Männer sind dort unten erstickt, verbrannt oder bei lebendi-gem Leib begraben worden, so auch Peter Anton Bröcher, im Jahr 1856. Peter war einer meiner Vorfahren aus der großväterlichen Linie der Braijder.[11]

Was für ein Ende muss das gewesen sein? Was für ein katastrophales körperliches, geistiges, emotionales und seelisches Erleben? Der Mo-ment, wo ein Grubenarbeiter blitzschnell realisiert, dass gerade etwas Schreckliches, ja Tödliches geschieht und es dann tatsächlich auch ge-schieht, und das mit allen Sinnen zu erleben!

---

[10] vgl. den Materialteil hinten im Buch
[11] Peter Anton Bröcher war ein Sohn von Johann Josef Bröcher (1766-1833) und Anna Catharina Quast (1774-1840).

Panik, nochmal atmen, erlöst sein

Vielleicht eine ungeheure Druckwelle, die einen zerreißt, eine Feuer-walze, die einen verschlingt, Erde und Gestein, die einen blitzschnell zerdrücken. Vielleicht noch ein oder zwei Mal im Dunklen atmen, un-mittelbar Panik erleben, der Körper zugeschüttet, keine Bewegungs-möglichkeit mehr haben, noch mehr Panik erleben, keine Luft mehr be-kommen, noch mehr Panik spüren, nur kurz, dann Herzstillstand, schließlich erlöst sein.

Wir dachten lange, und es wurde auch mündlich so überliefert, dass so auch Josef Eicherts (1874-1925) Ende verlief, oder der Tod seines Va-ters Peter Eichert (1845-1885), dass sie beide oder einer von ihnen auf einem der oben skizzierten Wege umgekommen waren. Doch es war anders.

Peter Eichert liegt tot auf dem Weg nach Römershagen, vor seinem Holzkarren

Bei Peter Eichert war es also kein direktes Grubenunglück, wenngleich es nicht auszuschließen ist, dass die täglich zwölf Stunden harter Ar-beit, die er unter Tage verrichtete, etwas zu seinem Tod beigetragen haben. Es ist im Jahr 1885, im November. Peter liegt tot auf dem Weg von Ottfingen nach Römershagen, vor seinem Holzkarren, daneben steht seine Kuh. Es bleibt ein sehr rätselhafter Tod. Der vierzigjährige Mann lässt seine Frau Lisette und sechs Kinder zurück.

Die älteste Tochter von Peter Eichert, das heißt Anna, ist zwölf, als der Vater stirbt. Der jüngste Sohn Wilhelm ist noch gar nicht geboren. Der Junge kommt somit als Waise auf die Welt und wird seinen Vater nie-mals sehen. Was für eine Situation für die Mutter! Das zu einer Zeit, als es so gut wie gar keine soziale Absicherung gibt. Josef Eichert, dessen Leben wir uns ja im Folgenden näher ansehen wollen, war eines dieser sechs Kinder. Er war elf Jahre alt, als sein Vater auf so rätselhafte Weise verstarb.

Der Standesbeamte Weingarten hat das Folgende zum Tod von Peter Eichert notiert: „Auf Mitteilung der Ortspolizeibehörde zu Wenden vom heutigen Tage ist eingetragen worden, daß der Bergmann Peter Eichert, vierzig Jahre alt, katholischer Religion, wohnhaft zu Ottfingen, geboren zu Ottfingen, verheiratet gewesen mit der noch lebenden Lisetta geb. Wacker, Sohn der verstorbenen Eheleute Ackerer Josef Eichert und der Angela Regina geb. Hüpe, zuletzt wohnhaft zu Ottfingen, auf dem von Ottfingen nach Römershagen führenden Wege im Distrikt Römershagenersiepen, Gemarkung Ottfingen, vor einem Rad seines mit einer Kuh bespannten beladenen Karrens liegend, am vier und zwanzigsten November des Jahres tausend achthundert achtzig und fünf, Nachmittags gegen sieben und ein halb Uhr, tot aufgefunden worden ist."[12]

Spekulationen zur Todesursache im Fall von Peter Eichert

Dieser Tod wirft viele Fragen auf. War es ein Herzinfarkt? Oder ein Schlaganfall? Starb Peter, der ja täglich zwölf Stunden in den Gruben arbeitete, an Entkräftung? Oder waren es die Folgen einer Vergiftung durch tückische Gase, denen die Bergleute unter Tage ausgesetzt waren? Oder war die Kuh für Peters Tod verantwortlich? Vielleicht war Peter unglücklich gestürzt, weil ihm schwindlig war?

Dass Peter durch seine Kuh und die Fahrt mit dem Karren zu Tode gekommen sein soll, ist nicht recht vorstellbar, denn das war nun keine Kutschfahrt mit einem temperamentvollen Pferd, trotz allem ist es nicht

---

[12] Wir verdanken den Hinweis auf dieses Ereignis und die Kopie der Sterbeurkunde der Hünsborner Ahnenforscherin Astrid Stahl und zeitgleich Annalena Schäfer vom Archiv der Gemeinde Wenden. Das im Anhang befindliche Dokument entstammt der folgenden Datenbank: https://data.matricula-online.eu/de/deutschland/paderborn/

auszuschließen, dass die Kuh vielleicht widerspenstig wurde, weil sie den Karren nicht in der gewünschten Weise vorwärtsziehen wollte, dass sie stattdessen Peter attackierte. Andererseits wurde in der Notiz des Standesbeamten Weingarten nichts zu möglichen Verletzungen, etwa durch eine bockige Kuh, notiert.

Das Wahrscheinlichste ist, dass der vierzigjährige Peter Eichert in keinem guten Gesundheitszustand war, und dass seine angegriffene Gesundheit etwas mit seiner harten Arbeit im Bergbau zu tun hatte.

Es stellt sich auch die Frage, warum Peter diese Fahrt nach Römershagen überhaupt unternommen hat, was er in dem Karren transportierte. Brachte er zum Beispiel Rüben oder Kartoffeln nach Römershagen oder wollte er etwas Vergleichbares von dort holen und nach Ottfingen bringen? Stand diese beschwerliche Fahrt mit dem Holzkarren und der Kuh also im Zusammenhang mit einem kleinen Zuverdienst oder der Versorgung der eigenen Familie mit Lebensmitteln? Auch dieser Umstand verweist auf die massiven Herausforderungen, die sich den Menschen damals stellten, um die Ernährung der Familie sicherzustellen.

Ängste und Traumatisierungen der Ahnen holen uns ein

Wenden wir uns erneut dem Ereignis zu, das 1865 den Tod des Peter Anton Bröcher in einer Erzgrube nach sich zog. Ich habe oft Albträume gehabt, bei denen ich mich in engen Schächten und Gruben unter der Erde befand, auch Atemnot, weil ich nicht mehr herauskam.

Kennzeichen dieser verstörenden Bilder und Szenarien war immer dass es dunkel und eng war, dass das Erdreich über mir massiv nach unten drückte, dass es keinen Weg nach draußen gab. Dann schlug ich wild um mich, völlig verzweifelt, in meiner ausweglosen Lage, stellte blitzschnell fest, dass ich gar keinen Bewegungsspielraum hatte, dann das Gefühl von Ausweglosigkeit, ja Panik. Schließlich wurde ich wach und erkannte erleichtert, dass es nur ein Albtraum war, und keine

Wirklichkeit. Ich begann mich zu entspannen. Manchmal stand ich auf, verließ das Bett, setzte mich in die Küche und machte mir einen Tee, um wieder zu mir zu kommen.

Das waren die Jahre, wo ich selbst unter sehr belastenden, einengenden, teils regelrecht toxischen Bedingungen gearbeitet und oft genug gelitten habe und aus familiärer Verantwortung heraus meine Beamtenstelle im Schuldienst und im Wissenschaftsbetrieb nicht kündigen wollte und dies auch nie getan habe.

In Zusammenhang mit der Recherche zu den Chreschten stehe ich erneut vor der Frage, warum ich den Mut nicht aufgebracht habe, den einmal eingeschlagenen beruflichen Weg zu verlassen und einfach etwas anderes zu tun, auch wenn es erst einmal finanzielle Nachteile mit sich gebracht hätte. Doch es hätte mir auch neue Freiheiten eröffnet.

Die Ahnen leben in mir fort, toxische Atmosphären, Mangel an Freiheit

Ich habe also eine Vorahnung, sagen wir im übertragenen Sinne, zumindest eine ungefähre Vorstellung davon, was die Bergleute, seelisch mitgemacht haben, wovor diejenigen, die dort unten Tag für Tag, Woche für Woche, Jahr für Jahr, teils sogar mehrere Jahrzehnte oder ihr ganzes Leben lang arbeiteten, so wie Josef Eichert, mein Urgroßvater väterlicherseits eben, und auch dessen Vater Peter Eichert, die beiden Ahnen aus der väterlichen bzw. großmütterlichen Linie sicher Angst hatten und was sie bedrückte, und welches Schicksal Peter Anton Bröcher 1865, einen meiner Vorfahren aus der väterlich großväterlichen Linie unten im Berg ereilt hat.

Nun kann und will ich das nicht im vollen Maße gleichsetzen. Ich war im Vergleich zu den Bergmännern, die meine Vorfahren waren, sicher privilegiert. Schuldienst und Universität einerseits und Bergbau andererseits gleichzusetzen ist daher nicht ohne Weiteres möglich. Trotz allem gibt es Schnittmengen zwischen beiden Welten, wie ich sie nun-mal erlebt habe, denn auch in unseren Institutionen können zum Erstik-ken enge, regelrecht toxische Atmosphären entstehen (Bröcher, 2016, 2021 a). Insbesondere wenn das an die äußeren Zwänge einer Beam-tenstelle gekoppelt ist, die man nicht einfach aufgeben kann, ohne seine Alterssicherung zu verspielen. Es wäre ja alles anders, wenn die Menschen in solchen Systemen wirklich frei wären, weil man ein sol-ches System jederzeit verlassen könnte und das dann auch tatsächlich tun würde.

Anders ausgedrückt: Die toxischen, zum Ersticken engen Verhältnisse entstehen gerade durch das freiheitseinschränkende Beamtensystem, in das insbesondere junge Menschen aus den unteren Sozialschichten, die über keine finanziellen Mittel verfügen, um sich tatsächlich auf eine freiere Art zu verwirklichen, hineingehen, weil sie darin sozialen Auf-stieg und Sicherheit sehen.

Ich stelle heute die Hypothese auf, dass mein nun mal eingeschlagener beruflicher und nicht gerade leichter Weg in erster Linie aus meiner so-zialen Herkunft resultiert. Ein freierer Lebensentwurf hätte jedenfalls anders ausgesehen, als fast zwanzig Jahre Schulklassen am Rande der Bildungswelt zu unterrichten und eine Schule in diesem Bereich zu leiten und mich dann in der zweiten Hälfte der Berufsjahre in den ideo-logischen oder mikropolitischen Auseinandersetzungen an Universitä-ten zu behaupten.

Körperliche und seelische Belastungen im generationenübergreifenden Zusammenhang

Es ist immerhin denkbar, dass wir, quasi generationenübergreifend, von unverarbeiteten körperlichen und seelischen Belastungen, auch von regelrechten Traumatisierungen, unserer Vorfahren eingeholt wer-den, denn ein Teil unseres Körpers, unseres Geistes- und Seelenle-bens, das heißt unserer gesamten Existenz, besteht aus eben diesen

Ahnen, etwa von Männern wie Peter Anton Bröcher, Peter Eichert und Josef Eichert, mit all diesen dunklen Erfahrungen und Bildern, mit den Ängsten und Sorgen der Bergleute dieser Region, die sie in sich getragen haben.

Ein Teil von Josef, nehme ich nun den jüngsten der genannten Vorfahren, und seiner Erfahrung in den Stollen, tief unten in der Erde, ist somit in mir, oder anders ausgedrückt: Ich bin auch heute teils Fleisch und Blut des Bergmanns Josef Eichert, immerhin zu einem Achtel meiner Existenz, auch wenn unsere Geburtsjahre 87 Jahre auseinanderliegen. Auch sind eine Reihe von genetischen, somatischen, charakterlichen und spirituellen Einflüssen von Josef über Rosa, meine Großmutter, über meinen Vater, auf mich übergegangen.

Denkbar ist immerhin, dass ein Teil meiner eigenen Lebenserfahrungen, das heißt der Ereignisse in meinem Leben und wie ich darauf reagiert habe, dass all dies in einem Zusammenhang steht mit dem Leben meines Urgroßvaters Josef Eichert, der ein Bergmann war und durch diese Berufstätigkeit früh verstarb, dass sich etwas in meinem Leben wiederholt, wenn auch anders eingekleidet, dass ich somit von Josefs Schicksal beeinflusst bin, und auch vom Unfalltod von dessen Vater Peter auf dem Weg zwischen Ottfingen und Römershagen, und vom Grubentod von Peter Anton Bröcher, in welcher konkreten Form auch immer.

Josef Eicherts Tod kam durch den Bergbau, aber anders

Vielleicht habe ich auch so stark die in Ottfingen lange Zeit weitergegebene Erzählung verinnerlicht, nach der Josef Eichert im Jahr 1925 im Alter von 51 Jahren in der Grube Vahlberg den Tod durch Verschüttung, Explosion oder Vergiftung erlebt haben soll, dass dadurch mein Albtraum, der über viele Jahre, ja Jahrzehnte über mich kam, nämlich selbst in einem solchen Stollen kaum noch Bewegungsmöglichkeiten zu haben, nicht mehr hinauszukommen und dann unter der Erde zu ersticken, umso mehr gefüttert wurde.

Das dahinter liegende Bild von Peter Anton Bröcher, der 1865 bei einem Grubenunglück starb, war dagegen ein wenig blasser, weil es weniger Gegenstand von familiären Erzählungen war und auch erst später, durch Recherchen in Zusammenhang mit dem Projekt zu den Bräijder, ans Licht gekommen ist. Trotz allem verschmolz das in meiner Wahrnehmung miteinander zu einem bedrohlichen Szenario: Da waren nun mehrere männliche Vorfahren, aus verschiedenen familiären Linien, im Bergbau tätig gewesen und mehrere von ihnen waren dort unten umgekommen.

Doch durch die Sterbeurkunde, die die Wendener Archivarin Annalena Schäfer aus den Kirchenbüchern hervorgeholt hat, ausgelöst durch Lissa Eichert-Klutes Recherchen, ist nun eindeutig klar, dass Josef nicht verschüttet wurde, sondern dass er im Alter von 51 Jahren an Tuberkulose, bedingt durch eine fortgeschrittene Silikose, das heißt Staublunge, die er sich durch die Arbeit unter Tage zugezogen hat, verstorben ist.

Der Tod aus dem Berg: Nicht mehr atmen können und langsam ersticken

Josef Eicherts Tod 1925 kam also trotz allem aus dem Berg und seinen Tiefen. Nur kam er anders, nämlich schleichend, über die Jahre, bis hin zu immer mehr Atemproblemen, und schließlich Ersticken. Vom Ergebnis her ist es gleich, aber das Tempo, die Intensität, die gesamte Zeitdauer dieses Sterbens sind anders. Es ist auch eine andere Art der Leidensgeschichte. Eine Explosion in der Grube, oder verschüttet zu werden ist vergleichsweise kurz. Das Ersticken an einer verstaubten und entzündeten Lunge geht langsam voran. Es legt sich wie ein dunkler Schatten über das Leben eines solchen Mannes, ein Schatten der immer größer und dunkler wird.

Fährt man von Rothemühle nach Ottfingen erinnert nichts mehr an den Bergbau, der dort über mehrere hundert Jahre betrieben wurde. 1922 wurde der Vahlberger Zug, zu dem schließlich auch die Gruben Löh und Hauptlöh gehörten, geschlossen und kein Erz mehr abgebaut. Da war Josef Eichert schon sehr krank. Nachdenklich machte uns schließlich, dass es hieß, er sei im Vahlberger Zug umgekommen. Doch dieses Bergwerk war da bereits seit drei Jahren nicht mehr in Betrieb. Also forschten Lissa Eichert-Klute und ich hier nach. Dank der Archivarin wissen wir heute mehr.

In Ottfingen ist also tatsächlich über etliche Jahrzehnte hinweg eine Erzählung weitergeben worden, die nicht zutrifft. Sie trifft allerdings in einem symbolischen Sinne trotz allem zu, das heißt der Bergbau hat Josef schon umgebracht, aber eben anders, das heißt der Bergbau hat Josefs Leben langsam und schleichend zu einem verfrühten Ende kommen lassen und hat ihm, seiner Frau und seinen Kindern eine lange Leidenszeit beschert.

Auf dem Löhkopf Dickicht, Bombentrichter, Lichtungen

Als Kinder, die in den 1960er Jahren aufgewachsen sind, wurden wir davor gewarnt, in die teils noch offenen Schächte auf dem Berg Löhkopf hinabzuklettern. Die bis zu zehn Metern abstürzenden Vertiefungen waren auch mit Stacheldraht eingezäunt. Der Löhkopf war in dieser Zeit überaus dicht bewaldet und für uns Kinder ein Streifraum von großer Anziehungskraft.

Es gab Orte, wo man sich im Dickicht verstecken konnte, dann wieder standen wir auf Lichtungen mit mystischen Atmosphären. Es gab Dutzende Bombentrichter aus dem Zweiten Weltkrieg. Wir suchten dort nach den Federn von Eichelhähern oder glitzernden Kristallsteinen, die wir auch fanden, weil dieser ganze Boden jahrhundertelang immer wieder durchgepflügt worden ist.[13]

Erkundungen in einem noch offenen Schacht auf dem Berg Löhkopf

Einmal kletterte ich gemeinsam mit einem Freund, mit einer Kerze in der Hand, in einen der noch offenen Schächte hinab, ich war vielleicht zwölf Jahre alt. Es gelang, uns unter dem Stacheldraht hindurchschieben und wir kletterten nach unten. Wir arbeiteten uns so weit in einen geöffneten Spalt vor, wie man dort eben hineingelangen konnte, kriechend, rutschend, zuerst über eine Art Plateau. Dieses war leicht schräg und so eng, dass man nur zentimeterweise vorrücken konnte.

Dann ging es weiter nach unten, ins Erdinnere, in einen größeren Raum. Auf allen Vieren konnte man hier einige Meter weiterkommen. Schließlich waren die Felsspalten aber so eng, zum guten Schluss auch zugeschüttet mit Geröll, dass es nicht mehr weiterging. Dann erlosch die Kerze, die wir mitgebracht hatten. Es schien in dem Bereich nicht genug Sauerstoff zu geben. Das Streichholz, mit dem wir die Kerze neu entzünden wollten, ging einfach wieder aus.

Uns wurde sehr mulmig zumute und wir entschieden, den Rückweg anzutreten. Diese, nicht ungefährliche, den Eltern auch nicht angekündigte oder mitgeteilte, Erkundungstour war vermutlich inspiriert durch die Lektüre von Jules Vernes Buch über die „Reise zum Mittelpunkt der Erde" und der anderen Entdeckerliteratur, die mein Freund und ich damals lasen und worüber wir uns austauschten.

---

[13] Vergleichbares haben Matthias Reinhardt und sein Cousin Markus Henrich im Siegerland unternommen. Sie haben das Suchen nach Mineralien sicher noch viel intensiver betrieben, als wir das in Ottfingen auf dem Löhkopf tun konnten. Matthias Reinhardts Internetseite präsentiert faszinierendes Bildmaterial nicht nur zum Bergbau, sondern auch zu Mineralienfunden im Siegerland: https://www.reinhardt-mineralien-fotografie.com/

Josef steigt erneut in die Erde hinab, in meiner Jungengestalt

In gewisser Weise befand ich mich jedoch auch als Josef Eicherts Urenkel auf dessen Spuren. Ich war ja zu einem Achtel ein Teil von Josef, und Josef ein Teil von mir. So steigt Josef Eichert erneut, verkörpert in seinem Urenkel, im Jahr 1973, in die Erdöffnung hinein, 48 Jahre nach seinem physischen Tod. Er steigt in meiner jungenhaften Gestalt, in der er ja weiterlebt, erneut nach unten in die Erde, um noch einmal nachzuvollziehen und besser zu verstehen, welches Leben er seit 1886 geführt hat. In dem Jahr ging er, nachmittags, denn Schule war ja nur morgens, zum ersten Mal zur Arbeit in die Grube, da war er zwölf Jahre alt.

Die Jungen aus der unteren sozialen Schicht begannen früh zu arbeiten

Die Jungen arbeiteten erst einmal auf der Erde. Sie zerschlugen etwa Gestein und wurden zu allerlei Handlangerdiensten eingesetzt, bevor sie dann, manchmal schon nach der siebten Klasse, wenn sie etwa 13 oder 14 Jahre alt waren, mit ihren Vätern, älteren Brüdern und den anderen Männern aus dem Dorf, in den Korb stiegen und nach unten gelassen wurden.

Es schien so, als wollte der Josef in mir noch einmal in die Regionen vordringen, in denen er den größten Teil seines Lebens verbracht hatte. So stiegen wir beide gemeinsam mit meinem Kindheitsfreund nach unten in die Erde, mitten auf dem Berg Löhkopf.

Als Junge wusste ich kaum etwas über die historischen Hintergründe. Es war gerade so, dass ich etwas darüber gehört hatte, dass es in der Region einmal Bergbau gegeben hatte und dass die Vertiefungen auf dem Löhkopf etwas damit zu tun hatten. In Ottfingen wurde in den 1960er und 1970er Jahren auch nicht sehr viel darüber gesprochen, auch im Schulunterricht nicht.

Viele Generationen arbeiteten hier in den Gruben, über Hunderte von Jahren. Es gab gar keine andere Chance für die Männer und für die älteren Söhne, außer sie lernten ein Handwerk, was aber mit Kosten verbunden war, die nicht jeder aufbringen konnte. Folglich war das für die allermeisten keine ernsthafte Option.

Einige von den Burschen, vor allem wenn es zweit- und drittgeborene Söhne waren und sie folglich keine Chance hatten, das Elternhaus zu erben, packten ihre Sachen und wanderten aus, etwa um 1850 in die Vereinigten Staaten von Amerika.

Darunter waren auch einige meiner Vorfahren aus dem väterlich groß-väterlichen Zweig der Bräijder, das heißt der um 1815 geborene Hein-rich Bröcher und sein Bruder, der um 1819 geborene Peter Josef Brö-cher. Ihr ältester Bruder hatte den väterlichen Hof geerbt und so mussten die jüngeren Brüder sehen, wo sie blieben und dass sie ir-gendwo anders ihr Glück machten. Die beiden wanderten 1851 und 1854 nach Amerika aus.

Doch musste die Überfahrt über den Atlantik erst einmal bezahlt wer-den und nur wer das Geld zusammenbekam, hatte die Aussicht, dass der Ausreiseantrag von den Kaiserlichen Behörden genehmigt wurde. Interessant ist nun, dass ausgerechnet ein jüngerer Bruder der beiden Auswanderer, nämlich der bereits erwähnte Peter Anton Bröcher 1865 bei einem Grubenunglück ums Leben kam.

Auswandern nach Amerika als Alternative

Ich habe mich oft im Verlauf dieser Recherche gefragt, warum Josef und Maria nicht einfach die Überfahrt in die Vereinigten Staaten gewagt haben, um sich als Farmer in Michigan, Colorado oder Wyoming ein Leben aufzubauen. Wäre das nicht eine enorme Befreiung gewesen? Dieser weite, offene Himmel im amerikanischen Mittleren Westen oder noch weiter im Westen?

Stattdessen jahrzehntelang dieses gefährliche Hinabfahren in die Gruben, in die Stollen des Vahlberger Zuges und anderer Gruben der Region. Die meisten Männer tranken täglich Schnaps, um ihre Angst in Schach zu halten, vor Steinschlag, Erdrutsch, Verpuffung, vor dem Dynamit.

Statt Steinstaub zu atmen eine Rinderherde hüten in Michigan oder Colorado

Statt des weiten blauen und offenen Himmels von Wyoming, der schier endlosen Weite Michigans oder Colorados, und dort vielleicht eine Rinderherde auf saftiges Gras zu bringen, das langsame Ersticken an immer mehr Steinstaub in der Lunge, die sich irgendwann entzündet. Sodann der immer quälendere Husten, der schließlich mit einem blutigen Auswurf einhergeht. Am Ende blieben nur noch die Lungenheilanstalten des Deutschen Kaiserreichs, etwa in Meschede-Beringhausen oder im schlesischen Görbersdorf.

Mich bringt das auch persönlich zum Nachdenken, ich und mein Beruf und das „Nicht-nach-Amerika-gegangen sein", dabei war ich 1984 dort, einen gefühlt endlosen Sommer lang, ich habe ein wenig über diese Erfahrungen geschrieben (Bröcher, 2015) und dann war ich nochmal 1988 dort – und dann erst mal lange nicht, weil ich in Deutschland beruflich und familiär regelrecht im Rädchen lief und in mancherlei Hinsicht darin gefangen war.

Unter dem blauen Himmel von Wyoming, als Farmer und Schriftsteller

Ich wusste seit den 1980er Jahren, dass Amerika für mich eine Option gewesen wäre und ging dann doch in das enge deutsche Schul- und später Universitätssystem, nur weil ich einmal die Weiche dafür gestellt hatte, mit einem Lehramtsstudium und einer Promotion sowie einer

Habilitation im Themenschwerpunkt der emotionalen und sozialen Entwicklung, das heißt der Sonderpädagogik.

Warum ging ich nicht einfach nach Wyoming, um dort auf einer Farm mitzuarbeiten und mich auf diese Art in die Landwirtschaft einzubringen und mir dann schrittweise selbst etwas aufzubauen? Abends hätte ich zusätzlich meinen ersten Roman schreiben können. Solche Dinge. Es hätte also Alternativen gegeben.

Einige meiner Vorfahren bauten an den Wolkenkratzern in Chicago und New York mit

2009 bis 2017 flog ich fast jedes Jahr über den Atlantik, wissenschaftliche Kooperationen, Kongressreisen und so weiter, auch unternahm ich längere Entdeckungsreisen von der Ostküste bis zur Westküste, vom Norden der USA bis in den Süden. Einen Schlüsselmoment erlebte ich 2013 oben im John Hancock Center in Chicago. Es gab eine Fotoausstellung, bei der es um die Mitwirkung von Einwanderern aus Europa, insbesondere aus Irland, Polen und Deutschland ging, beim Aufrichten der großen amerikanischen Städte, insbesondere New York und Chicago, beim Bau der Wolkenkratzer, in der Mitte des 19. Jahrhunderts.

Da wusste ich bereits, dass ich zwei Urururgroßonkel hatte, nämlich Peter Josef Bröcher, der 1851/52 mit Ehefrau Katharina nach Amerika gegangen war und sein Bruder Heinrich folgte ihm 1854. Was vermochten die beiden, was ich aber nicht wagte, dachte ich und blickte voller Bewunderung auf all die gigantischen Bauten, die sie hier errichtet hatten, und dass auch die beiden Ottfinger Männer, die sich in meiner väterlich großväterlichen Linie befanden, einen Anteil daran hatten, wenngleich sich ihre Spuren dann in den Weiten Amerikas verloren haben.

„Mach keine kleinen Pläne" lautete das
Motto eines Kongresses in Chicago

Ich war anscheinend eher wie Josef Eichert oder Peter Anton Bröcher und blieb in meinem einmal vorgezeichneten Leben und verließ die nunmal eingeschlagene Bahn nicht, wenngleich ich innerhalb des Systems permanent an Veränderungen und Weiterentwicklungen arbeitete, aber eben „innerhalb" des Systems, ohne es also vollständig zu verlassen, aus Verantwortungsgefühl, und damit bin ich vielleicht am ehesten mit Johann Eichert vergleichbar, denn er führte ja auch ein Leben unterhalb seiner Möglichkeiten, weil ihn die sozialen Umstände dazu zwangen.

Als ich wieder einmal in Chicago auf einem Kongress war, hatten die Veranstalter das folgende Motto oben drüber gesetzt: „Make no little plans!" Mach also keine kleinen Pläne. Auch das gab mir sehr zu denken und dann dort oben auf der Plattform des Hancock Centers stehend, mit diesem fantastischen Ausblick über Chicago. Auch dass mich die Vorsehung erneut nach Chicago geführt hatte, gab mir zu denken.

Maria ahnte, welche Stunde ihrem Mann geschlagen hatte

Ich sehe meinen Urgroßvater Josef Eichert in seinem schönen Anzug, den er, der stolze Vater von zehn Kindern, bei dem Fototermin, der etwa 1922 gewesen ist, trägt. Die feine Aufmachung verbirgt jedoch Josefs angegriffenen Gesundheitszustand. Es sieht so aus, als sei alles in Ordnung, doch in Josefs Brust sitzt bereits der Tod, wenngleich er insgesamt vital, wenn auch schlank, kräftig und maskulin wirkt, mit seinem Schnäuzer.

Maria zeigt sich auf dem Bild gesetzt, würdig, als verdiente Mutter dieser Kinderschar, in einem eleganten, wenn auch schlichten schwarzen Kleid. Sie wirkt ernst, denn sie ahnt, welche Stunde ihrem Mann geschlagen hat. Es ist vielleicht zwei bis drei Jahre vor Josefs Tod.

Was wir nicht sehen ist Marias seelisches Leiden. Nach dem frühen Tod ihres Mannes, nicht allzulange nachdem dieses Foto gemacht worden war, musste sie ihre Familie alleine durchbringen. Dies gelang ihr auch, durch die tatkräftige Unterstützung der ältesten Kinder.

Maria war auch dafür bekannt, dass sie sich in besonderer Weise auf alle Handarbeiten, von Stricken, Nähen bis Sticken, verstand und im Dorf oftmals um Rat gefragt wurde, wenn es um das Anfertigen von Kleidern ging. Um mit ihrer seelischen Not fertig zu werden, vertiefte sie sich nun nach Josefs Tod ganz in diese Arbeiten. Oftmals gelang es ihr auch, durch Näh- und Schneiderarbeiten etwas Geld zu der kleinen Witwenrente, die sie seitens der Knappschaft bezog, hinzuzuverdienen.

Ganze Generationen arbeiteten in der Tiefe der Erde

Die Bergleute, so auch Josef Eichert, mein Urgroßvater, hatten zwölfstündige Schichten. Die älteren Söhne arbeiteten ebenfalls mit unter Tage, jedenfalls bis 1922, dann kamen allmählich neue Chancen und andere Möglichkeiten auf, aber dieses Prinzip, dass auch die Söhne der Bergmänner in die Gruben gingen, wird auf Josefs eigene Herkunftsfamilie zutreffen und auch auf die Generationen davor. Das Jahr 1922, drei Jahre vor Josefs Tod, markierte denn auch das Ende des Bergbaus in der Region Ottfingen, als der Vahlberger Zug endgültig geschlossen und der Betrieb eingestellt wurde.

Doch in den Generationen vorher wird dies noch ganz anders gewesen sein: Wenn es noch junge Burschen waren, wie man sie ja in Ottfingen nannte, wurden sie über Tage zum Zerschlagen und Sortieren des Gesteins eingesetzt. Nach einer Zeit des Anlernens fuhren sie dann, wie der Vater und die älteren Brüder ebenfalls mit nach unten in die Stollen und unterirdischen Gänge. Es gab eine Tagschicht und eine Nachtschicht. Gelegentlich wurde der Rhythmus gewechselt.

Der eine Bursche schlief am Tag, der andere in der Nacht

Wenn die Schlafstuben der Jungen sehr stark belegt waren, was bei dem Kinderreichtum jener Zeit schnell der Fall war, auch in der Doppelhaushälfte neben der mittelalterlichen Kirche, gingen die einen zur Nachtschicht, und die anderen zur Tagschicht. So konnten sie sich mit dem Schlafen abwechseln, die Söhne des aus Hessen gekommenen Johann Peter Eicher (noch ohne das später hinzugefügte „t" am Ende), die Söhne seines Sohnes Johann Josef Eichert, dann die Söhne des Josef Eichert, schließlich die Söhne des Peter Eichert, und dazu gehörte auch der 1874 geborene Josef.

Erst als Josefs Söhne, das heißt Johann, Norbert oder Hubert nach 1900 aufwuchsen, kam die Veränderung, dass es andere berufliche Möglichkeiten und Chancen gab als den Bergbau. Josefs Sohn Peter ging jedoch noch in den Berg, so wie es während all der Generationen davor gewesen war. Da hatten sie in dem Haus abwechselnd geschlafen, wodurch sie es nicht mehr ganz so eng in den Stuben hatten. So könnte sich auch erklären, wie die Chreschten mit den wenigen Schlafstuben über all die Jahrzehnte hinweg ausgekommen sind und wie sie das Familienleben, unter den harten Arbeitsbedingungen, organisiert haben.

Harte Arbeitsbedingungen, Mangelernährung, gesundheitliche Folgen

Nach mehreren Jahren Arbeit unter Tage stellten sich bei vielen Bergmännern gesundheitliche Probleme ein, weil sich durch das ständige Hacken, Graben, Steine zerschlagen und die Sprengungen in den Stollen und Gängen ein feiner Steinstaub in die Lunge setzte und auch nicht durch Abhusten vollständig nach draußen befördert werden konnte.

Außerdem werden sie durch die zumeist zwölfstündige Arbeit unter Tage diverse Mangelerscheinungen gehabt haben, etwa Vitamin D-

Mangel, Jod-Mangel, Magnesium-Mangel, auch verursacht, besonders im Winter, durch die einseitige und oftmals unzureichende Ernährung und durch die konstante hohe Beanspruchung der Muskulatur, der Wirbelsäule und der Gelenke.

Industrielle, Unternehmer und Investoren

Während sich also die Lungen unserer männlichen Vorfahren dieser Linie der Eicherts langsam mit Staub füllten und während sie Jahr für Jahr die letzten Kraftreserven aus ihren Körpern herausholten, füllten sich die Bankkonten der Unternehmerschicht, die die Gruben betrieb und damit Profit erwirtschaftete, mit finanziellen Gewinnen. Fritz Wiemers hat das alles dokumentiert in seiner großen Historiografie des Wendener Landes, wenn er dies auch neutral und mit keinerlei kapitalismuskritischen Untertönen getan hat.

Im Anhang zu Wiemers' Werk befindet sich ein Verzeichnis der „auf der Sektion Wenden belegenen Grubenfelder, aufgestellt 1911, berichtigt 1935" (Wiemers, 2004; S. 661-667). Hinter den Namen der jeweiligen Bergwerke (z.B. Siegende Hoffnung, Morgenröte, Orion, Neptun, Kunigunde, Pascha, Junger Napoleon, Wilhelminenglück, Westfalia, Fürst Bismarck und so weiter) wird das geförderte Mineral genannt (vor allem Eisen, aber auch Kupfer, Zink, Silber, Blei).

Schließlich werden die Namen der Grubenbesitzer bzw. deren Vertreter genannt (z.B. Akt.-Gesell. Lothringen, Hannover; Ver. Stahlwerke A.-G. Düsseldorf; Carl Schreiber, Krombach; Gutsbes. Joh. Hammann, Münster; Gutehoffnungshütte Oberhausen etc.).

Zu dieser Schicht von Industriellen, Unternehmern und Investoren gehörten auch die Weingartens, die ursprünglich aus dem Raum Köln, Düsseldorf und Hückeswagen, schon vor längerer Zeit, ins Wendener Land eingewandert waren. Ein Teil von ihnen besetzte auch Schlüsselpositionen in der Politik oder Beamtenstellen in der Verwaltung und bestimmte auf diese Weise das wirtschaftliche Geschehen im Wendener Land mit.

Der Gutshof Wilhelmsthal

Fritz Wiemers nennt in seiner Historiografie etwa die Grube Weingarten (S. 543). In seiner Liste (S. 664) werden auch die Bergwerke Großmuth und Kleinmuth genannt, beide bei Gerlingen gelegen. Hier wurde jeweils Eisen abgebaut, in der Grube Kleinmuth auch Kupfer. Beide Bergwerke gehörten Peter Weingarten aus Wenden.

Ferner findet sich in der Auflistung der Bergwerke die Grube „Friedrich Wilhelm bei Wenden", wo es um den Abbau von Eisen ging. Als Besitzer dieser Grube wird angegeben „Josef Weingarten, Wilhelmsthal bei Wenden" (Wiemers, S. 663). Dieser hatte um 1800, mit hoher Wahrscheinlichkeit von seinen Gewinnen und Überschüssen aus dem Bergbau, umfangreiche Ländereien in dem zwischen Ottfingen und Dörnscheid gelegenen Gebiet erworben und dort den Gutshof Wilhelmsthal errichten lassen, an der alten Heeres- und Handelsstraße zwischen Rothemühle und Freudenberg.

Ein Zentrum der sozialen Oberschicht

Schon seit etlichen Jahren wird nun in dem Gebäude ein Bordell betrieben, das heißt in dem, was von dem ursprünglichen Gutshof noch übrig ist, nach der wechselvollen Geschichte, die sich hier ereignet hat und worauf ich noch zu sprechen komme. Der Niedergang des Anwesens begann genau genommen mit dem großen Brand, der dort Mitte der 1970er Jahre ausgebrochen ist.

Doch zunächst einmal ging es auf diesem, durch Josef Weingarten errichteten, Gutshof, über gut hundert Jahre hinweg, sehr gepflegt zu. Das Gehöft Wilhelmsthal war zu dieser Zeit sicherlich, neben der

Wendener Hütte, baulich betrachtet, das hochwertigste und stilvollste Gebäude weit und breit im gesamten Wendener Land.

Wohlstand, Kultur und Bildung

Die Männer aus der Familie Weingarten führten auf Wilhelmsthal eine größer angelegte Landwirtschaft, neben ihren Tätigkeiten im Bergbau sowie in Politik und Verwaltung, und sie gingen zur Jagd, während die gebildeten Frauen und Töchter der Familie mit ihresgleichen, teils in weiter entfernt liegenden Orten, korrespondierten, unter anderem auch mit den Damen von dem Anwesen in Wendener Hütte, wo sich ja schon seit langer Zeit ein bedeutendes Zentrum der Eisenverhüttung befand, und damit einhergehend auch Wohlstand, Kultur und Bildung.

Anna Weingarten als hochhochgebildete, unternehmerisch tätige Frau

Diese Frauen schrieben Tagebücher und lasen Romane. Sie spielten ein Musikinstrument. Ich kann dies nun ein wenig genauer beurteilen und rekonstruieren, weil ich große Teile des Nachlasses der Anna Weingarten in den Händen gehalten habe und die darin befindlichen Briefe, Tagebücher und Wirtschaftsbücher gelesen habe. Sagen wir, ich habe all das, was das große Feuer auf dem Gutshof überstanden hat, gelesen. Dank des couragierten Handelns von Helga Buchen, der Tochter von Siegfried Bröcher d. Ä. konnte ich es überhaupt lesen, doch dazu später.

Anna Weingarten, die 1936 als letzte ihrer Familie kinderlos starb, korrespondierte nicht nur mit den Frauen auf dem Anwesen in Wendener Hütte, wo die Familien Ermert und Remy lebten. Sie korrespondierte auch mit vielen anderen Frauen aus dieser gehobenen Gesellschaftsschicht in der weiteren Provinz Westfalen und darüberhinaus.

Knechte, Tagelöhner und Mägde aus Ottfingen

Zugleich war Anna Weingarten ihrer Zeit weit voraus, in der Rolle einer Gutsherrin auf dem Anwesen Wilhelmsthal. Sie holte sich Knechte und Mägde aus Ottfingen, um den Hof zu bewirtschaften, unter anderem meinen Urgroßvater Anton Bröcher und dessen Tochter Karoline und dessen jüngsten Sohn Siegfried. Dies konnte alles anhand der hinterlassenen Wirtschaftsbücher nachvollzogen werden.

Nun, es war sicher ein Privileg, Anna Weingarten zu den eigenen Bekannten oder Freunden zählen zu dürfen, verfügte sie doch über einen überaus edlen Charakter. Aus allem, was sie hinterlassen hat, wird deutlich, dass sie über enorme wirtschaftliche Kenntnisse und Fähigkeiten verfügte, genauso über literarische Bildung und eine feine Form der Religiosität.

Gegen Ende ihres Lebens, es muss in etwa das Jahr 1936 gewesen sein, verkaufte sie einen größeren Wald. Den Erlös aus diesem Verkauf vermachte sie der Kirchengemeinde in Ottfingen, sodass sie dort neue Kirchenglocken anfertigen lassen konnten. Die alten Kirchenglocken waren von den nationalsozialistischen Behörden demontiert und abgeholt worden, um daraus Waffen und Munition für den bevorstehenden Krieg herzustellen.

Blütezeit und sich ankündigender Niedergang

Doch Anna Weingartens familiäre Linie kam mit ihr zu einem Ende. Sie blieb zeitlebens unverheiratet, sie hatte keine Kinder, und ihre vier Geschwister waren alle früh verstorben. Aber wir wollen die Geschichte nicht von ihrem Ende her erzählen, sondern gehen nun zurück in die Zeit, als der Gutshof Wilhelmsthal seine Blütezeit hatte, und das ging immerhin über 100 Jahre lang, das heißt von 1820 bis 1936.

Enorme soziokulturelle Kontraste

Für die täglichen Arbeiten, in der Hauswirtschaft wie in der Landwirtschaft, hatte man auf dem Gutshof Wilhelmsthal zur Zeit der Weingartens Personal. Das war ein anderer Lebensstil, als ihn die einfachen Menschen in Ottfingen führten, etwa in dem Chreschten Haus neben der mittelalterlichen Kirche.

Der Kontrast hätte nicht größer sein können und rufen wir uns das Bild des Bergmanns Peter Eichert von 1885 erneut in Erinnerung, als er mit seinem Holzkarren und einer Kuh zwischen Ottfingen und Römershagen unterwegs war, um womöglich einige Kartoffeln oder Rüben von der einen in die andere Richtung zu fahren und vermutlich wegen seiner kräftezehrenden Arbeit in den Erzgruben auf dem Weg vor Erschöpfung zusammenbrach.

Der Gutshof Wilhelmsthal wurde etwa von Elfriede Fischer (geb. Bröcher) beschrieben, aus eigener Anschauung, wenngleich das schon in den 1940er und 1950er Jahren war, also weit nach der Zeit der Weingartens. Sie berichtete mir also von den regelmäßigen Sonntagsbesuchen ihrer Familie auf dem Gutshof Wilhelmsthal, als dieser bereits von Siegfried und seiner Frau Lena übernommen worden war und mit welcher Faszination sie als Mädchen die hohen Zimmerdecken, die eleganten Fenster und Türen wahrgenommen hatte, im Vergleich zu den kleinen Häusern, in denen sie in Ottfingen aufgewachsen waren und lebten.

Auf den Fluren hätten Holztruhen voller schöner Stoffe gestanden, aufgewickelt zu langen Bahnen, Vorräte für Kleidung, Bettwäsche, Vorhänge oder Bettüberwürfe. Diese Stoffe stammten noch aus der Ära Weingarten. Anna Weingarten war nun 1936 verstorben. Siegfried Bröcher übernahm den Hof, nachdem die Formalitäten abgewickelt waren. 1938 heirateten er und Lena. So wurde der Hof Wilhelmsthal erneut zum Zentrum eines sozialen und kulturellen Lebens, allerdings in einem veränderten soziokulturellen Bezugsrahmen.

Golf von Neapel oder Lungenheilanstalt
in Meschede-Beringhausen

Wer zur Industriellenschicht gehörte, reiste während des Deutschen Kaiserreichs, als es noch den wohlhabenden Schichten allein vorbehalten war, etwa in den Golf von Neapel, gerne nach Ischia, auch wegen der heißen Quellen, oder nach Südfrankreich oder an die französische Atlantikküste.

Inwieweit das nun auf die in Wenden aktive Industriellenschicht (Weingarten u.a.) zutraf, darüber können wir natürlich nur spekulieren. Die Fäden bei den Bergwerken wurden zumeist aus dem Rheinland, dem Ruhrgebiet, dem Siegerland, teils aus Hessen oder Niedersachsen gezogen. Die Gewinne aus diesem dunklen, staubigen und für die Bergmänner gefährlichen Geschäft flossen entsprechend auch dorthin.

Friedrich Alfred Krupp (1854-1902), Eigentümer der Essener Gussstahlfabrik und anderer Unternehmen, hielt sich etwa regelmäßig auf Capri auf und verbrachte dort teils ganze Winter. Es ist mir im Augenblick nicht bekannt, inwieweit das Unternehmen Krupp etwas mit den Erzgruben in Südwestfalen direkt zu tun hatte. Dazu müssten wir noch mehr recherchieren, um all die industriellen Verflechtungen zu erkennen. Aber letztlich arbeiteten sie ja alle, auch der Krupp-Konzern mit dem Metall weiter, das Männer wie Josef Eichert und seine Vorfahren mit harter körperlicher Arbeit aus der Tiefe der Erde geholt haben.

Friedrich Alfred Krupp auf Capri,
Josef Eichert in der Tiefe der Erde

Friedrich Alfred Krupps und Josef Eicherts Leben laufen teils parallel. Krupp hält sich viel auf der italienischen Insel Capri auf, im Golf von Neapel, und geht dort seinen Hobbies nach, das heißt der Meeresforschung und einigen anderen, mehr ästhetischen, sinnlichen Interessen, unter dem azurblauen Himmel, in den türkisfarbenen Buchten. Friedrich

Alfred genießt etwa die Gesellschaft eines Capreser Bauernjungen und von anderen einheimischen jungen Männern, sodann der zauberhafte, inspirierende Duft der Limonen, das Baden in den azurblauen Buchten.

Josef Eichert steigt unterdessen Tag für Tag in die Tiefe der Erde und bricht mit seiner Lanze Gestein aus der Wand. Wechselweise schlägt er mit einem Hammer. Die Wand, die vor ihm liegt, weicht jetzt langsam nach hinten, Zentimeter für Zentimeter, Stunde für Stunde, Tag für Tag.

Im Haus neben der Kapelle steht ein Zinkeimer mit frischem Wasser für Josef bereit, wenn er nach zwölf Stunden harter Arbeit zurückkommt, damit er sich den Staub vom Körper waschen kann. Seine Frau Maria oder eines der Kinder hat das Wasser von einem der Dorfbrunnen geholt, oder von der Großmicke.

Alfred Krupp lässt sich nach Ischia übersetzen, mietet sich in einem Hotel in Ischia Ponte ein, dann lässt er sich zu einem der Bäder fahren, entspannt seinen Körper in dem solehaltigen warmen Wasser. Josef stellt den Zinkeimer zurück. Auf dem nun nassen Handtuch, das Maria für ihn auf den Küchentisch gelegt hat, klebt dunkler Staub.

Die weitesten Fahrten, die der Bergmann Josef Eichert in seinem Leben zwischen 1874 und 1925 unternommen hat, haben ihn in eine von der Knappschaft betriebene Lungenheilstätte, nach Meschede-Beringhausen, geführt.

Lungenheilstätten im Deutschen Kaiserreich

Um mehr darüber zu erfahren, schauten wir in eine Recherche von Andreas Jüttemann, der sich mit den Lungenheilstätten im Deutschen Kaiserreich beschäftigt hat und diese für die verschiedenen Provinzen aufgelistet und beschrieben hat. Das Ganze hat er 2015 als Dissertation an der Berliner Charité eingereicht.

Wahrscheinlich ist, dass Josef zwei Mal, wenn nicht gar drei Mal, eine solche Kur gemacht hat. Da es anzunehmen ist, dass man das nächstgelegene Sanatorium in der damaligen Provinz Westfalen gewählt hat, um die Zeitdauer und natürlich die Kosten der Anreise zu reduzieren, und vermutlich ging es auch um Zuständigkeiten und Verantwortlichkeiten in den damaligen kaiserlichen Provinzen.

Gehen wir also davon aus, dass Josef in dem 1904 eröffneten Auguste-Viktoria-Stift, in Meschede-Beringhausen gelegen, und nicht im schlesischen Görbersdorf oder in Westerland auf Sylt, auch nicht in der benachbarten Rheinprovinz, wo es ebenfalls Lungenheilanstalten gab, die allesamt in der oben genannten Doktorarbeit aufgelistet werden, gewesen ist.

Das Auguste-Viktoria-Stift in Meschede-Beringhausen

Das von der Knappschaft in Meschede betriebene Sanatorium wurde speziell für männliche Patienten errichtet, was sich allein schon aus der Tatsache erklären lässt, dass in den damaligen Bergwerken ausschließlich Männer arbeiteten und folglich war die Staublunge eine Männerkrankheit, während die Tuberkulose natürlich gleichermaßen eine Frauenkrankheit sein konnte.

Im Fall von Josef haben wir nun mit einer Mischung aus beidem zu tun. Konkret konnten im Auguste-Viktoria-Stift 118 Männer untergebracht werden, in Zwei- bis Fünfbettzimmern. Auch gab es für besondere Fälle (besonderer Krankheitsverlauf, sozialer Stand) vierzehn Einzelzimmer (Jüttemann, S. 211). Es existieren Fotos von diesem eindrucksvollen Gebäude, von den Krankenzimmern oder von der großzügigen, überdachten Liegeterrasse.[14]

---

[14] https://woll-magazin.de/vom-rittergut-ueber-die-auguste-victoria-heilstaette-zur-geister-klinik/

Vom Bergwerk zum Zauberberg

In Meschede-Beringhausen gab es dann, bei reiner Luft, der Standort des Sanatoriums war sorgfältig ausgewählt worden, leichtes Wandern, auch Wasserbehandlungen. Die reine Liegekur, wie sie Thomas Mann in seinem Roman „Der Zauberberg" beschreibt, wandte man dort, Jüttemann zufolge, nicht in dem Maße an, wenngleich es dort auch eine große Freiluftliegeterrasse gab. Es gibt ein Foto davon, was dann doch nahelegt, dass das Liegen an frischer Luft, eingehüllt in eine warme Wolldecke, auch in Meschede-Beringhausen angewandt wurde.

Es gab auch Medikamente für die Patienten, und in einem gewissen Rahmen Gespräche, die die Männer zu einem besseren Umgang mit ihrer Krankheit anleiten sollten. Ich schaue erneut auf das Foto von Josef, wo er im Kreis seiner Familie sitzt und sehe seine wachen Augen. Was hat man ihm in dem Sanatorium konkret vorgeschlagen? Was hat er dann gesagt und gemacht? Welche Gedanken hatte er im Kopf? Wie ging es ihm seelisch? Bekam er während des Gesprächs mit dem behandelnden Arzt Hustenanfälle?

Nun war das ganze Behandlungsprogramm in erster Linie auf die Tuberkulose ausgerichtet, die man tatsächlich, mit etwas Geduld und Ausdauer, heilen konnte. Bei der Silikose bzw. der Staublunge war das in gewisser Weise anders, weil sie nicht mehr umkehrbar ist, und somit wird es sich um eine gesonderte Gruppe von Patienten gehandelt haben, wo dann auch die Gesprächsführung eine andere war, ebenso die Behandlung. Es war mehr eine sanfte Begleitung zum Tode hin als eine wirklich ernst gemeintes therapeutisches Programm.

Josef wird hier möglicherweise erstmalig Menschen begegnet sein, die ihm halfen, seinen Körper, der über Jahrzehnte ausgebeutet und instrumentalisiert worden war, anders wahrzunehmen und diesem etwas Gutes zu tun. Zugleich war es für ihn sicher eine Art Schicksalsschlag, endgültig zu akzeptieren und zu begreifen, dass die Silikose, das heißt die Staublunge, zumal in diesem fortgeschrittenen Zustand, nicht mehr umkehrbar und folglich nicht mehr zu heilen war.

Die seelische Verarbeitung der Krankheit und ihre politische Bedeutung

Es wäre natürlich sehr erkenntnisreich, Einblick in Josefs Krankenakte zu erhalten, falls diese Dokumente noch irgendwo aufbewahrt werden. Das Gebäude stand später auch eine Zeitlang leer und es hieß, es sei dort eingebrochen worden, während dort gleichzeitig noch sämtliche Patientenakten lagerten. Aber es geht mir hier auch weniger um die medizinischen Details als um die seelische, emotionale und geistige Verarbeitung der körperlichen Leiden. Schließlich geht es auch um die politische und gesellschaftliche Bedeutung von Josefs Kranken- und Leidensgeschichte.

Wir müssen auch erneut marxistisches Gedankengut in Betracht ziehen, selbst wenn wir darum wissen, dass bestimmte Arten von Sozialismus und Kommunismus, die daraus abgeleitet worden sind, nicht sehr gut funktioniert und zu vielen neuen Problemen geführt haben.

Trotz allem können wir auf die Texte von Karl Marx zurückgreifen und danach fragen, wer zu der damaligen Zeit über die Produktionsmittel verfügte, wie es um Ausbeutung und Entfremdung auf Seiten der Arbeiter bestellt war und warum sie keinerlei Recht und keine Chance hatten, ihre Körper und ihre Gesundheit zu schützen, warum sie so wenig Bildungschancen hatten, warum sie kaum eine Chance zum sozialen Aufstieg hatten.

Sich Kleidung leihen müssen

Es wurde bei diesen Kuraufenthalten seitens der Klinikleitung auch zur Bedingung gemacht, dass die Männer eine bestimmte Ausstattung an

Kleidung mitbringen mussten, damit die Kleidungsstücke regelmäßig gewechselt und in die Wäscherei gegeben werden konnten. Wir können das alles in der Recherche von Jüttemann (S. 44) nachlesen.

Josef Eichert wird sicher Schwierigkeiten gehabt haben, die von dem Sanatorium geforderte Anzahl an Hemden, Hosen, Socken, Unterwäsche oder Schuhen zusammenzubekommen. Jüttemann zählt das alles detailliert auf.

Die Patienten brauchten etwa einen vollständigen Sommer- und Winteranzug, Körperpflegeartikel und kleine Vorhängeschlösser (ebd.). Es ist anzunehmen, dass Josef sich einen Teil der Kleidung bei Verwandten oder Nachbarn hat leihen müssen. Es gibt Berichte von ehemaligen Patienten, die sich sogar Geld leihen mussten, um die Aufnahmebedingungen der Heilstätten überhaupt erfüllen zu können (Jüttemann, S. 78).

Während die Mitglieder der sozialen Oberschicht, die von den Gewinnen aus dem Bergbau profitierten, etwa mit luxuriösen Schrankkoffern in den Golf von Neapel, nach Ischia oder Capri oder in die Grandhotels an den französischen Küsten reisten.

Die luxuriösen Schrankkoffer der Oberschicht

Honoré de Balzac beschreibt in dem Roman „Eugenie Grandet" sehr anschaulich eine Kollektion an erlesenen Kleidungsstücken und Accessoires, wie sie ein kultivierter Mann der damaligen sozialen Oberschicht besaß und wie er sie auch auf Reisen mit sich führte, sagen wir an die französische Atlantikküste, oder nach Capri oder Ischia.

Die wohlhabenden Industriellen, unter anderem auch die Profiteure des Erzbergbaus, lassen sich dann, nach der Ankunft mit dem Nachtzug, in dem sie ein 1. Klasse Schlafwagenabteil, über die Alpen und bis nach Neapel, in Anspruch genommen haben, mit ihren Schrankkoffern nach

Capri übersetzen. Kräftige einheimische Träger bewegen diese luxuriösen Koffer, mit den vielen Fächern für all die Kostbarkeiten, vom Bahnhof in ein Pferdegespann und auf die Fähre, und von dort erneut auf einen Wagen. Friedrich Alfred Krupp drückt ihnen jeweils einen Geldschein in die Hand. Später dann kümmern sich die Hotelportiers um sein Gepäck.

Josef auf dem Weg in die Lungenheilstätte:
Hustend auf dem Bahnhof von Meschede

Josef Eichert steht derweil hustend auf dem Bahnhof von Meschede, mit einer schlichten, von seiner Frau Maria, der Strumpfstrickerin, selbst genähten, Leinentasche. Darin befinden sich die von dem Sanatorium erwarteten Kleidungsstücke. Diese hat er zu zwei Dritteln bei Nachbarn und Verwandten zusammengeliehen, denn er selbst hatte nicht genug Wäschestücke in dem kleinen Schrank, den die Eheleute Eichert in der Schlafstube direkt neben ihrem Bett stehen haben, vor der mit Kalk geweißelten Wand aus Holzbalken und Lehmfeldern, wo sie sämtliche Kleidungsstücke auf engstem Raum aufbewahren, eben all die Kleidung, über die Eltern und Kinder insgesamt verfügen.

Nun wartet Josef auf einen Kutscher, der ihn nach Beringhausen bringen soll. Josef wird von einem Hustenanfall durchgeschüttelt. Es kommt ein blutiger Auswurf aus seinen Bronchien nach oben. Traurig, ja beschämt, rollt er das blutverschmierte Taschentuch zusammen und lässt es in seiner Jackentasche verschwinden. Josef hat Fieber und er hat an Körpergewicht verloren. Der Tag hat ihn sehr angestrengt. Es war eine weite Reise.

Josef ist bisher niemals mit dem Zug gefahren. Zunächst ist er zu Fuß die zwei Kilometer von Ottfingen zum Bahnhof in Rothemühle gelaufen. Dann hat er den Zug über Olpe, Attendorn, bis nach Finnentrop genommen. Er hat eine ärztliche Bescheinigung dabei. Diese zeigt er dem Bahnschaffner vor, so wurde es ihm aufgetragen, von dem ärztlichen

Vertreter der Knappschaft, der den Sanatoriumsaufenthalt mit ihm besprochen hat, und man setzt ihn allein in ein Abteil, wegen der Tuberkulose.

In Finnentrop hat er eine Weile auf dem Bahnsteig gesessen und auf seinen Anschlusszug gewartet. Es ist zugig. Ihm wird kalt, obwohl es ihm innerlich warm, ja heiß ist, wegen des Fiebers. Schließlich ist er bis zum Bahnhof Meschede gelangt.

Lungensanatorien im schlesischen Görbersdorf

Interessant ist nun, das Olga Tokarczuk, ihren Roman „Empusion", sicher nicht ohne Anspielung auf Thomas Manns „Zauberberg" im schlesischen Görbersdorf angesiedelt hat, in etwa um 1900 herum, wo sich auch mehrere Lungensanatorien befanden zu der Zeit, durchaus vergleichbar mit Meschede. Auch diese Einrichtungen in Görbersdorf werden in der erwähnten Berliner Doktorarbeit aufgelistet und beschrieben, da dieser Teil des heutigen Polens damals zum deutschen Kaiserreich gehörte.

Männlichkeitskonzepte und die Verletzlichkeit von Männern

Olga Tokarczuk geht darin sehr subtilen Fragen von Männlichkeit, von traditionellen Männlichkeitskonzepten, speziell auch der Verletzlichkeit von Männern nach. Auch auf dieser Ebene stellen sich viele Fragen. Was war Josefs Vorstellung von Männlichkeit? Er war immerhin Vater von elf Kindern, von denen zehn überlebt haben. Wie sah er sich? Blieb er in diesem für ihn schädlichen Berufsfeld aus familiärem Verantwortungsgefühl?

Hatte das was mit seiner Vorstellung von Vater-Sein und Mann-Sein zu tun? Nämlich dieses Weitermachen und Durchhalten, dieses Immer-weiter-den-Karren-Ziehen? Wie ging Josef mit seiner zunehmenden

Empfindlichkeit und Verletzlichkeit um? Wie ging er schließlich mit dem körperlichen Verfall und Niedergang um? Es bleibt zu hoffen, dass er in dem Sanatorium etwas Linderung erfuhr und einige sinnhafte Gespräche führen konnte, die ihn aufgebaut und gestärkt haben, mit Ärzten, mit Krankenpflegern, mit anderen Patienten, trotz der tiefen Bitterkeit und Vergeblichkeit, die das Ganze unwiderruflich in sich trug.

Instrumentalisierung der Männer-Körper der sozialen Unterschicht

Die Männerkörper der sozialen Unterschicht sind durch die gesellschaftliche Führungsschicht jener Zeit skrupellos ausgebeutet und benutzt worden, um den eigenen Profit zu mehren. Dabei konnte die Perspektivlosigkeit und Abhängigkeit der sozialen Unterschicht nahezu bedingungslos und grenzenlos ausgenutzt werden. Die Männer hatten keine andere Wahl, als in die Gänge unter der Erde hinabzusteigen, wenn sie es nicht schafften, auszuwandern.

Auch Szczepan Twardoch, ein Gegenwartsautor aus Polen bzw. Schlesien, lässt das Thema nicht los, etwa in seinem Buch „Drach", denn auch seine Vorfahren arbeiteten über Generationen hinweg unter Tage. Der Bergbau ist also auch Teil seiner Familiengeschichte, vielleicht auch seiner Identität.

Es muss noch stärker erforscht werden, in welcher Weise insbesondere die Männer aus den unteren Sozialschichten instrumentalisiert und ausgebeutet wurden, wie sie in ihrer Gesundheit geschädigt und in ihren Lebenschancen massiv beeinträchtigt worden sind, sei es im Bergbau, sei es durch Rekrutierung für Kriege, von denen höher gestellte soziale Schichten und wirtschaftliche Eliten finanziell profitieren, bis in die Gegenwart.

Der Bergmann Josef Eichert (1874-1925), die Strumpfstrickerin Maria Weber (1875-1936) und ihre elf Kinder

Joachim Bröcher

Johann Peter Eicher wandert von Hessen nach Ottfingen

Rosa und Johann wurden 1901 und 1905 geboren, in Ottfingen, in der seitlich der alten Kapelle liegenden Doppelhaushälfte, Rosa als erstes und Johann als viertes Kind von Josef Eichert, dem Bergmann. Später, als der Vater schon krank war, war er als Wald- und Feldarbeiter tätig. Josef war ein Nachfahre eines vor einigen Generationen aus Hessen eingewanderten Bergmanns namens Johann Peter Eicher, woraus später Eichert gemacht worden ist. Irgendwann wurde also noch ein „t" an den ursprünglichen Familiennamen Eicher angehängt.

Johann Peter starb, den Quellen zufolge, 1777, in Ottfingen, also zwölf Jahre vor der französischen Revolution. In den Dokumenten fanden wir den Hinweis, dass er aus Rosenthal, Fischbach stammt. Es handelt sich um einen kleinen Ort in Hessen, etwas südlich von Frankenberg gelegen, ein Stück unterhalb der Linie, die wir zwischen Eder-Talsperre und Bad Berleburg ziehen können.

Zwischen Johann Peter und Josef (1874-1925), mit dessen Lebensge-schichte und Familie wir uns ja hier vor allem beschäftigen, liegen noch mehrere Generationen. Der aus Hessen eingewanderte Johann Peter Eicher war Josefs Ur-Ur-Großvater und er war mein Ur-Ur-Ur-Ur-Ur-Großvater. Zwischen dem aus Hessen stammenden Johann Peter und Josef liegen also noch mehrere Generationen, die aber alle schon in Ottfingen lebten. Bis zum heutigen Tag sind es sieben Generationen.

Die Frauen der Chreschten

Ich will nun auch die Namen der Frauen hier nennen, die sie jeweils geheiratet haben, mit denen sie Kinder hatten und mit denen sie, den Zeitumständen und den in jener Zeit geltenden sozialen und religiösen Regeln gemäß, auch ihr gesamtes Leben nach der Hochzeit verbracht haben, bis zum Tod. Johann Peter, er lebte bis 1777, heiratete Anna Maria Niclas. Höchstwahrscheinlich stammte diese aus Ottfingen, denn Niclas ist einer der ältesten Namen in Ottfingen. Vielleicht heiratete Johann Peter gar ein in das Haus der Familie Niclas, sodass dann aus Niclas Eicher bzw. Eichert wurde, und dann später der Hausname Chreschten.

Das Haus direkt neben der mittelalterlichen Kirche

Und was könnte Chreschten bedeuten? Oftmals wurden die Hausnamen ja durch bestimmte Lagen im Dorf bestimmt, so auch Bräijder, was vermutlich auf eine breite Wiese oder Weide zurückgeht. Chreschten könnte daher eine Abwandlung von „Christen" sein, die Leute eben, die direkt neben der Dorfkirche wohnen und leben.

Im 18. Jahrhundert war das vielleicht noch die Familie Niclas, die eventuell keinen männlichen Erben hatte, der die Doppelhaushälfte hätte übernehmen können. Als dann Johann Peter Eicher bzw. Eichert aus Hessen nach Ottfingen kam, dort einheiratete und eine Familie gründete, zusammen mit Anna Maria Niclas, blieb es dann bei dem Haus- und Familiennamen Chreschten.

Rekrutierungen für Kriege greifen in die männlichen Linien ein

Wahrscheinlich ist, dass alle genannten Generationen in diesem Haus bei der mittelalterlichen Kirche lebten. Ein erstgeborener Sohn folgte auf den anderen, in der Weiterführung des Hauses. Vielleicht übernahm auch mal ein später geborener Sohn Haus und Hof und zugleich die Familiengeschicke, etwa wenn der ältere Sohn verstorben war oder sich aus diversen Gründen nicht für eine Familiengründung eignete.

Es wurde im 19. Jahrhundert, speziell auch während der hessischen Herrschaftsjahre (1803-1816) und in Zusammenhang mit diversen Kriegen und Feldzügen (gegen Preußen, Österreich, Spanien), auch für Napoleons Russlandfeldzug im Winter 1812-1813, auf den Dörfern Südwestfalens, also auch in Ottfingen, viel rekrutiert (Wiemers, S. 85).

Viele junge Männer versteckten sich zwar, um dem Kriegsdienst zu entgehen, doch die Behörden durchsuchten die Dachböden und Scheunen. Die Söhne der Bergleute und Kleinbauern, und hier werden auch einige der Eichert-Söhne aus dem gedrungenen Haus direkt neben der Ottfinger Kirche betroffen gewesen sein, waren für die herrschende Schicht nichts weiter als menschliches Material, das in Zusammenhang mit diesen Feldzügen und Kriegen verkauft wurde. Die meisten jungen Männer kehrten von solchen Feldzügen nicht zurück.

Fünf Generationen in der Doppelhaushälfte

So lebten in dem Zeitraum, den wir hier betrachten, fünf Generationen, eine nach der anderen, in dieser Doppelhaushälfte, wenn meine Hypothese stimmt, und immer wuchsen dort Kinder auf. Auf Johann Peter Eichert, der aus dem hessischen Rosenthal / Fischbach nach Ottfingen kam und der die Anna Maria Niclas heiratete, folgte dessen Sohn Johann Josef Eichert (1774-1828).

Bemerkenswert ist, dass Johann Josef nur drei Jahre vor dem Tod seines Vaters geboren wurde, das heißt der hessische Johann Peter muss noch im guten Mannesalter stehend, also recht früh, gestorben sein. Das Eheglück des Einwanderers mit der Ottfinger Anna Maria Niclas, im Mai 1767 hatten sie geheiratet, dauert nur gute zehn Jahre, das heißt bis 1777. Wir gehen davon aus, dass die beiden Eheleute in dem alten

Chreschten Haus neben der mittelalterlichen Kirche lebten, wie alle anderen auch, die ihnen nachfolgten.

In den zehn Jahren, die sie dort gemeinsam lebten, bekamen Anna Maria und Johann Peter, für die damaligen Verhältnisse, nur wenige Kinder, das heißt zwei. Zunächst ein Mädchen, im Jahr 1771 und dann folgte ein Junge, das heißt Johann Josef, im Jahr 1774, der dann die familiäre Linie weiterführte. Als der Vater starb, waren die Kinder sechs und drei Jahre alt. Es ist davon auszugehen, dass Johann Peter Eicher ebenfalls im Bergbau tätig war. Ein so früher Tod legt eine Unfallursache nahe, wenngleich wir das nicht genau in Erfahrung bringen konnten.

Peter Eicherts früher Tod durch ein Ereignis im Bergbau

Johann Josef Eichert (1774-1828), der schon in Ottfingen geborene Sohn des Hessen, heiratete nun die Anna Margarethe Butzkam. Woher genau sie stammte, wissen wir nicht. Johann Josef starb im Alter von 54 Jahren. Aus dieser Verbindung ging nun unter anderem der 1807 geborene Josef hervor. Sein Vater Johann Josef war 32 Jahre alt, als er ihn zeugte. Josef heiratete Angela Regina Hüpe. Er lebte bis 1869 und wurde folglich 62 Jahre alt.

Aus dieser Verbindung ging unter anderem Peter Eichert hervor, den sie tot auf dem Weg nach Römershagen, vor dem Holzkarren liegend, aufgefunden haben. Er wurde 1845 geboren. Da war sein Vater Josef 38 Jahre alt. Peter Eichert nun heiratete Lisette Wacker. Er starb bereits mit 40 Jahren.

Als Peter Eichert 1885 starb, gab es in Ottfingen, das sei hier am Rande erwähnt, um eine Vorstellung von der damaligen Dorfgröße zu bekommen, 372 Einwohner (Wiemers, 2004, S. 668).

Zeitgeschichtliche Ereignisse in den Jahren 1874 und 1875

Was geschieht in der Welt 1874, in dem Jahr, in dem Josef Eichert in Ottfingen neben der mittelalterlichen Kirche geboren wird? Im Zuge der Kulturkampfgesetze wird in Preußen die zivilrechtliche Ehe eingeführt und die Bedeutung der kirchlichen Heirat relativiert. Ziel des sog. Kulturkampfes ist mehr Unabhängigkeit des Staates gegenüber kirchlichen Einflüssen. Sodann gibt es Fortschritte bei der Schaffung von Pressefreiheit. In Paris findet die erste gemeinsame Ausstellung der Impressionisten statt, mit Werken von Monet, Degas, Cézanne, Renoir u.a.[15]

Was geschieht 1875, in dem Jahr, in dem Maria Weber in Altenhof geboren wird? Papst Pius erklärt die preußischen Kulturkampfgesetze, die auf staatliche Unabhängigkeit von kirchlichen Einflüssen abzielen, für ungültig und droht allen, die sie anwenden, mit Exkommunikation. Der dänische Schriftsteller Hans Christian Andersen stirbt. Durch einen Zeitungsartikel provoziert Bismarck Spannungen zwischen Preußen und Frankreich. Es ist die Rede von der „Krieg-in-Sicht-Krise". Durch diplomatische Intervention Englands und Russlands kann die Krise beigelegt werden.[16]

Eine traumatische Erfahrung für einen elfjährigen Jungen

Josef Eichert war elf Jahre alt, als sein Vater Peter 1885 tot auf dem Weg nach Römershagen aufgefunden wurde. Es muss eine regelrecht traumatische Erfahrung für einen Jungen in dem Alter sein, wenn sein Vater nicht mehr lebendig nach Hause zurückkehrt und stattdessen tot von anderen Männern, auf einem Leiterwagen liegend, zu seiner Familie gebracht und dann in der Stube aufgebahrt wird.

---

[15] Diese Informationen wurden entnommen: https://www.dhm.de/lemo/jahreschronik/1874
[16] Diese Informationen wurden entnommen: https://www.dhm.de/lemo/jahreschronik/1875

Reglos liegt der Vater da. Das verzweifelte Schreien, das Weinen und Schluchzen der Mutter, die emotionale Not der Geschwister, der eigene seelische Schmerz des Kindes.

Die herbeieilenden Nachbarn, die zu helfen und zu trösten suchen und doch nicht viel bewirken können. Jemand schickt nach dem Pfarrer, dass er kommen möge. Und wie wird das erst für die Familie von Peter Anton Bröcher, im Jahre 1865, gewesen sein, der nachweislich bei einem Grubenunglück ums Leben gekommen war.

Vielleicht war in dem Zusammenhang der Körper des Vaters auch verschüttet worden. Vielleicht konnte der Vater gar nicht mehr aufgefunden werden, weil er tief unten in einem Stollen lag, womöglich in 60 oder 80 oder gar 160 Meter Tiefe, in der Dunkelheit, zerdrückt, zerquetscht, oder verbrannt, durch eine fehlgeleitete Explosion des Dynamits.

Seelische Verarbeitung und ihre Erschwernisse

Kehrte der Vater also nicht einmal tot zu seiner Frau und zu seinen Kindern zurück, dann war die seelische Verarbeitung vielleicht noch viel schwerer, für die Kinder und die Frau von Peter Anton Bröcher etwa.

Sehr sehr schwer war es jedenfalls für den elfjährigen Josef Eichert, dessen vergrößertes Portrait ich hier vor mir hängen habe, den von Römershagen heimgeholten Vater jetzt aufgebahrt in der guten Stube liegen zu sehen, und für die Mutter und die Geschwister war es ebenso schwer.

Ich schaue auf das Familienportrait und den zusätzlich vergrößerten Ausschnitt, der nur Josef zeigt. Wir sehen einen stattlichen, recht schlanken Mann, der vermutlich bereits zu dem Zeitpunkt dem Tod geweiht ist. Das alles verbirgt sich hinter dem schönen Anzug, den er an dem Tag trägt, mit weißem Kragen, Krawatte und Schnauzbart.

Der Schmerz aus dem Jahr 1885, den er als elfjähriger Junge durchmachte, ist nun tief in ihn eingegraben. All die Jahre hat er diese Emotionen mit sich getragen. Der Junge hatte den Vater vielleicht am Nachmittag zum letzten Mal gesehen. Vater und Sohn sprachen einige Sätze miteinander, zum allerletzten Mal, dann war der Vater gegangen und nun lag er reglos da. Josef trug dies alles in sich, auch diese emotionale Verzweiflung von damals, sein Leben lang.

Unterdrücken von Emotionen, statt sie wahrzunehmen und zu reflektieren

Zu stark ausgeprägte Emotionen konnte sich ein Mann wie Josef Eichert gar nicht leisten, weil er sie auch nicht hätte aushalten können. Wie hätte er damit umgehen sollen? Mit Verzweiflung und Angst, mit dem seelischen Schmerz. So wurde eben körperlich gearbeitet, sich abgelenkt und nicht reflektiert.

Woher hätte man auch die Konzepte für solche Reflexionen nehmen sollen? In dieser sozialen Schicht gab es nicht viel Bildung und kaum Wissen. Es gab keine theoretischen Hintergründe für die reflektierende geistige Auseinandersetzung, für das Klären und Durcharbeiten und schließlich Verarbeiten von Emotionen und komplexeren seelischen Prozessen.

Orientierung und Trost durch die katholische Kirche

Doch es gab immerhin die katholische Kirche. Sie bot einen Deutungsrahmen an für das Leben, für die heiteren Zeiten und für die Zeiten des Leidens. Die Priester spendeten Trost. Die Kirche versorgte mit geistigen Bezügen und sorgte auch für einige sinnliche Erfahrung und Erbauung, durch Rituale, durch Gebete, Musik und Gesang. In der Ottfinger Kirche gab es immerhin die Klänge des Harmoniums und in Wenden hatten sie in der Kirche gar eine Orgel.

Ohne die stabilisierende, tragende, sinnstiftende und kulturell einrah-
mende Rolle der katholischen Kirche ist das Leben in Südwestfalen zu
jener Zeit gar nicht vorstellbar. Von hier aus bezogen die Menschen
auch Orientierung für die Erziehung und den Umgang mit ihren Familien. Die Erziehung der eigenen Kinder war, gemessen an heutigen Verhältnissen, sicher streng. Die Kinder durften auch nicht verzärtelt werden, weil sie dann keine Überlebenschance gehabt hätten.

Wie sich Josef Eichert und Maria Weber kennengelernt haben könnten

Setzen wir nun vor diesen Hintergrund die Familie von Josef Eichert
(1874-1925) und seiner Frau Maria. Rosas und Johanns Mutter war die
aus dem wenige Kilometer entfernt liegenden Altenhof stammende Maria Weber. Vor der Heirat nach Ottfingen war sie als Strumpfstrickerin
tätig, vermutlich in Wenden. Wo und wie hatten sich Josef Eichert und
Maria Weber kennengelernt?

Vielleicht auf der, erstmals 1825 urkundlich erwähnten, Wendener Kirmes (Wiemers, 1951, 2004; S. 159 ff.), jener bekannten Tierschau und
jenem lebhaften Jahrmarkt mit Verkaufsständen mit bunten Bändern,
Knöpfen, Ledergürteln, mit Buden voller Gewürze, Anisbonbons, Zuk-
kerwatte, gebrannten Mandeln, mit Fahrgeschäften und Karussells?

Oder begegneten sie sich vielleicht auf der Dörnschlade, einem kleinen,
zwischen Altenhof, Wenden und Ottfingen im Wald versteckten Kirch-
lein, wohin sie aus allen umliegenden Dörfern pilgerten oder Prozessionen unternahmen, an kirchlichen Feiertagen? Man muss wissen, dass
zu jener Zeit im Wendener Land eine intensive Frömmigkeit praktiziert
wurde, wie wir sie heute noch in Polen finden.

Vielleicht gelangte Josef auch in einem anderen Zusammenhang nach
Altenhof oder aber Maria nach Ottfingen. Vielleicht arbeiteten die Väter
der beiden gemeinsam in einer der Erzgruben, und sprachen über ihre

heiratsfähigen Kinder. Vielleicht arbeiteten die Töchter aus der einen und der anderen Familie gemeinsam in den Strickereien in Wenden oder Wendenerhütte, und die Mädchen sprachen über ihre heiratsfähigen Brüder, woraus sich dann ein erstes Treffen zwischen Josef und Maria ergeben haben könnte.

Eines der ältesten Fachwerkhäuser in Ottfingen

Das Elternhaus von Rosa und Johann ist nun ein bis zum heutigen Tage noch vorhandenes, gedrungenes, mittelalterlich wirkendes, Fachwerkhaus, mit wenigen Stuben, neben der kleinen, im romanischen und im gotischen Stil gebauten Kirche. Das Baujahr des Chreschten Hauses könnte in etwa bei 1650 liegen, ein Haus mit Blechdach, was früher sicher ein Strohdach war, mit zwei Etagen.

Wand an Wand mit den Schmierds

Das Haus grenzt als Doppelhaushälfte an ein größeres Haus, das sich früher in einigen Schuppen fortsetzte, und das in meiner Kindheit in den 1960er Jahren, von den drei ledigen Schwestern Martha, Anna und Maria Schneider bewohnt wurde, sowie von deren Bruder Josef, der zeitlebens Junggeselle geblieben war. Diese Familie wurde in Ottfingen stets die Schmierds genannt, obwohl sich dort gar keine Schmiede mehr befand. Doch vermutlich war dies zu früheren Zeiten der Fall, lange bevor nämlich Gustav, und damit Rosas späterer Ehemann und Vater ihrer acht Kinder, eine neue Schmiede baute.

Martha, das Kommunikationsmedium

Die 1910 geborene Martha Schneider, eine der Schmierds, blieb, wie ihre Schwestern auch, unverheiratet und ging noch als hochbetagte Frau energisch mit einer lauten Schelle durchs Dorf, in den 1970er und

1980er Jahren, um Nachrichten auszurufen, etwa dass die Firma Heidtkamp textile Stoffe zum Verkauf anbieten würde, im Saale Eichert, das heißt im Dorfgasthof von Bruno und Agnes Eichert. Das ging dann bei Martha folgendermaßen: „Heute Abend – Pause – um 18.00 Uhr – Pause - im Saale Eichert – Pause…", und so weiter.

Das, was heutzutage also Facebook, Twitter, Tik Tok oder Instagram übernehmen, das machte damals in Ottfingen Martha, nur ohne Fotos, indem sie einen strammen Marsch durch alle Straßen des Dorfes unternahm, sodann mit dem Einsatz ihrer kräftigen Stimme, und natürlich der durchdringend klingenden Glocke in ihrer Hand.

Die Erforschung all der familiären Nebenlinien und Verzweigungen steht noch aus

In Ottfingen finden wir zahlreiche Eicherts. Nehmen wir nur Bruno Eichert, den Gastwirt: Der Saal Eichert, früher von den Familien Niclas und Welter geführt, war seit 1824 das kulturelle Zentrum von Ottfingen. Rauschende Feste sind hier gefeiert worden. Hier gab es Versammlungen aller Art, kulturelle Veranstaltungen, Hochzeiten und Beerdigungen. Zwischen Brunos Familie und den Chreschten gibt es eine familiäre Verbindung. Die Stammbäume laufen mit hoher Wahrscheinlichkeit in früheren Generationen bei dem hessischen Eicher zusammen.

Sodann ist da Maria Sidenstein, die eine geborene Eichert war und die später alle „Junkern Maria" nannten und die auch deshalb in dem ganzen Zusammenhang genannt werden muss, weil sie die Mutter der „Junkern Beate" war, die später an der Seite von Willi Bröcher die Geschicke des Gutshofes Wilhelmsthal in die Hand nahm. Zum einen kümmerte sie sich um Siegfried Bröcher d. Ä. („der Bär"), dies auch in Anbetracht der im Alter bei ihm noch stärker hervortretenden herben Charaktereigenschaften. Zum anderen sorgte sie für seine stets warmherzige Frau Lena, als diese älter wurde, schließlich auch für die metropolitane, gebildete und Romane lesende Erna Wendtland, die auf dem Gutshof Wilhelmsthal ihre Altersjahre verbrachte bis hin zum Tod.

Wer fügt das alles einmal zusammen? Bezogen auf die Chreschten steht eine größer angelegte Erforschung all der Linien und Nebenlinien, die aus der Ehe des hessischen Einwanderers mit der Ottfinger Anna Maria Niclas hervorgingen, noch aus. Vielleicht nehmen das die Jüngeren, die jetzt eine Geschichtswerkstatt in Ottfingen aufbauen, einmal in die Hand. Vielleicht kann unsere kleine Studie in dieser Richtung Motivation erzeugen und Anregungen geben.

Gemeinsam unter dem Blechdach, und früher Strohdach

Die Schmierds und die Chreschten jedenfalls, wie man die Eicherts ja nannte, wohnten also seit langer Zeit, Wand an Wand, unter einem großen gemeinsamen, schwarz gestrichenen, Blechdach, was in früheren Jahrhunderten, gemäß der Überlieferungen, sicher ein Strohdach war. Wir können uns fragen, ob es eine enge Verbundenheit zwischen den beiden Familien gab, ob sie sich etwa gegenseitig aushalfen, gerade wenn eine der Familien in Not war oder Hilfe brauchte.

Während eines Gewitters wurde der Rosenkranz gebetet

Gemeinsam mussten sie auf die Sicherheit und den Fortbestand dieses Hauses achten, dass kein Feuer ausbrach, etwa durch Blitzschlag während eines Gewitters. Sie saßen dann in der Küche und beteten den Rosenkranz. Oder die Mutter oder Rosa lasen aus der Bibel, solange es über ihnen bedrohlich donnerte und blitzte. Viele Familien stellten dann auch eine Kerze auf den Küchentisch und sprachen Gebete.

Sie mussten auch achtsam sein, dass es nicht zu einem Missgeschick beim Heizen des Ofens kam, dass es keine undichte Stelle beim stets viel zu dünnwandigen Ofenrohr gab, dass es keinen Brand im Schornstein gab, dass sich die mit Holz, Stroh und Lehm gefüllten Felder zwischen den Balken nicht entzündeten, wodurch schon in so manchem Fachwerkhaus ein verheerender Brand ausgebrochen war. Alle hatten sie die Dachböden mit Heu und Stroh gefüllt, zumeist bis in den letzten Winkel.

Über den Schlafstuben drohte stets Gefahr

Gemeinsam mussten die Schmierds und die Chreschten auch darauf achten, dass das Dach des Hauses gut gegen Sturm und Unwetter gesichert war und dass kein Regenwasser eindrang und womöglich Schaden im Gebälk oder an den mit Lehm gefüllten Zimmerdecken anrichtete und dass das im Sommer eingefahrene Heu, das sie dort oben unter dem Blechdach lagerten, nicht faulte und sich dann durch die Feuchtigkeit gefährliche Gase über ihren Schlafstuben bildeten, die wiederum zu einem Feuer führen konnten, wie es später auf dem Gutshof Wilhelmsthal geschah. All das blieb dem Haus der Chreschten, zugleich den Schmierds, so wie es aussieht, erspart.

Niederbrennen der Ottfinger Höfe im Dreißigjährigen Krieg

Wenngleich wir vieles, was geschehen ist oder geschehen sein könnte, nicht wissen. Während der fast vierhundert Jahre, die das Haus dort nun schon steht, vorausgesetzt, es ist mit den anderen Ottfinger Höfen im Verlauf des Dreißigjährigen Krieges, also irgendwann zwischen 1618 und 1648 angezündet worden und abgebrannt, vermutlich eher gegen Ende dieses Krieges, und dann wieder aufgebaut worden, sind mit hoher Wahrscheinlichkeit mehr Dinge passiert, als wir uns heute vorstellen können.

Es müssten einmal die Mauern, die Fundamente und die Holzbalken dieses Hauses neben der alten Kirche von Fachleuten untersucht werden. Es müsste selbst in den allerentferntesten Winkeln der Archive nach Dokumenten und Aufzeichnungen aus der Zeit zwischen 1000 und 1800 gesucht werden, die etwas zu den ältesten Häusern in Ottfingen aussagen können.

Der älteste Teil der Ottfinger Kirche stammt aus dem 11. Jahrhundert

Es gibt Hinweise in den Quellen, dass der Bergbau im Gebiet Ottfingen, Vahlberg und Möllmicke schon im Mittelalter, also irgendwann zwischen 450 und 1400, begann. Nehmen wir an, das Graben in der Erde hätte um 1100 herum begonnen, so muss es da, auf der Basis der Quellen, schon eine frühe Siedlung Ottfingen gegeben haben, denn es wird davon ausgegangen, dass dieser, im romanischen Stil erbaute, Kirchturm, neben dem Rosa und Johann Eichert geboren wurden und aufgewachsen sind, aus dem 11. Jahrhundert stammt.

Schon im Mittelalter ein Haus an der Stelle

Das Kirchenschiff ist vermutlich ein wenig jünger und trägt bereits die gotische Handschrift und wurde vielleicht hundert oder zweihundert Jahre später geschaffen. Die Kapellenglocke ist nachweislich aus dem Jahr 1489 und damit aus der Zeit der Renaissance, die aber als Baustil in dieser Gegend kaum Spuren hinterlassen hat. Wenn der Kirchturm aus dem 11. Jahrhundert stammt, ist davon auszugehen, dass die Häuser im Dorfkern, und dazu gehört das Chreschten Haus, ebenfalls Fundamente und Überreste aus jener Zeit aufweisen.

Der Kirchturm als Fluchtburg

Nun gibt es Hinweise in den Quellen, dass Ottfingen im Dreißigjährigen Krieg von durchreitenden Horden und Truppen, eher gegen Ende dieser deutschlandweiten Verwüstungen und Verheerungen, komplett niedergebrannt worden ist (Wiemers, S. 51 ff.), etwa 1645. Sagen wir, dies träfe auf dieses Haus nun auch zu, so könnte es aber immerhin auf sehr alten Fundamenten stehen, die nämlich ähnlich alt sind wie die ältesten Gebäudeteile der Kirche. Der trutzig wirkende Kirchturm könnte damals so etwas wie eine Fluchtburg für die Dorfbewohner dargestellt haben, wenn Überfall, Plünderung und Vernichtung von seiten durchziehender Truppen, Banden und Horden drohten.

Verwüstung durch einfallende Horden

Ein Teil der Dorfbewohner hat sich bei dem Überfall im Dreißigjährigen Krieg noch rechtzeitig in den Turm oder auch in das Kirchenschiff mit den kleinen, eher hochliegenden Fenstern retten und verbarrikadieren können, sodass niemand von den einfallenden Truppen oder Horden dort hineingelangen konnte. Auch die kostbare Kirchenglocke aus dem Jahr 1489 ist so erhalten geblieben.

Außerhalb dieser kleinen kirchlichen Trutzburg glühten die Holzbalken, die Lehmfelder und Heuböden der Häuser leuchteten orange. Unter dichten Rauchwolken wurde langsam alles zu Asche. Die über die Strohdächer leicht zu entflammenden Höfe brannten bis auf die Grund-mauern aus Bruchsteinen nieder. Das Vieh lief wild durcheinander. Teils wurde es von den marodierenden Soldaten und Räubern ge-schlachtet und auf offenen Feuern das Fleisch gebraten. Je nach Ta-geszeit des Überfalls, verbrannte das Vieh teils in den Ställen.

Feuerfest war dagegen die aus Bruchsteinen gemauerte Kirche mit den dicken Mauern. Zum Einrammen der kleinen gedrungenen Kirchentür fehlte den Barbaren, die die Ottfinger Höfe mit ihren Fackeln an diesem dunklen Schreckenstag in Brand gesetzt haben, das geeignete Werk-zeug.

Wir wollen nicht hoffen, dass sie auch Ottfingens Mädchen und Frauen oder auch junge Männer, die sich nicht mehr rechtzeitig in den Kirchturm hatten retten können, vergewaltigt, misshandelt oder getötet haben, was während des Dreißigjährigen Krieges an der Tagesordnung war und was Jakob Grimmelshausen in seinem historischen Roman „Simplicissimus Teutsch" drastisch und plastisch beschrieben hat.

Das Haus könnte uns dramatische Geschichten erzählen

Vielleicht war es auch so, dass einige der Mädchen und Frauen gerade unten an der Großmicke waren, um zu waschen, während der größte Teil der Männer und der älteren Söhne im Bergwerk waren. Sie knieten und beugten sich am Ufer zum Wasser hinunter, an einer günstigen Stelle, die die Männer ein wenig befestigt hatten, mit ein paar Holzpfählen und Brettern, als ein Schrei im Dorf ertönte.

Dann ein Tross mit Wagen, eine Gruppe von fremden Menschen, das Geräusch von Pferdehufen, vielleicht von Hünsborn her, durch das Tal, oder aber von der Wilden Wiese bzw. von Wilhelmsthal her, über den Berg nach unten ins Dorf kommend. Unbekannte Stimmen, aufgeregte Rufe, eine wilde Meute von Männern mit Spießen, zu Fuß neben den Reitern herlaufend. Die Mädchen und Frauen rennen um ihr Leben, um noch rechtzeitig im Kirchturm anzukommen. Es ist ihre einzige Chance.

Vielleicht war es auch so, dass zunächst die Dörfer Römershagen und Dörnscheid verwüstet worden waren, oder Hünsborn, und dass die Ottfinger vorgewarnt waren, weil sie den Rauch am Himmel sahen. Oder sie hatten abends den Feuerschein am Horizont gesehen, und sich bereits auf einen solchen Überfall, ein solch rohes Brandschatzen und Plündern vorbereiten können. Vielleicht befanden sie sich daher längst alle in der Kirche und dem trutzigen Turm und eventuell hatten sie dort Vorräte und allerlei Mistgabeln und Spieße deponiert, mit denen sie sich zur Not verteidigen konnten.

Wie die abgelegen Dörfer im Osten Deutschlands und auch im Südosten, wo sie in vielen Jahrhunderten auch mit Überfällen der Tataren

und der Hunnen rechnen mussten, verfügten die Dörfer in Südwestfalen über keinen anderen Zufluchtsort als diese Kirchen und Kirch-
türme aus Feldsteinen.

Wer auch immer das Land beherrschte, ob es die Äbtissin von Herford
war, die um das Jahr 800 mit ihrem Gefolge, mit ihren Verwaltern und
einem langen Tross an Wagen nach Südwestfalen und auch ins Wendener Land fuhr, um Naturalien einzusammeln, ob es der Erzbischof
von Köln, die Regierung in Hessen-Darmstadt oder später das preußi-
sche Königreich war, die Menschen in Südwestfalen wurden stets aus-
gepresst, so weit es eben ging, ohne dass man ihnen zugleich Schutz
gab, was ein Privileg der Städter darstellte, denn sie hatten nahezu alle
eine Stadtmauer um sich herum.

An diesem Höllentag lag in Ottfingen nun schließlich alles in Schutt und
Asche. Die Häuser mussten mühsam wieder aufgebaut werden. Keine
Gebäudeversicherung wird dafür aufgekommen sein, weil es so etwas
im 17. Jahrhundert auf dem Lande noch gar nicht gab. Ich bin sicher,
dass dieses Haus neben der alten Ottfinger Kirche, uns eine lange, dramatische, wechselvolle Geschichte erzählen könnte und dass das ein
wenig spekulativ Rekonstruierte in Wahrheit nur ein kleiner Vorge-
schmack auf die tatsächlichen Ereignisse während dieser Jahrhunderte
darstellt.

Am 5. Oktober 1713 sind erneut „pfälzische Fußvölker in Ottfingen ein-
gefallen". Ein alter Bauernschaftsvorsteher hatte das wörtlich so notiert
(Wiemers, S. 429). 1781 gab es nach Wiemers (S. 323) in Ottfingen
(wieder) 48 Häuser und 56 Familien. Am Ende des Dreißigjährigen
Krieges war es lediglich die Hälfte davon, weil viele Menschen nach
den Verheerungen und Verwüstungen dieser Jahre weggegangen sind
und sie teils nicht über die Mittel verfügten, um die niedergebrannten
Höfe wieder aufzubauen.

Nach den Niclas sind nun die Eichers
oder Eicherts die Chreschten

Damals lebte in dem Haus neben der Kirche höchstwahrscheinlich die bereits erwähnte Familie Niclas, aus der Anna Maria stammt, mit der die Geschichte der Ottfinger Chreschten sich unter dem Namen Eicher, später dann Eichert, fortsetzte. Wiemers (S. 419 f.) nennt in Zusammenhang mit der „Einwohnerschaft von Ottfingen nach dem Schatzungsregister vom Jahre 1685" die folgenden Personen: Johannes Niclas, seine Frau, zwei Söhne, eine Tochter; Henrich Niclas und seine Frau; Peter Niclas und seine Frau; es gibt auch noch mehrere Familien mit Namen Nick, ein Name, der später auch in Niklas umgewandelt worden sein könnte.

Diese Verknüpfung der Familien Niclas und Eichert könnte immerhin erklären, wie der aus Hessen eingewanderte und in Ottfingen sesshaft gewordene Johann Peter Eicher sich dort etablierte und wie das dann von den familiären Generationen weiterging. Wie bereits erwähnt starb der Hesse früh und hinterließ eine noch junge Witwe mit zwei Kindern. Doch die Verknüpfung des Familiennamens Eicher mit dem Flurnamen Chreschten, durch die eheliche Verbindung mit den Niclas, die bis dahin, durch das nahe Wohnen und Leben unmittelbar an der Kirche, die Chreschten waren, war nun vollzogen. Nun sind die Eichers, und ab 1800 etwa die Eicherts, die Chreschten.

Zwei Wohnetagen mit niedrigen Zimmerdecken

Schauen wir uns die Fotos von der Chreschten Haushälfte nun genauer an, so können wir von einer Hauslänge von etwa zwölf Metern ausgehen und von einer Hausbreite von etwa fünf Metern. Wir haben zwei Etagen vor uns, beide mit überaus niedrigen Decken. Unter einem Teil des Hauses gibt es einen vollständig unter der Erde liegenden Gewölbekeller aus Bruchsteinen.

Ein kleiner Stall für das Vieh

Rechts von der Haustür des Chreschten Hauses befand sich der Stall. Wir sehen ein längliches, etwas höher gelegenes Fenster. Auf der Giebelseite nach Norden befindet sich eine Tür. Dies wird damals die Stalltür gewesen sein, durch die eine Kuh, vielleicht auch zwei Kühe, doch dann wurde es schon eng in dem Stall, eventuell noch einige Schweine und Hühner, vielleicht noch eine Ziege oder auch zwei Ziegen, rein- und rausgetrieben wurden.

Es ist interessant zu sehen, dass Fritz Wiemers bei seinen Recherchen alte Dokumente aus dem 17. oder 18. Jahrhundert aufgefunden hat, wo genau aufgelistet wird, welche Familie in den Dörfern im Wendener Land über welches Vieh verfügte, mit genauer Angabe von Stückzahl, etwa an Hühnern, Schweinen, Kühen und so weiter. Doch bezogen auf die Chreschten in Ottfingen enthält sein ansonsten überaus informatives Werk leider keine Angaben.

Malerischer Charakter der Hausfassade

Links von der Haustür befinden sich zwei Stuben, jede mit einem eher kleinen quadratischen Fenster. Die in der Gebäudemitte gelegene Stube, gleich links neben der Haustür, wird das Zentrum des Hauses gewesen sein, denn hier befindet sich der Schornstein, anliegend an der Rückwand, die die Grenze zur Haushälfte der Schmierds darstellt. Wo genau die Schmierds ihren Schornstein hatten, ist aus den vorliegenden Fotos nicht so leicht zu rekonstruieren.

Wer sich diese Fachwerkhausfassade von damals konkreter vorstellen will, kann sich etwa die Fotos von alten Häusern in Ottfingen, Möllmicke, Wenden oder Römershagen, in den Büchern von Kaufmann (2001), Keseberg (1986) oder Solbach (1990), anschauen. Einfach verglaste Holzfenster, mit zwei Fensterflügeln, die zumeist in mehrere kleine, untereinanderliegende Felder unterteilt waren. Es sieht alles viel malerischer aus, im Vergleich zur Gegenwart, die Lehmfelder, die Haustüren, die Türschwellen, die Stalltüren und Heuluken, sodann die, manchmal streng senkrecht und waagerecht zusammengefügten, oftmals aber auch unregelmäßig verlaufenden, Holzbalken des Fachwerks, oder die weit bis zur Erde reichenden Dachflächen. Alles hatte damals in gewisser Weise eine Patina, wie von Künstlerhand gemalt.

Melken der Kuh, Rüben vom Feld, Rosenkranzgeheimnisse

Vor diesem Hintergrund stelle ich mir nun die Menschen vor, die im alten Chreschten Haus über die Jahrhunderte gelebt haben. Eine der Frauen hat vielleicht einen Stuhl nach draußen in die Spätsommersonne gestellt, um dort die Kartoffeln zu schälen. Eine der Töchter kommt mit einem Zinkeimer aus dem Stall vom Melken. Einer der jüngeren Söhne kommt mit einem Handkarren vom Feld zurück, wo er einige Dutzend Rüben ausgegraben hat. Eine der Töchter war mit dem zweiten Zinkeimer an der Großmicke, um Wasser zu holen.

Sie laufen alle barfuß. Erst wenn das schlechte Wetter beginnt, nehmen sie nach und nach die Holzschuhe. Es liegt eine ungeheure Stille über alldem. Es gibt noch keinen Strom, folglich keinerlei künstlich produzierte Geräusche, keine Autos, keine elektrisch betriebene Technik. Sagen wir das wäre das Jahr 1800, als dort Johann Josef Eichert und Anna Margarethe Butzkam ihre fruchtbaren Jahre hatten.

Der Vater und die älteren Söhne sind in der Erzgrube, schon seit dem frühen Morgen. Sie waren morgens kurz nach vier aufgestanden, setzten sich schweigend zu einem kleinen Frühstück in der Küche zusammen und dann waren sie zu Fuß Richtung Vahlberg oder Möllmicke gegangen, von wo aus sie dann in der Tiefe der Erde verschwanden. Sie würden erst bei Sonnenuntergang zurücksein, wenn sie überhaupt zurückkamen. Jedes Mal wenn sie in der Tiefe der Erde waren, setzte sich die Mutter mit den Töchtern am Küchentisch zusammen. Sie nahmen dann den Rosenkranz und beteten gemeinsam einen Teil davon, das heißt dasjenige Rosenkranz-Geheimnis, das für den betreffenden Wochentag vorgesehen war.

Das Gesamtgebäude: Ein verschachteltes Gebilde

Die Haushälfte der Schmierds, wenn dieser Ausdruck hier überhaupt noch zutrifft, denn das war damals schon ein größeres Ensemble, bestehend aus mehreren Gebäudeteilen, Scheunen, Schuppen und Anbauten. Ich konnte mir als Junge kaum ein verlässliches Bild davon machen, sodass der polnische Schriftsteller Bruno Schulz, der Autor der berühmten „Zimtläden", der seine Heimatstadt im damaligen Ostpolen ähnlich beschreibt, seine Freude an diesem verschachtelten, geheimnisvollen Gebilde gehabt hätte.

Eine verborgene Schattenwelt

Dass dort die drei kinderlosen, dunkel gekleideten Schwestern lebten, zusammen mit ihrem Bruder, machte das Ganze zu einer rätselhaften, interessanten Angelegenheit, die als Kommunikationsmedium fungierende extrovertierte Martha und die ganz zurückgezogen, quasi in einer verborgenen Schattenwelt lebenden, Schwestern Maria und Anna, was allein schon die Fantasie in allerlei Richtungen anregte.

Eine Generation geht, eine andere kommt

Auf der Hausseite der Chreschten, das heißt bei den Bergleuten, war stets Fruchtbarkeit, ein kontinuierliches Zeugen und Gebären, ein beständiges Aufwachsen von Kindern, ein fortwährendes Heranwachsen von jungen Männern und Frauen, die wegen der enormen räumlichen Enge schnell selbstständig werden mussten. Dies wird auch auf Seiten der Schmierds lange Zeit, vielleicht auch über Hunderte von Jahren, der Fall gewesen sein.

Ob das Schmiedehandwerk hier über mehrere Generationen zu Hause war, welche Charaktere sich bei den Schmieden, ihren Frauen, Söhnen und Töchtern ausformten und wie sich das dann in den Generationen danach fortsetzte, wissen wir nicht. Doch auch bei den Schmierds wird es fruchtbare Zeiten des Zeugens und Gebärens gegeben haben, Zeiten, wo die Blutlinien in Gang gehalten wurden. So lesen wir das im Buch Kohelet, eine Generation geht, eine andere kommt.

Die Menschen waren auf sich gestellt

Auf der Chreschten Seite ist immerhin ein früher Kindstod dokumentiert. Eine Tochter von Josef und Maria Eichert, nach der Mutter auch Maria genannt, ist im Alter von etwa zwei Wochen an Krämpfen gestorben. Das war im Jahre 1902. Über Fehlgeburten wissen wir ansonsten nichts. Solche sind aber wahrscheinlich, denn die Gesundheitsvorsorge und die medizinische Unterstützung der Frauen aus den ärmeren Schichten während der Schwangerschaft war noch gar nicht gegeben.

Die Frauen waren in diesen Dingen ganz auf sich gestellt. Sie mussten sich auf die eigene Erfahrung, und wenn sie diese noch nicht hatten, auf ihre Intuition verlassen, sodann auf die Erfahrung und Intuition der älteren Frauen, der Mütter, Tanten, älteren Schwestern und der Nachbarinnen, die schon Erfahrung mit Schwangerschaft und Geburt hatten.

Bei den Geburten, die allesamt in den Wohnhäusern stattfanden, kam eine Hebamme, doch dies auch nicht in allen Fällen. Eher kam eine mit dem Gebären erfahrene Frau aus dem Dorf, eine Frau, die sich auf die Geburtshilfe verstand, und dann wurde gebetet, dass alles gut ging.

Es ging auch meistens alles gut, aber nicht immer. 1941 starb Rosas Schwägerin, die jüngste Schwester ihres Mannes Gustav, im Kindbett, bei der Geburt ihres ersten Sohnes, der das Drama überlebte.

Von Ottfingen in die Welt

Die Chreschten waren stets eine produktive und fruchtbare Familie, die sich bis heute in kaum noch überschaubarer Art und Weise weiter verzweigt hat. Was hier an menschlichen Genen weitergegeben und an Blutlinien in Gang gehalten wurde, blieb teils in der Region, verteilte sich aber dann über Nordrhein-Westfalen, wiederum bis nach Hessen, in dem Gebiet etwas südlich der Edertalsperre, wo das Ganze einmal seinen zumindest männlichen Ursprung hatte und reicht nun in der Gegenwart teils nach Baden-Württemberg, Bayern und Berlin, wo heute etliche Nachkommen der Chreschten leben, und wer weiß wohin noch.

Gerade die Stadt Berlin ist für viele Chreschten zum Lebensort geworden, etwa für die Nachfahren von Norbert Eichert, das heißt Lisette, Siegfried und Herbert. Oder denken wir nur an Lissy Eichert, geboren als Elisabeth Eichert. Sie ist eine Enkelin von Johann Eichert, dessen Leben wir ja noch eingehender betrachten werden. Es wird sicher nicht schwerfallen, eine Verbindung zwischen dem damaligen sozialen Engagement des Großvaters Johann und dem heutigen gesellschaftlichen Engagement seiner Enkelin Lissy herzustellen.

Lissy ist als Pastoralreferentin in einer Kirchengemeinde in Berlin-Neukölln tätig, wo sie mit anderen in einer Pallottinischen Gemeinschaft zusammenlebt und wo sie sozialpädagogische und seelsorgerische Aufgaben erfüllen. Deutschlandweit bekannt geworden ist Lissy Eichert durch das Wort zum Sonntag, das sie auf sehr wahrhaftige, engagierte und unkonventionelle Art und Weise spricht.

Auch für meine Familie und mich ist Berlin, nach den Jahren in Köln und im Oberbergischen Kreis, zum Lebensort und zur Wahlheimat geworden, neben dem historischen Dreiseitenhof, den wir in Anhalt erworben haben. Zusätzlich habe ich Berlin auch zum Ort von soziokulturellen Feldstudien gemacht (Broecher und Painter, 2021).

Remise und Leiterwagen

Doch gehen wir noch einmal zurück zu dem alten Chreschten Haus. Links neben den beiden Stuben sehen wir heutzutage eine Garage. Damals wird das eine Art Remise gewesen sein, in die man einen hölzernen, von einem Stellmacher gefertigten, Leiterwagen unterstellen konnte. Mit einem solchen Leiterwagen konnte die Familie Heu, Kartoffeln, Holz oder Rüben einfahren. Um die Holzräder hatte ein solcher Wagen metallene Ringe, angefertigt von einem Wagenschmied. Einen solchen Huf- und Wagenschmied würde Rosa dann auch heiraten, nämlich Gustav. Das geschah unter einem blauen Junihimmel, 1929, da war sie 28 Jahre alt.

Heu einfahren

Dieser Gebäudeteil, mit der Remise, scheint auch nachträglich angebaut worden zu sein, denn oben beim Dach gibt es nicht dieselbe Höhe. Um einen vollbepackten Heuwagen hier einfahren zu können, brauchte man auch zwei von den niedrigen Geschosshöhen, wie wir sie ansonsten bei dem Haus sehen können. Also konnte hier nicht noch eine Schlafstube eingerichtet werden, selbst wenn man sie, bei der großen Kinderzahl, gut hätte gebrauchen können. Auch brauchte man eventuell eine Art verbindende Luke zwischen Heuboden und Remise, um etwa Heu nach oben zu ziehen oder herunterzuwerfen.

Drei Schlafstuben

Es ist anzunehmen, dass einige Schritte hinter der Haustür, links und rechts befinden sich die Eingangstüren zur Küche und zum Stall, eine Treppe nach oben führt und dass durch das Fenster über der Haustür Licht in eine kleine Diele und in das sicher enge Treppenhaus fällt. Nach rechts, über dem Stall, liegt dann eine Schlafstube, eventuell befand sich nach der Seite das elterliche Schlafzimmer.

Oftmals schliefen auch die allerkleinsten Kinder bei den Eltern im Bett oder in einem seitlich herangeschobenen Körbchen oder Bettchen. Links von der Treppe, wenn wir weiterhin von außen auf die Doppelhaushälfte blicken, ging es in zwei hintereinanderliegende Schlafstuben, vermutlich mit Durchgangstür, wo dann die acht älteren Kinder geschlafen haben könnten, die Mädchen in dem einen, die Jungen in dem anderen Zimmer.

Die Kinder schliefen teils bei den Eltern im Zimmer

Denkbar ist aber auch, dass die Eltern das Zimmer in der Mitte belegten, quasi aus Gründen der Sitte, um die Mädchen, davon gab es in der Zeit von Josef Eichert und Maria Weber drei, und die Jungen, davon gab es insgesamt sieben, voneinander zu trennen. Nun wird das Jungenzimmer recht voll gewesen sein, das Mädchenzimmer mit Rosa, Anna und Hildegard war weniger dicht belegt.

Dafür hat man vielleicht dort einen Schrank oder eine Truhe für die Wäsche untergebracht. Die allerjüngsten Kinder waren auch 1913 und 1916 geborene Jungen, das heißt Leo und Walter. Die beiden könnten während der ersten Jahre vielleicht eher bei den Eltern geschlafen haben, sodass das Zimmer mit den älteren Söhnen Peter, Norbert, Johann, Eduard und Hubert aber immer noch recht gut belegt gewesen ist.

Die Kinder teilten sich ein Bett

Auch Rosa und ihr späterer Mann Gustav hatten in ihrem 1927 gebauten neuen Haus, oberhalb des alten Bräijder Hofes gelegen, für ihre acht Kinder nur zwei Schlafstuben, gegenüber dem Heuboden. Es schliefen immer zwei Kinder in einem Bett und in jeder Stube standen zwei Betten. Hier war die Aufteilung immerhin leichter, denn sie hatten vier Jungen und vier Mädchen, während ihr eigenes Schlafzimmer unten neben der Küche und gegenüber der guten Stube lag, wo Rosa dann später ihren Haushaltswarenladen einrichtete, in dem aber selten mal jemand etwas kaufte. Es gibt dazu etliche Anekdoten.

Doch zurück zu dem Chreschten Haus. Es ist anzunehmen, dass auch hier zwei Kinder in einem Bett schliefen, gelegentlich, weil es zahlenmäßig nicht hinkam, und das war ja bei sieben Jungen und drei Mädchen der Fall, hat man auch zwei Betten nebeneinandergestellt und es schliefen insgesamt drei oder auch fünf Kinder oder Jugendliche darin. Die Ritze zwischen den beiden Betten musste nur irgendwie ausgepolstert werden.

Die Schlafstuben: Geweißelte Lehmwände

Wenn wir uns die damaligen Schlafstuben genauer vorstellen wollen, können wir uns etwa die Fotos in dem Buch von Kaufmann (2001, S. 224 ff.) anschauen. Auch die von Ariès und Duby herausgegebenen und mit eindrucksvollen Fotos bebilderten Bände zur Geschichte des privaten Lebens geben uns Vorstellungen, wie die Zimmer damals ausgesehen haben. Holzbalken, Lehmwände, teils geweißelt, teils abgeblätterte Farbe, auch mal ein Stück Tapete, Holzdielen auf dem Boden, schlichte Zimmertüren aus senkrechten Brettern, die durch ein waagerechtes Brett oben und unten zusammengehalten werden, niedrige Zimmerdecken.

Auch bei den Zimmerdecken sehen wir Holzbalken und Lehmfelder. Hier und da ist ein wenig Lehm herausgefallen, einige Strohhalme, die in den Lehm eingearbeitet wurden, schauen heraus. Die Betten verfügen über ein erhöhtes, manchmal ganz schlichtes, manchmal ein wenig verziertes Kopfteil, mit einigen dekorativen Elementen. Insgesamt überwiegt der Eindruck einer großen Einfachheit und Schlichtheit.

Bettzeug mit selbst gerupften Entenfedern

In den Bettdecken und Kopfkissen befanden sich Entenfedern. Die Federn wurden selbst gerupft, gereinigt, getrocknet und dann in die von den Frauen zuvor zugeschnittenen Leinentücher eingenäht. Es gab Frauen im Dorf, die sich auf derlei Schneiderarbeiten verstanden und die ihr Wissen an die jüngeren Frauen und Mädchen weitergaben. Waren die Männer und die Brüder in den Gruben, so saßen die Frauen und Mädchen unter anderem mit solchen Arbeiten am Küchentisch, oder vor dem Haus.

Leben ohne fließendes Wasser und elektrischen Strom

Ein Plumpsklo war vermutlich von außen an den Stall gesetzt. Gewaschen wurde sich in der Küche in einem Bottich oder Eimer. Öffentliche Wasserleitungen wurden erst ab 1946 in Ottfingen installiert. Ob das Haus einen eigenen Brunnen hatte ist nicht ersichtlich. Der Weg zur Großmicke, um Wasser von dort zu holen, war vielleicht drei- oder vierhundert Meter weit.

Die Wäsche wurde an der Großmicke gewaschen. Dies geschah, wenn die Familien darüber verfügten, in einer Zinkwanne mit einem hölzernen Waschbrett und einem Stück Seife. Gespült wurde die Wäsche im fließenden Wasser des Baches. Dort lagen auch die von allen Leuten genutzten Bleichewiesen, zum Aufhellen und Trocknen der Wäsche.

Die Elektrifizierung begann in Deutschland erst in den 1880er Jahren und auch erst einmal in den großen Städten. Wir können davon ausgehen, dass es eine Stromversorgung in Ottfingen frühestens ab Mitte der 1920er Jahre gab, dass also Maria und Josef, wie all die Generationen vor ihnen, ihre Kinder noch ohne Stromversorgung großgezogen haben, mit Kerzenlicht und geöffneter Ofenklappe abends in der Stube und mit all den Erschwernissen, was die Aufbewahrung von Lebensmitteln angeht.

Leben auf engstem Raum

Das gesamte Leben der Familie, inklusive Wirtschaftsräumen, Remise und Stall, spielte sich also auf 120 Quadratmetern ab, ohne fließendes Wasser, ohne Strom. Darüber lag noch, unter dem Blechdach, ein Heuboden von weiteren 60 Quadratmetern, allerdings mit Dachschräge. Ziehen wir den südlichen Gebäudeteil, der auf die Remise entfällt, noch ab, und ebenfalls das kleine Treppenhaus mit Diele, vielleicht eine Gesamtfläche von zehn Quadratmetern, dann hatte die zwölfköpfige Familie von Josef und Maria Eichert hier insgesamt etwa 35 Quadratmeter zum Schlafen zur Verfügung, je Stube also etwa 11 bis 12 Quadratmeter. Dazu kamen unten Wohnräume, das heißt Küche und gute Stube, mit vielleicht 25 Quadratmetern, macht also eine Wohnfläche, das Treppenhaus abgezogen, von ca. 60 Quadratmetern.

Ein privates Leben existierte damals noch nicht

Ein privates Leben, wie wir es heute kennen, hatte hier keiner, weder die Kinder, noch die Jugendlichen, auch nicht die Eltern. Philipp Ariès und George Duby haben in ihrer mehrbändigen Geschichte des privaten Lebens auf sehr informative und anschauliche Weise gezeigt, wie sich dieses private oder persönliche Leben über die Jahrhunderte erst schrittweise entwickelt hat. Es beginnt vielleicht mit einem kleinen Kästchen, dem Inhalt einer Schublade, einem eigenen Fach in einem Schrank, den man sich mit allen anderen Familienmitgliedern teilte.

Wenn Josef und Maria Eichert einen kleinen Nachttisch mit einem Fach und einer Schublade hatten, wo sie vielleicht einen Rosenkranz, einige Heiligenbildchen, eine Perlenkette, einen Ring, eine Krawatte oder einen Gürtel hineintun konnten, dann wird das schon alles an Privatheit gewesen sein, was sie in ihrer Schlafstube und in ihrem Haus gehabt haben. Für die Kinder und Jugendlichen, die sich die Zimmer und sogar auch die Betten teilen mussten, sah es nicht anders aus.

Mehr individueller Raum in der gehobenen sozialen Schicht

In den gehobenen sozialen Schichten war das im 19. Jahrhundert teils bereits anders. Wir können das auch in der Romanliteratur nachvollziehen, etwa in den Büchern von Proust, Balzac, Flaubert, Tolstoi oder Stendhal. Wirtschaftlich und sozial besser gestellte Menschen hatten automatisch mehr Wohnraum und auch mehr Mittel zur Verfügung, zum Einrichten von Häusern, Wohnungen und Zimmern, zum Vorhalten eines größeren Vorrats an Kleidung, zum Erwerb von Bildung und so weiter einen individuellen Lebensstil auszuprägen, auch um so ein gewisses privates Leben für sich zu haben.

Je nachdem verfügten die Männer und die Frauen hier bereits über eigene Schlafzimmer. Eine Frau aus der unteren Sozialschicht dagegen, die sich, nach Jahrzehnten anstrengender Schwangerschaften, mehr Privatheit und Abgrenzung von ihrem Ehemann verschaffen wollte, konnte allenfalls eine spanische Wand zwischen die Ehebetten schieben, wenn es zwei getrennte Betten waren und auch nur dann.

Trotz allem gab es auch in den gehobenen sozialen Schichten starke Einschränkungen, was alles Private und Individuelle anbelangte, durch vorgegebene Rollenerwartungen, strenge Regeln und Vorschriften.

Josef und Maria Eicherts Eheleben

Das letzte Kind zeugte Josef, da war er 40 Jahre alt. Ob die Eheleute ihr Sexualleben da schon eingestellt haben, wissen wir natürlich nicht. Manches spricht aber dafür, weil es zu der Zeit noch keinerlei Verhütungsmittel gab und die Kirche die Empfängnisverhütung auch rigoros verurteilte.

Man konnte ja vom Küchentisch der Familie immer direkt auf die Kirche schauen, ebenso vom Schlafzimmer über dem Stall. Die moralische Autorität der Kirche war allgegenwärtig. Die Menschen dieser Zeit waren auch sehr gläubig und fürchteten den Zorn Gottes, wenn sie sich nicht an die Regeln hielten. Wer hätte da den Mut und die Abgrebrühtheit gehabt, dieses alles einfach auszublenden?

Natürlich könnte Marias seelische Empfindsamkeit auch der Grund dafür gewesen sein, dass es zu keinen weiteren Schwangerschaften mehr kam. Denkbar ist immerhin, dass ihr die letzten Schwangerschaften und Geburten kräftemäßig sehr zugesetzt haben und dass sie nun weitere Schwangerschaften um jeden Preis verhindern wollte.

Möglich ist auch, dass der Grund in gesundheitlichen Problemen von Josef gelegen hat. Ein Mann der schwer erkrankt ist, und die Silikose und die Tuberkulose müssen wir als schwere Erkrankungen und Einschränkungen einstufen, ist auch in seiner sexuellen Kraft beeinträchtigt.

Josefs und Marias Todesjahre: Zeitgeschichtliche Ereignisse

Als Josef Eichert 1925 stirbt, hat Ottfingen 639 Einwohner (Wiemers, 2004, S. 668). Der Bergbau ist Geschichte. Die Menschen müssen sich beruflich anderweitig orientieren. Doch der Tod des Vaters hat für die Familie der Chreschten zunächst einmal erhebliche Konsequenzen.

1925 wird die NSDAP in München neu gegründet. Die Kunsthochschule „Bauhaus" in Weimar wird wegen politischen Anfeindungen aufgelöst und nach Dessau verlagert. Das Deutsche Museum in München wird eröffnet. Mit einer Wahlkampfrede Hindenburgs wird erstmalig der Rundfunk als Propagandamedium genutzt. Reichspräsident Friedrich Ebert stirbt. In München erscheint der Roman „Jud Süß" von Lion Feuchtwanger.[17]

---

[17] Diese Informationen wurden entnommen: https://www.dhm.de/lemo/jahreschronik/1925

Maria stirbt 1936, elf Jahre nach ihrem Mann. Der Großzeppelin „Hindenburg" wird in dem Jahr fertiggestellt und geht auf einen ersten Transatlantikflug. Der im oberbergischen Niederbreidenbach geborene und vom dortigen Dorfschullehrer auf das Waldbröler Hollenberg-Gymnasium vermittelte Robert Ley, der Führer der Deutschen Arbeitsfront und Reichsorganisationsleiter der NSDAP, eröffnet drei „Ordensburgen" zur NS-Eliteschulung. Hitler feiert in Berlin die Olympischen Spiele und inszeniert eine Art Propagandaschau für das nationalsozialistische Deutschland. Krankheitsatteste von jüdischen Ärzten sind jetzt für Beamte ungültig. Der Schriftsteller Thomas Mann emigriert in die Schweiz. Die deutsche Staatsbürgerschaft wird ihm aberkannt.[18] Maria wird in der guten Stube in dem alten Chreschten Haus aufgebahrt, als all das geschieht.

Eine Nachbarin, die sich darauf versteht, hat sie gewaschen, eine Kerze entzündet, ein Gebet gesprochen. Morgen wird Maria Eichert, geboren als Maria Weber, beerdigt werden. Geld für einen Grabstein ist nicht vorhanden. Ein einfaches Holzkreuz ist beim Tischler in Auftrag gegeben, auf dem ihr Name stehen soll. Maria hat ihre Aufgabe erfüllt. Ihre seelischen Leiden sind schließlich zur Ruhe gekommen. Nach zehn Jahren schließlich ist das Kreuz auf Marias Grab verwittert. Der Wind weht die restlichen Holzteile davon.

---

[18] Diese Informationen wurden entnommen: https://www.dhm.de/lemo/jahreschronik/1936

Recherchen und Betrachtungen
zu Josef Eichert

Lissa Eichert-Klute

Josefs Lebensdaten in Kurzform

Mein Großvater Josef Eichert (*18. Dezember 1874; †12. Dezember 1925) wurde in Ottfingen geboren und war dort zeitlebens tief verwurzelt. Er gründete eine Familie mit Maria Weber (*16. Juni 1875; †10. Juli 1936). Sie hatten drei Töchter und sieben Söhne. Die Familie lebte in Ottfingen, Am Kapellenplatz 1. Eine Tochter verstarb bereits drei Wochen nach der Geburt. Josef Eichert starb in seinem Geburtsort Ottfingen viel zu früh an Tuberkulose, 1925. Ein häufiges Schicksal von Bergleuten in der Zeit um Neunzehnhundert.

Der Vahlberg früher und heute

Nur noch der Straßenname erinnert an die Zeit des Bergbaus auf dem Vahlberg im Wendener Land. „Gute-Hoffnungs-Ring" heißt die Straße. „Gute Hoffnungshütte" war der Name der letzten Besitzer der Erzbergwerkgrube „Vahlbergerzug". Zum Vahlbergerzug gehörten mehrere Gruben. Mein Großvater war zuletzt, vor seiner Lungenerkrankung, in der Grube Amalia tätig, als Bergmann und Steiger.

Ob die Bewohner der wunderschönen Siedlung, die auf dem ehemaligen Grubengelände entstanden ist, noch wissen, welchen Bezug der Straßenname hat? Es gibt hier viel Grün, viele Bäume und ansehnliche Häuser. Fahrradfahrer kommen vorbei. Man sieht hier kaum Autos, weil es keinen Durchgangsverkehr gibt. Es ist ein ruhiger Ort zum Wohnen. Vielleicht wissen die älteren Hausbesitzer noch, dass in der Amtszeit meines Vaters Johann Eichert, das heißt in seiner Zeit als Wendener Bürgermeister, in den sechziger Jahren, das ehemalige Grubengelände als Baugebiet erschlossen wurde.

Geschichte des Bergbaus seit dem 15. Jahrhundert

Nur ein kurzer historischer Rückblick: Die Geschichte des Brauneisensteinabbaus geht bis ins 15. Jahrhundert zurück. Später wurde dann mit Hilfe einer Dampfmaschine und Wasserkraft Eisenerz abgebaut. Das Wendener Land bot den Menschen, die hier in den Dörfern lebten, außer der Landwirtschaft kaum Möglichkeiten, Geld zu verdienen. Folglich scheuten sich die Männer nicht, diese schwere Arbeit in den Gruben anzunehmen. Sie waren auch mehr oder weniger dazu gezwungen. Mutig und stark mussten sie sein, so geht es aus den folgenden Zeilen des Wendener Heimatbuches hervor (Wiemers, 2004, S. 540):

> Zum Knappen taugt kein schlechter Wicht,
> Zum Knappen taugt kein Feiger nicht,
> Zum Knappen taugt ein Mann!
> Sein Leib muß sein von Kraft geschwellt,
> Sein Herz muß sein von Mut beseelt,
> sonst ist's nicht gutgetan.

Zu diesen starken, mutigen Männern gehörte mein Großvater Josef Eichert. Ein guter Grund stolz zu sein, wäre da nicht das frühe Todesdatum und die Todesursache, Tuberkulose in Verbindung mit Silikose, das heißt Staublunge. So ist es in den alten Dokumenten zu lesen.

Die Hochzeit mit Maria Weber

Am 18. Mai 1900 heiratete mein Großvater Maria Weber, da war er 25 Jahre alt. Es gibt von der Hochzeit ein ovales Bild. Dieses Foto befindet sich hinten im Materialteil des Buches. Es wurde aufgenommen in einem Atelier oder Fotostudio. Um dieses Foto aufnehmen zu lassen, war das Brautpaar vermutlich nach Olpe gefahren.

In Olpe gab es, während meiner Kindheit, das Traditionsgeschäft „Foto Otto". Vielleicht gab es das auch schon um 1900. Dort allerdings, von Ottfingen aus, hinzugelangen, war zu dieser Zeit ein ziemlicher Aufwand. Dass Maria und Josef diese Mühe nicht gescheut haben, verdeutlicht, wie wichtig der Tag für das Brautpaar gewesen sein muss.

Wer nach Olpe wollte, musste zunächst einmal gut zwei Kilometer zu Fuß nach Rothemühle gehen, von wo aus der „Schienenbus", wie es damals hieß, nach Olpe fuhr. Das dort schließlich aufgenommene Bild zeigt eine ansehnliche junge Frau und einen stolzen, kräftigen, wenn auch nicht sehr großen jungen Mann, mit wachem Blick. Wir sehen Josef in einem schwarzen Anzug, mit schwarzer Fliege und einem Myrtensträußchen am Reverskragen. Das war ein bedeutender Tag, der mit diesem Foto festgehalten wurde.

Josefs berufliche Tätigkeit als Bergmann

Auf der Heiratsurkunde sind die Berufe meiner Großeltern vermerkt. Meine Großmutter Maria war als Strumpfstrickerin tätig, bis zu ihrer Heirat. Mein Großvater Josef war Bergmann. Wann mein Großvater zum ersten Mal unter Tage arbeitete, lässt sich nicht genau angeben. In den späteren Jahren übte er die Rolle eines Vorarbeiters, das heißt eines sogenannten Steigers, aus.

Ich wäre sicher stolz auf dich gewesen, Großvater, wenn ich dich persönlich gekannt hätte, in Anbetracht deiner beruflichen Tätigkeit. Vielleicht hätte ich mich erschrocken, zumindest im Dunklen, wenn du mir mit Staub und Schmutz bedeckt, entgegengekommen wärest. Aber nach deinem Tagewerk hätten wir vielleicht am Ofen gesessen in eurem Haus in der kleinen Stube und du hättest mir von deiner Arbeit unter Tage erzählt. Ich hätte dich gefragt, wie es unter der Erde in den Stollen und Schächten aussieht, was es da alles gibt und du hättest mir einen besonders schönen Stein mitgebracht und mir erklärt, wo du ihn gefunden hast. Wie gerne hätte ich ihn aufgehoben. Es wäre eine schöne Erinnerung an dich.

Der Beruf des Bergmanns war einer der härtesten und gefährlichsten Berufe überhaupt. Die gesundheitlichen Risiken waren enorm. Atemwegserkrankungen durch Steinstaub, aber auch Gefahren durch Steinfall oder das Einbrechen der Schächte gehörten dazu. Mein Großvater trug als Vorarbeiter viel Verantwortung für seine Kumpel und er war oftmals ungeheuren Gefahren ausgesetzt.

Die Gefahren der Arbeit unter Tage

Es gab keinerlei Schutzkleidung, das heißt keine Helme, keinen Schutz vor dem Staub, keine besonderen Arbeitsschuhe, nicht einmal spezielle Arbeitskleidung. So setzten sich die Bergmänner ungeschützt den Gefahren aus, ob nun beim Absichern der Stollen, beim Treiben der Gänge in den Berg und beim Erzabbau.

Eine Gefahr stellte etwa das Grubengas dar. Es handelt sich dabei um eine Gasmischung, die unten in der Erde durch die sogenannte „Inkohlung" entsteht und die beim Abbau von Kohle und Erz freigesetzt wird. Im Bergbaujargon spricht man hier auch von „schlagenden Wettern".

Die weitreichenden Folgen dieser Arbeitsbedingungen und der darin liegenden Gefahren, waren den Männern sicher teilweise bekannt, aber nicht in aller Konsequenz bewusst und falls sie es doch waren, wurden dieses Wissen und diese Vorahnungen sicher verdrängt, um diese Arbeit überhaupt weiter ausüben zu können. Es ging schließlich vor allem um das Eine, nämlich für die Familie Geld zu verdienen und dadurch die Familie überhaupt zu erhalten und deren Existenz zu sichern. Natürlich ahnten die Männer den Tod in der Dunkelheit und Tiefe der Erde. Viele tranken Schnaps, um ihre Ängste zu unterdrücken.

Die unzureichende Ausstattung der Männer mit Werkzeug und Kleidung

Arbeitsgeräte, die auf alten Fotos zu sehen sind, sehen mehr nach zurechtgemachten Eisenstöcken als nach Werkzeug aus. Ein Foto aus der Zeit zeigt Männer mit nacktem Oberkörper. Vermutlich arbeiteten sie ohne Hemd und Jacke, um mit sauberem Hemd nach Hause zu kommen. Es gab schließlich wenig Kleidung und diese wurde daher schonend behandelt. An Sonntagen zum Beispiel ging die Familie, über einige Jahre hinweg, zu Fuß nach Wenden zur Heiligen Messe. Einige gingen zur Frühmesse, andere zum Hochamt. Unterwegs traf man sich und tauschte auch schonmal eine gute Jacke gegen eine weniger gute Jacke aus.

Wege im Dunkeln

Viele Monate gingen die Ottfinger Familienväter und deren ältere Söhne, die in den Gruben des Vahlbergerzuges oder anderen Gruben arbeiteten, im Dunkeln hin und im Dunkeln zurück. Sie müssen einen regelrechten Lichtmangel gehabt haben, bei den langen, zumeist zwölfstündigen Schichten unter Tage, und dort war es nun mal auch dunkel. Jeder Bergmann trug sein Geleucht mit sich und jeder achtete auf die Funktionstüchtigkeit der eigenen Lampe. Die Froschlampen, die im Sauerland üblich waren, bestanden aus drei Metallteilen und wurden um 1900 mit Karbid befüllt. Sie waren lebenswichtig.

Bist du den Weg zum Vahlberg zu Fuß gegangen? Habt ihr euch auf der Söujfraß getroffen? Es waren ja sicher noch andere Ottfinger Männer in der Grube beschäftigt. Die älteren Söhne habt ihr ja auch schon mitgenommen. Seid ihr dann zusammen am Steinbruch vorbei und an der Großmicke entlang gegangen? Jahrzehnte später bin ich diesen Weg oft selbst gegangen um meine Schwestern zu besuchen, die in den 60er Jahren auf dem Vahlberg Häuser gebaut haben. Ich habe oft daran gedacht, dass unter den schönen Häusern und Gärten viele Menschen unter Tage gearbeitet haben. Ich habe oft an dich gedacht.

Eine Bergarbeiterfamilie im Ruhrgebiet

Ich bekam in der 60er und 70er Jahren positive und negative Einblicke in die Bergarbeiterfamilie meiner Schwester Röschen in Bochum. Positiv war, dass es viel Zusammenhalt in den Familien gab. Einer war für den Anderen da. Einem Kumpel in Not wurde geholfen. Alle Familien waren füreinander da, so war mein Eindruck. Im Sommer traf man sich draußen. Die Männer spielten Karten und tranken ein Bier. Die Frauen strickten, die Kinder spielten auf den Wiesen. Die Häuser waren grau und überall war Staub, weil die Siedlung von Zechen umgeben war. Smog-Alarm gehörte zum Alltag.

Meine Nichte Elvira erzählte mir von der sogenannten Markenkontrolle. Jeder Kumpel bekam von der Zeche ein fünf Mark großes Metallstück mit einer Nummer und einem Loch zum Aufhängen an einem, mit dem Namen des Bergmanns beschrifteten, Haken. Bevor die Bergleute in die Grube fuhren, nahmen sie ihre Lampe vom Haken und hängten ihre persönliche Marke an den betreffenden Haken. Nach der Schicht ging es umgekehrt. Die Lampen wurden hingehangen und die Marken mitgenommen. So sah man, ob noch ein Kumpel im Schacht war und konnte herausfinden, warum er noch unten war oder ob etwas passiert war.

War das zu deiner Zeit auch so? Sicher gab es in der Grube Amalia auch diese Art von Markenkontrolle. Kameradschaft gab es doch bestimmt auch, denn ihr musstet ja zusammenhalten, allein schon aus Sicherheitsgründen. Du in deiner Funktion als Steiger wusstest sicher auch um die Sorgen der Kumpels. Eine längerfristige Wohnung konntet ihr zwar keinem geben, weil eure Doppelhaushälfte einfach zu klein war. Aber Hilfestellung, in den verschiedenen Lebenslagen, werdet ihr euch gegenseitig gegeben haben, oder bei Notfällen, da werdet ihr euch geholfen haben, unter Tage, wie auch im täglichen Leben in Ottfingen.

Der Erste Weltkrieg

Während des Ersten Weltkriegs florierte der Bergbau im Wendener Land noch. 500 Leute, davon 300 Kriegsgefangene, versorgten den kriegführenden Staat mit wertvollen Rohstoffen. Die enorme Nachfrage nach Rohstoffen, darunter diverse Metalle, bewirkte einen erneuten Aufschwung des Bergbaus. Die Fertigstellung der Bahnlinie von Finnentrop nach Rothemühle erwies sich auch als ein förderlicher Faktor, um die Rentabilität der Gruben im Bereich Vahlberg, Möllmicke und Ottfingen zu steigern.

Als der Erste Weltkrieg begann, warst du 40 Jahre alt und damit vielleicht nicht mehr in einem kriegstauglichen Alter. Aber du warst als Steiger der Grube Amalia ohnehin davor geschützt, eingezogen zu werden. Am Ende des Ersten Weltkriegs warst du 44 Jahre alt und ich denke schon krank. Staublunge war die Diagnose.

Aber du lebtest noch, im Gegensatz zu den vielen Männern, die im Krieg gefallen sind. Trotz allem lief deine Lebenszeit ab. Deine angeschlagene Gesundheit ließ dir nicht mehr viel Zeit. Wie hast du dich gefühlt mit den ersten Krankheitssymptomen? Kanntest du den Verlauf dieser Lungenerkrankung? Vielleicht von Kameraden, die Ähnliches erlebt hatten?

Du hast so stolz ausgesehen auf dem Familienfoto von 1922, mit eueren vielen gutaussehenden Kindern. Die Einschränkungen, die mit der Erkrankung auf dich zukamen, werden dich belastet haben. Du wirst stolz darauf gewesen sein ein Bergmann zu sein, ein Stolz, der verletzt wurde durch die Erkrankung.

Wie schlimm muss das für dich gewesen sein? Es ist eine schlimme Krankheit, zu wenig Sauerstoff atmen zu können. Es macht mich traurig, wenn ich daran denke, wenn ich an „dich" denke. Ich kenne diese Atemnot aus der eigenen Familie und weiß, wie schwer es ist, damit zu leben.

Dein zu Hause

Zum Haus in Ottfingen am Kapellenplatz 1 gehörte ein kleiner Garten. Dieser lag unterhalb des Hauses in Richtung Söujfraß. Außerdem gab es das Feld „Auf der Tomicke" und die „Boschewiejrs". Das Kartoffelfeld war „Auf der Stärte". Auf dem Kartoffelfeld gab es zusätzlich lange Reihen mit Dickebohnen. Eine Kuh, Schweine und Hühner, sicherten die Grundversorgung. Die Felder waren mit Kartoffeln und Korn bestellt. Auf den Wiesen wurde Heu gemacht für die Versorgung der Kuh während des Winters.

Das geerntete Korn wurde gemäht und gedroschen und zur Mühle geschafft, um Brot für die immer größer werdende Familie zu backen. Die Ottfinger Mühle war an der Söujfraß gelegen. Die Familie Lingerjanns betrieb diese Mühle. Das Getreide wurde auf dem Ochels Hof gedroschen. Auch diese Arbeiten gehörten zum Aufgabenbereich meines Großvaters und der Großmutter.

Es war eine schwere Arbeit, die um 1900 ohne maschinelle Hilfe, mit großem körperlichem Einsatz, verrichtet wurde. Sicher halfen irgendwann die größeren Kinder mit. Nach einem Tagewerk in der Grube gehörte zumindest im Frühjahr das Bestellen der Felder und das Vorbereiten der Wiesen zum täglichen Leben.

Parallel zur Arbeit in den Gruben: Eine kleine Landwirtschaft

Über den Sommer wurden die Kartoffeln gehackt, die Wiesen gemäht, die Zäune gerichtet und vieles mehr. Im Herbst wurde geerntet und die Ernte heimgefahren. Das Fachwerkhaus in Ottfingen hat bis heute eine Balkenluke zur linken oberen Seite. Auf diesen „Balken", so nannte man ja in Ottfingen den Dachboden, wurde das Heu heraufgereicht oder von oben gezogen, mit einer Art Greifarm, wenn es mit einem Wagen am Haus ankam. Der Vater war beim Einbringen des Heus von unten aktiv, die Söhne von oben, oder umgekehrt. Vor den Heuwagen wurde in der Regel ein Ochse gespannt.

> Wie hast du das alles geschafft? Die „Boschewiejrs" war weit vom Ort entfernt. Mein Vater Johann bearbeitete ja die Wiesen und Felder, die zu eurem Haus gehörten, in meiner Kindheit mit Hilfe meiner älteren Geschwister.

> Mein Vater nahm mich mit zu den Feldern. Er sagte, dass ich auch schon helfen könne, Kartoffeln aufzulesen. Auf meine Frage, ob das Feld uns gehören würde, antwortete er, dass es im Besitz seines Bruders Eduard sei und dass dieser die Felder und Wiesen von Großvater Josef geerbt habe.

> Mein Opa! Du warst für mich als Kind jemand, von dem ich nichts wusste und den ich mir nicht vorstellen konnte. Das hat sich geändert, seit ich über dich und die Familie Eichert nachgeforscht habe.

Nachgedacht habe ich auch über die Erziehungsmethoden besonders in kinderreichen Familien. Von Zucht und Ordnung war die Rede in den Familien, in den Schulen und sogar in kirchlichen Einrichtungen. Geschah das aus Überforderung? Oder herrschte hier tatsächlich die Überzeugung vor, das Richtige zu tun? Aus Erzählungen weiß ich, dass das Schlagen von Kindern als Erziehungsmittel damals auf der Tagesordnung stand. Dieser Erziehungsstil wurde von Generation zu Generation weitergeben. Erst im November 2000 wurde das Recht der Kinder auf eine gewaltfreie Erziehung, im § 1631 des BGB, festgeschrieben.

Die Krankheit des Bergmanns Josef Eichert

Die letzten Lebensjahre meines Großvaters, des Bergmanns Josef Eichert, waren von seiner Krankheit geprägt. In der Grube musste er nicht mehr arbeiten, aber trotz des Fortschreitens der Silikose beziehungsweise der Tuberkulose, die ja auch eine enorme körperliche Beeinträchtigung mit sich bringt, musste er für seine große Familie Geld verdienen. „Feld- und Wiesenwart" ist schließlich als Beruf auf seiner Todesanzeige vermerkt.

Zumindest war Großvater so an der frischen Luft und musste auch nicht mehr so schwere und gefährliche Arbeiten verrichten wie all die Jahre vorher, wo er in den Stollen unter der Erde tätig war. Irgendwann wird für ihn das Arbeiten gar nicht mehr möglich gewesen sein. Der ständige Husten, der ungewollte Gewichtsverlust und leichtes Fieber gehörten vermutlich in den letzten Monaten zu Josefs Leben. Penicillin gab es noch nicht. Erst 1928 entdecke Alexander Fleming dieses Antibiotikum. Es war ein wichtiges Ereignis in der Geschichte der Medizin. Für meinen Großvater kam es leider zu spät.

Um dieser heimtückischen Krankheit entgegenzutreten, wurde Josef zweimal ein Kuraufenthalt verordnet. Der Knappschaftsverein Bochum errichtete 1904 die Auguste Viktoria Heilstätte in Beringhausen bei

Meschede. Ich gehe davon aus, dass mein Großvater Josef dort gewesen ist. Es handelte sich dabei um ein Sanatorium für lungenkranke Bergleute.

Im Sanatorium

Das Sanatorium befindet sich auf einem großzügig gestalteten Areal, mitten in der Natur, mit einem angrenzenden Wald. Es handelt sich um ein imposantes Gebäude. Früher einmal diente es als eine Art Rittergut. Heute ist die Einrichtung leider nicht mehr in Betrieb. Das Gebäude stand lange leer. Es stand einfach jahrzehntelang da, mit den historischen Einrichtungen darin, auch mit den Krankenakten. Das Gebäude wurde nicht gesichert, man liest von Einbrüchen. Das ist insofern bedauerlich, weil wir durch diese Unterlagen, wenn wir noch Einsicht nehmen könnten, Josefs Krankengeschichte und damit auch seine Lebensgeschichte heute noch besser nachvollziehen, rekonstruieren und verstehen könnten.

Warst du in Beringhausen zur Kur? Von Ottfingen war es die nächste Kurklinik und einigermaßen gut zu erreichen. Konntest du noch zu Fuß zur Bahn nach Rothemühle gehen? Bist du von dort bis Olpe gefahren? Viel Gepäck wirst du nicht gehabt haben. Ob dich dann ein Pferdefuhrwerk der Klinik abholte? Wie war das für dich ohne deine Familie zu sein? Deine Gedanken waren sicher zu Hause in Ottfingen bei deiner Frau und deinen heranwachsenden Kindern.

Wie fremd musst du dich gefühlt haben in diesem Sanatorium. Liegehallen, Duschvorrichtungen und ein Vierbettzimmer. Das war eine Welt, die du bisher nicht kanntest. Gab es Gespräche mit den anderen Bergmännern, mit denen du das Zimmer geteilt hast? Konntet ihr euch über eure Krankheit austauschen, auch über eure Sorgen und Nöte? Konntet ihr euch gegenseitig helfen und Mut zusprechen? Es gibt so viele offene Fragen an dich, Opa.

Wie konntest du überhaupt Kontakt zu deiner Familie herstellen? Ab den 1920er Jahren gab es vereinzelt Münzfernsprecher auf öffentlichen Plätzen. Vielleicht auch in der Klinik. Oder habt ihr euch Briefe geschrieben? Deine Frau hat vermutlich ihre Sorge um dich und die Familie nicht zu Papier gebracht. Sie wird dir Alltägliches berichtet haben vom Haus, von den Kindern, von den Ereignissen im Dorf.

Du wirst von deiner Genesung berichtet haben, um deine Frau zu beruhigen. Es muss ein ständiger Kampf gewesen sein, der dich ganz in Anspruch genommen hat, um deine Lungenerkrankung, so war ja die Hoffnung, zu besiegen. Aus Erzählungen weiß ich, dass du ein willensstarker Mann mit großem Durchsetzungsvermögen gewesen bist. Ich bin traurig darüber, dass dich die Tuberkulose dennoch besiegt hat.

Josef Eicherts Tod im Jahr 1925

Mein Großvater Josef verstarb am 12. Dezember 1925 im Alter von 51 Jahren im Kreis seiner großen Familie. Drei Töchtern und sieben Söhnen das Leben zu schenken und für ein zu Hause zu sorgen, ist eine große Lebensleistung. Maria und Josef Eichert haben diese Lebensleistung erbracht. Obwohl Josef Eichert früh verstarb und seine Kinder nicht mehr begleiten konnte, der jüngste Sohn war neun Jahre alt, als er starb, haben alle zehn Kinder ihr Leben gemeistert. Nur vier Monate nach seinem Tod wurde das erste von insgesamt vierundfünfzig Enkelkindern geboren. Bis zum heutigen Tag sind die Chreschten im Wendener Land und weit darüber hinaus angesehene Familien.

Recherchen und Betrachtungen
zu Maria Eichert, geb. Weber

Lissa Eichert-Klute

Die junge Maria aus Altenhof

Meine Großmutter Maria geb. Weber (* 16. Juni 1875; † 10. Juli 1936) lebte in Altenhof, einem kleinen Ort bei Wenden. Sie wäre das schönste Mädchen vom Altenhof gewesen, erzählte meiner Schwester Julia ein ehemaliger Nachbar unserer Großeltern. Von Ottfingen nach Altenhof ist es nicht sehr weit. Die Strecke konnte man zu Fuß gut bewältigen, um einander kennenzulernen.

Vielleicht haben meine Großeltern sich auf der Kirmes kennengelernt. Die „Wendsche Kähmetze" war ja schon damals das größte Volksfest in Südwestfalen. Die Bewohner der Dörfer und vereinzelt liegenden Höfe aus dem gesamten Wendener Land trafen sich auf diesem Jahrmarkt, ein Wochenende nach Maria Himmelfahrt, um ihr herausgeputztes Vieh auf der Tierschau zu präsentieren und vielleicht sogar einen Preis mit ihrer Kuh oder einer Ziege zu gewinnen.

Die Wendener Kirmes als Heiratsmarkt

Sodann wurde auf der Kirmes in den vielen Buden Gewürze, Naschwerk, Schnürsenkel, Lederriemen, Töpfe und Geschirr, und was noch alles, eingekauft. Es wurde gegessen und getrunken. Und ja, die Wendener Kirmes war auch ein Heiratsmarkt. Die Ottfinger Jugend begegnete hier Jungen und Mädchen aus den umliegenden Dörfern.

Erste Begegnung auf der Dörnschlade

Vielleicht sahen sich die beiden aber auch auf der Dörnschlade, dem bekannten Wallfahrtsort, der zu Altenhof gehört. Prozessionen aus allen umliegenden Orten ziehen bis heute zur Dörnschlade, etwa zu „Mariä Heimsuchung", im Juli und zum Fest „Mariä Geburt", im September. Die Gläubigen feiern dann gemeinsam, an dem mitten im Wald gelegenen Wallfahrtsort, einen Gottesdienst. Auch das könnte eine gute Gelegenheit für Josef und Maria gewesen sein sich umzuschauen. Josef war von Ottfingen her gekommen und Maria von Altenhof. Da hatten sich vielleicht erstmals ihre Blicke gekreuzt. Die jungen Frauen sahen in ihren Sonntagskleidern ja besonders hübsch aus. Ebenfalls die jungen Männer in ihren Sonntagsanzügen.

> Sicher hat mein Großvater dich zuerst angesprochen um dir zu sagen, wie nett er dich fand. Vermutlich kam er dann schon bald nach Altenhof, um dich zu treffen. Es war sicher eine schöne, aufregende Zeit für dich. Josef war ja ein hübscher junger Mann und eure Vornamen, Josef und Maria, waren doch ein gutes Omen.

Marias Arbeit in der Strumpffabrik

Maria Weber arbeitete in der Strumpffabrik. Die Fabrik wurde 1897 von Anton Cordes (Wiemers, S. 536) in Wenden und Wendener Hütte gegründet. Maria war also eine junge Frau, die auch eigenes Geld verdiente. Der Weg von Altenhof nach Wenden war zu Fuß recht gut zu bewältigen. Vielleicht ging ja auch die eine oder andere junge Frau aus Altenhof mit zur Strumpffabrik.

Es war schon etwas Besonderes, morgens aus dem Haus zu gehen und einen Beruf zu haben. Das verdiente Geld hat Maria sicher für ihre Aussteuer gespart. Mit großer Freude wurden dann Bettwäsche, Geschirr und andere wichtige Haushaltsgegenstände gekauft. Von ihrer

Mutter wurde die junge Maria angeleitet, einen Haushalt zu führen. Kochen, Backen, Gartenarbeit, die Erziehung der Kinder und die Versorgung des Viehs gehörten dazu. Zwischendurch, wann immer Zeit war, doch besonders abends, wenn sie in der Stube saßen, wurden Handarbeiten wie Stopfen, Stricken, Nähen und so weiter verrichtet. So war das in jener Zeit.

Hochzeit mit Josef Eichert und der Umzug nach Ottfingen

Meine Großmutter und mein Großvater heirateten am 18. Mai 1900 standesamtlich in Wenden. Die kirchliche Trauung war einen Tag später, am 19. Mai 1900. Franz Ignaz Feldmann, der damalige Vikar, hat Maria Weber und Josef Eichert in Wenden getraut. Maria war da 24 und Josef 25 Jahre alt. Ein schönes Hochzeitsfoto zeigt Maria in einem sehr festlichen, schwarzen Kleid, mit weißem Spitzenkragen.

Das Kleid ist ein tailliertes Jäckchen-Kleid, dass sich aus einem leichten, weiten, bodenlangem Rock und einem engeren Oberteil mit Zierbesatz zusammensetzt. Dazu trägt Maria auf dem Foto ein wahrscheinlich silbernes Kreuz um den Hals. An der rechten Hand ist der Ehering zu erkennen. Schwarze Kleider waren damals auch bei Hochzeiten üblich. Ein schwarzes Kleid konnte später noch genutzt werden, für andere Familienfeiern oder für Beerdigungen.

Maria trägt ein Myrtenkränzchen mit weißen Blüten als Kopfschmuck. Myrten waren ein Zeichen der Jungfräulichkeit. In vielen Familien sah man den Kranz nach der Hochzeit eingerahmt in einem kostbaren Rahmen, als Wandschmuck. Eine Hochzeit war damals eine ernste Angelegenheit. Die Brautleute schauen daher würdevoll in die Kamera.

Um 1900 war die Ehe die einzige von der Kirche abgesegnete Form des Zusammenlebens. Für Frauen bedeutete die Eheschließung auch eine soziale und wirtschaftliche Absicherung. Aber nicht immer verbanden sich Brautleute aus Liebe. Oftmals bestimmten die Eltern, wer wen heiratete. Besonders Bauernfamilien suchten für den ältesten Sohn, der den Hof übernahm, eine gut in die Familie passende Frau aus. Sie musste nicht nur rechtschaffen, sondern auch gesund, vital und anpassungsfähig sein.

Hast du Josef aus Liebe geheiratet? Habt ihr euch ohne den Einfluss eurer Eltern gefunden? Ich möchte es so gerne glauben. Auf dem Hochzeitsfoto steht ihr jedenfalls sehr vertraut und eng beieinander.

Meine Großmutter wird Mutter

Das kleine Fachwerkhaus war ab der Heirat das Zuhause für die junge Frau aus Altenhof. Sie musste sich an ihren Mann und an Ottfingen gewöhnen. Die Hochzeitsfeierlichkeiten waren vorbei und die junge Frau musste den Alltag bestehen.

Schon bald war Maria „guter Hoffnung". Das erste Kind, ein Mädchen, sie nannten es Rosa, kam am 27. März 1901 zur Welt. Um 1900 wurden die Kinder in der Regel zu Hause geboren. Eine Hebamme „hob ein Kind ins Leben", oder eine erfahrene Nachbarin half bei der Geburt. Die Kinder wurden oft schon unmittelbar nach der Geburt getauft, auch ohne die Mutter, in der Anwesenheit von zwei Paten.

Wegen der hohen Säuglingssterblichkeit wagte man es damals nicht, länger zu warten. Paten wurden so ausgesucht, dass sie den Kindern nicht nur in religiösen Fragen, sondern auch im täglichen Leben beistehen konnten. Die Großeltern oder Paten bestimmten oft die Namen der neugeborenen Kinder.

Euer erstes Kind hieß Rosa. Ein schöner Name. Wer hat dir beigestanden während der ersten Geburt? Wer half dir danach? Ist deine Mutter aus Altenhof nach Ottfingen gekommen oder eine deiner Schwestern oder vielleicht eine Tante?

Sicher konnte dir deine Mutter gute Ratschläge geben und dir in der Anfangszeit mit dem kleinen Kind helfen. Ein neugeborenes Kind zu versorgen bedeutet, neben der Freude, auch viel Mühe und Verantwortung.

Das zweite Kind von Josef und Maria wurde 16 Monate später geboren. Am 28. Juli 1902 kam die zweite Tochter zur Welt. Sie wurde auf den Namen Maria getauft, wie ihre Mutter. Zwei Wochen später, das heißt am 15. August 1902 verstarb die kleine Maria jedoch plötzlich. Das war ein schwerer Schicksalsschlag für die jungen Eheleute.

Wie furchtbar für dich und deinen Mann! Ein Kind zu beerdigen, sagte meine Mutter mir vor langer Zeit, sei der schlimmste Verlust in ihrem Leben gewesen. Eine kleine Schwester von mir verstarb im Alter von fast drei Jahren. Du wirst sehr gelitten haben. Hoffentlich hast du Trost und Hilfe erfahren in diesen schweren Stunden.

Dann kam der erste Sohn. Am 22. Juli 1903 wurde Peter geboren, auch ging später in die Gruben, als Bergmann. Norbert kam ein Jahr später am 11. Juli 1904. Zu dem Zeitpunkt konnte Rosa sicher schon laufen und brauchte auch keine Windel mehr. Peter und Norbert benötigten vermutlich noch eine Windel, und damit verbunden war viel Arbeit, in der Kinderpflege, aber auch mit dem Waschen und Trocknen der Windeln, die damals aus Stoff waren.

Waschen und Kochen: Der Alltag am Kapellenplatz

Die Wäsche zu waschen, war in der damaligen Zeit eine große Herausforderung. Es gab noch keine Wasserleitung und keinen Strom in den Häusern. „Strom kam erst ab 1909 ins Wendener Land. Zuerst wurden die Straßenlaternen in Wenden, Gerlingen und Möllmicke beleuchtet, danach einzelne Gebäude wie etwa die Strumpffabrik. Ottfingen wurde 1922 ans Stromnetz angeschlossen. Die Planung der ersten Wasserleitungen begann bereits in den 1890er Jahren. In Wenden selbst wurden die Leitungen dann 1908 verlegt und Ottfingen machte 1947 den Abschluss", erklärte mir Annalena Schäfer, Archivarin in Wenden.

Jedes Haus hatte einen Brunnen, aber nicht jeder Brunnen führte zu jeder Zeit Wasser. So half man sich gegenseitig in der Nachbarschaft mit Wasser aus. Das Wasser musste also erstmal aus dem Brunnen hochgepumpt und ins Haus geholt werden, dann wurde die Wäsche in einem runden, kupfernen Wäschetopf, der von Schamotte ummantelt war und meist im Keller stand, gekocht.

Dafür wurde der Kessel mit Holz und Kohlen angeheizt. In eben diesen Kupferkesseln wurden auch die hausgemachten Würste gekocht. Nach dem Erhitzen wurde die Wäsche auf einem Waschbrett geschrubbt und gerieben. Bettwäsche, erzählte meine Schwester Christel, wurde nach dem Erhitzen in einer Zinkwanne, die in einer Schubkarre stand, zum Bach, das heißt der Großmicke, gefahren.

Dort wurde die Wäsche in dem fließenden Gewässer gespült und oft, je nach Wetter, auch auf einer angrenzenden Wiese zum Bleichen ausgelegt. Zum Auswringen der Bettwäsche stellten sich zwei Personen gegenüber und drehten die Laken und Bettbezüge in entgegengesetzte Richtungen, sodass das Wasser aus den Tüchern ins Gras tropfte.

Angesichts der Mühe des Waschens waren die Tragegewohnheiten früher natürlich anders. Es wurde auch angeschmutzte Wäsche getragen. Um mit den aufwendigen täglichen Arbeiten klarzukommen, ließen die Mütter Kleinkinder, die noch nicht laufen konnten, oft auch tagsüber in ihren Kinderbettchen oder einem Kinderlaufställchen. Dort war ein Säugling, genauso wie ein Kleinkind, sicher aufgehoben und die Mutter konnte in der Zeit die, in Haus und Hof anstehenden, Arbeiten verrichten.

Arbeiten im Garten und auf dem Feld, die Versorgung der Tiere

Vom Frühjahr bis zum späten Herbst gab es auch viel im Garten zu tun. Vom Samenkorn bis zum fertigen Gemüse auf dem Mittagstisch waren zahlreiche Handgriffe erforderlich. Die Nutztiere erforderten tägliche Aufmerksamkeit. Das Futter, insbesondere das Heu, lagerte auf dem „Balken", das heißt dem Dachboden. Es war mühsam die täglichen Portionen nach unten zu holen, und damit die Kühe zu füttern.

Für die Schweine wurden die bei der Ernte aussortierten kleinen Kartoffeln und die anfallenden Kartoffelschalen gekocht. „Quellpott" nannte man diesen Brei. In der Mühle holte man Kleie. Das waren Spelzen, die beim Mahlen des Getreides abfielen. Mit den Kartoffeln zusammen war das eine gute Mahlzeit für die Schweine. Die Hühner bekamen Hühnerfutter oder auch Küchenabfälle. Alle diese Aufgaben waren nur mit viel körperlichem Einsatz zu bewältigen. Familienväter halfen natürlich mit, bei den täglichen Versorgungsarbeiten, aber sie waren ja viele Stunden aus dem Haus, um Geld zu verdienen.

1904 hattest du zwei Kinder, die noch nicht laufen konnten und dann war da die dreijährige Rosa. Im Frühjahr 1905 warst du wieder „guter Hoffnung". Es kam der Sommer mit der vielen Arbeit draußen, sodann die Schwangerschaft und drei kleine Kinder. Ich fühle mit dir, Großmutter, weil ich drei Schwangerschaften durchlebt habe und weiß, das es eine große Freude, aber auch eine große Herausforderung ist. Du nahmst diese Herausforderung an, aber ich denke, dass es dir nicht leichtgefallen ist, weil die Abstände zwischen den Schwangerschaften nicht sehr groß waren. Ich hoffe, dass du dich trotz aller Beschwernisse gefreut hast, wenn ein neugeborenes Kind in deinen Armen lag.

Maria wird meine Großmutter

Johannes, der dritte Sohn, das heißt mein Vater, wurde am 1. November 1905 geboren. Um seine Lebensgeschichte besser zu verstehen und erzählen zu können, machte ich mich zugleich mit dem Leben meiner Großeltern vertraut, denn das eine hängt nunmal eng mit dem anderen zusammen.

Wie oft warst du während der Nachtstunden wach, Oma? Johann, wie ihr meinen Vater schon in seiner Kindheit nanntet, wollte gestillt werden und der kleine Norbert und auch Peter meldeten sich vermutlich noch nachts. Rosa war vier Jahre alt, als euer dritter Sohn Johann zu euch kam. Konnte sie schon etwas mithelfen? Vielleicht nach Peter sehen, wenn er sich meldete und sein Fläschchen haben wollte? Die vielen wachen Stunden in der Nacht über all die Jahre, haben dich sicher viel Kraft gekostet.

Eine Großmutter der damaligen Zeit lernte ich durch meine Ottfinger Freundin kennen. Wir wohnten nur wenige Häuser auseinander und waren schon als Kleinkinder befreundet. Diese Freundschaft blieb bis zum heutigen Tag. Ich beneidete meine Freundin um ihre Großmutter. Sie war groß und schlank. Ihr graues Haar war zu einem Knoten im Nacken frisiert. Ihr oblagen ganz bestimmte Hausarbeiten. Wir sahen sie im Garten und am Küchenherd.

Ihre schwarze Schürze hatte tiefe Taschen, wo immer etwas Interessantes drin zu sein schien. Mal kam ein Bonbon und manchmal auch 5 Pfennig daraus hervor. Noch heute denke ich an die Hoffs Großmutter, wenn ich rote Himbeerbonbons sehe. Sie erlaubte auch schonmal etwas mehr als es Mütter im Allgemeinen tun. Sie war immer freundlich und uns sehr zugetan. Eine Großmutter zu haben gehört zu meinen unerfüllten Kindheitsträumen, denn Maria Eichert verstarb bereits 12 Jahre vor meiner Geburt.

Ja, ich wäre gerne zu dir gelaufen, zum Kapellenplatz, um dich zu besuchen Oma. Du hättest sicher auch etwas in deiner Schürzentasche aufgehoben für mich. Ich war oft traurig darüber keine Großmutter zu haben. Viele andere Kinder im Ort erzählten von ihren Großeltern und ich beneidete sie sehr darum.

Eine kinderreiche Familie

Ein drittes Mädchen kam am 16. März 1907 zur Welt. Sie wurde auf den Namen Hildegard getauft. Im Haus am Kapellenplatz wurde es sicher langsam eng. Trotz allem kamen ja noch fünf weitere Kinder dazu. Kinderreiche Familien waren im Wendener Land um die 1900er Jahre und auch noch später keine Seltenheit. „Mitte / Ende der 1930er Jahre war Wenden die kinderreichste Gemeinde in Deutschland" sagte mir Annalena Schäfer, die Archivarin der Gemeinde Wenden.

Eltern, die in der Ehe die Kinderzahl bewusst einschränkten, stammten in der Regel aus wohlhabenden Verhältnissen. Es ging ihnen auch darum, den eigenen Kindern ein gutes Erbe geben zu können und somit den sozialen Status der Familie zu erhalten.

Zugleich war es aber so, dass die katholische Kirche, die zu der Zeit einen enormen Einfluss hatte und in allen moralischen Dingen die Richtung vorgab, in ihrem 1917 erlassenen „Codex Iuris canonici", als alleinigen Zweck der Ehe die Zeugung von Nachwuchs festgeschrieben hatte. Sicher war die katholische Kirche auch ein fester Halt in manchen Nöten des Lebens, aber die strengen Regeln in dieser Hinsicht waren für die Menschen der damaligen Zeit eine große Belastung.

Am 13. September 1908 kam schließlich Eduard zur Welt und am 13. April 1910 folgte Hubert. Zwischen Hubert und Leo, der dann am 21. Januar 1913 geboren wurde, lagen zwei Jahre und 4 Monate. Ob es in dieser Zeit vielleicht eine Fehlgeburt gab? Am 23. September 1914 kam

Anna und am 25. März 1916 schließlich Walter zur Welt, der jüngste Sohn im Haus am Kappellenplatz.

Die vielen Schwangerschaften und Geburten

Wieder lagen zumindest 16 Monate zwischen den Geburten, aber reichte die Zeit zur Erholung der Mutter? Wohl kaum. Maria war 41 Jahre alt, als der jüngste Sohn geboren wurde. Sie war mindestens neunundneunzig Monate schwanger. Wie viele Nächte hat sie durchwacht, um ihre Kinder zu versorgen? Wir können es nur erahnen. Es ist nirgendwo festgehalten.

Maria hätte weder die Zeit noch die Kraft aufbringen können, ein Tagebuch zu führen, über all das, wie es etwa gebildete und besser gestellte Frauen, die entweder weniger oder gar keine Kinder hatten, teilweise taten. Und wenn diese Frauen Kinder hatten, so hatten sie tatkräftige Hilfe durch Hausangestellte. Wie viel Lebensenergie Maria Weber das alles gekostet hat, ist kaum vorstellbar.

> Liebe Oma, was hast du geleistet in deinem Leben! Ich fühle mit dir. Dein körperlicher und seelischer Einsatz für deine Familie und für deinen Mann ging vermutlich weit über deine Kraft hinaus. Du hast dein eigenes Leben nicht gewertet, du hast es eingebracht für deine Kinder, und für deinen Mann. Du hast dich selbst ganz und gar in den Dienst deiner Familie gestellt.

Maria wird Witwe

Maria war 50 Jahre alt, als ihr Mann Josef, am 12. Dezember 1925, an der Tuberkulose verstarb und sie zur Witwe wurde. Sie hatte da zehn Kinder. Nun einige waren schon alt genug, um selbst Geld zu verdienen, Rosa, inzwischen 24 Jahre, arbeitete etwa in Wendener Hütte in der Strumpffabrik, doch die jüngeren Kinder mussten noch versorgt werden. Ihr jüngster Sohn war gerade einmal neun Jahre alt. Marias wirtschaftliche Situation war mehr als prekär. Es gab in der Zeit keine soziale Absicherung.

Die Söhne mussten das Haus verlassen, um sich irgendwo eine Arbeit und auch eine Bleibe zu suchen. Die Töchter sahen sich nach einem geeigneten Ehemann um. Die älteren Söhne, wie auch Rosa, unterstützen die Mutter finanziell von dem wenigen, was sie verdienten. Maria Eichert hatte ihre Stärke und ihren Halt verloren. Sie wurde krank. Die Traurigkeit über den frühen Tod ihres Mannes und die Sorgen um ihre Familie haben diese Krankheit herbeigeführt.

Wenn ein Leben freudlos und ohne Ziele und Wünsche wird und die Seele leidet, kann Schwermütigkeit, wie man die Erkrankung damals nannte, sich einen Weg suchen. Maria hätte sicher professionelle Hilfe gebraucht, doch war die Versorgung mit solchen Unterstützungsangeboten in Südwestfalen kaum gegeben.

Marias seelische und körperliche Situation

Dass Maria durch die vielen Schwangerschaften und die vielen schlaflosen Nächte körperlich und seelisch angeschlagen war, bereits auch bevor ihr Mann schließlich verstarb, wird auf dem Familienbild, welches vermutlich aus dem Jahr 1922 stammt, deutlich. Es zeigt Maria im Alter von 46 Jahren. Ihr dunkles Haar ist streng nach hinten gescheitelt und vermutlich zu einem Knoten frisiert. Ihr Blick erscheint ein wenig abwesend und ihr Gesichtsausdruck wirkt angestrengt. Sie ist schwarz gekleidet und trägt eine silberne Brosche. Sie wirkt nicht wie die Mutter des kleinsten Kindes, sondern viel älter.

Alle Kinder sind sehr ordentlich gekleidet. Wir sehen die jungen Männer und den bereits erkrankten Vater mit weißem Hemd und Krawatte. Die älteste Tochter ist ganz in Schwarz gekleidet. Eine andere Tochter hat ihr schwarzes Kleid mit einem weißen Kragen und einer Halskette geschmückt. Die jüngste Tochter trägt eine Schleife im lockigen Haar sowie ein Kleid mit Gürtel, in einer nicht tiefschwarzen Farbe. Walter, der jüngste Sohn, trägt ebenfalls einen weißen Kragen sowie eine Schleife vorn in der Mitte des Kragens. Maria wird ihre Kinder angeleitet haben, sich für dieses würdevolle Familienfoto angemessen zu kleiden. Es ist das letzte Bild, das ich von Maria habe.

Marias letzte Jahre

Es müssen schlimme Jahre gewesen sein für Maria, nach dem Tod von Josef, ihrem Ehemann. Die älteren Söhne verließen das Haus und gingen auf Wanderschaft. Sie suchten sich Arbeit, etwa im Hochsauerland. Die jüngsten Kinder, Leo war 12 Jahre, Anna war 11 und Walter war 9 Jahre alt, brauchten jedoch noch intensive Zuwendung seitens ihrer Mutter.

Diese jüngeren Kinder mussten erst noch auf ein selbstständiges Leben vorbereitet werden, von einer tatkräftig agierenden, vitalen und leistungsbereiten Mutter, die sie aber kaum noch war und kaum noch sein konnte, weil sie zunehmend unter ihrer Krankheit litt. Sicher litten besonders die jüngeren Kinder unter der Abwesenheit des Vaters.

Rosa, die älteste Tochter, war noch etwa vier Jahre im Haus, nach des Vaters Tod, bevor sie schließlich 1929 heiratete. In dem Haus, in dem über viele Jahre viel Leben und Trubel gewesen war, wurde es nun nach und nach still und einsam für Maria. Trotz allem wird Rosa, auch nach ihrer Hochzeit mit dem jungen Dorfschmied Gustav, für ihre Mutter dagewesen sein. Sie wohnte ja nur einen Steinwurf vom Elternhaus entfernt.

> Liebe Oma, wer hat dir geholfen, als es für dich immer schwerer wurde, den Alltag zu leben und die noch verbliebenen Aufgaben zu bewältigen? Wer hat dir zugehört? Wem

konntest du deine Sorgen anvertrauen? Wer war für dich da als du Hilfe brauchtest? Noch heute, Jahrzehnte später, verspüre ich in mir eine große Traurigkeit, wenn ich über dich und dein Leben nachdenke.

Meine Großmutter verstarb am 10. Juli 1936 im Alter von 61 Jahren, in Ottfingen.

Die Lebensgeschichte von
Rosa Eichert (1901-1986)

Joachim Bröcher

Ottfingen zur Zeit des Kaiserreichs

Es ist noch weit vor dem Ersten Weltkrieg, mitten in der Zeit des Deut-schen Kaiserreichs, das von Berlin aus regiert wird. Ottfingen gehört zur Provinz Westfalen. Diese war von 1815 bis 1918 eine Provinz des Königreichs Preußen und von 1918 bis 1946 ein Verwaltungsbezirk des Freistaates Preußen. In Ottfingen gibt es zu der Zeit nur eine Handvoll einfacher Fachwerkhäuser. Zwischen diesen Häusern liegen ausge-dehnte Weiden, auf denen Kühe und Ziegen grasen, auch einige Gär-ten mit Gemüse.

Im Dorfzentrum die Söujfraß, ein größerer Platz, wo sich alle wichtigen Wege kreuzen, das heißt die Wege nach Möllmicke, Wenden und Schönau, nach Hünsborn und Altenhof, nach Wilhelmsthal, Dörnscheid und Römershagen sowie nach Rothemühle, Vahlberg, Heid und Brün und, in der Fortsetzung, nach Wendener Hütte, Hillmicke, Gerlinger Mühle und Gerlingen.

Ein Roman und ein Film über ein Bergdorf im österreichischen Vorarlberg geben uns eine Vorstellung vom damaligen Leben

Die Menschen in Ottfingen liefen im 19. Jahrhundert und in den Zeiten davor, teils bis in die 1930er Jahre hinein, zumeist barfuß, teils auch mit Holzschuhen. Sie trugen einfache, robuste Kleider. Lederschuhe waren ein Luxusgut und wurden höchstens einmal zu besonderen Anlässen, etwa Kirchgängen, Festen und Feiern getragen. Die damalige Atmosphäre in Ottfingen ist vielleicht vergleichbar mit dem Bergdorf in Vorarlberg, das Robert Schneider in seinem Roman „Schlafes Bruder" beschrieben hat, sodass wir das Buch heranziehen können, um uns in die damalige Zeit zurückzuversetzen.

Josef Vilsmaier hat das Buch auf sehr lebendige und dramatische Weise verfilmt. Wer den Film noch nicht kennt, kann ihn vielleicht einmal ansehen. Wir bekommen so eine Vorstellung davon, wie es in der Kirche zuging, in der Schule, unter den Leuten, zwischen den Nachbarn. Die Lehrer hatten es nicht leicht, die zumeist großen Schulklassen zu bändigen und griffen oft genug zum Stock. Besonders mit den Jungen hatten sie ihre Not.

Eifersucht, Liebschaften, Erbstreitigkeiten

Natürlich gab auch es Konflikte unter den Leuten, Grenzstreitigkeiten und vieles andere. Wir sehen das alles sehr lebendig in dem Roman „Schlafes Bruder". Nicht zu sprechen von den Liebschaften, von denen, die den sozialen Normen und Vorgaben entsprachen und trotz allem zu erbitterten Rivalitäten führen konnten, und denen, die den sozialen Normen nicht entsprachen, die verborgen werden mussten, die von der sozialen Gemeinschaft, den Eltern, dem Pfarrer oder den Lehrern unterdrückt und bekämpft wurden.

Nun es gab, trotz allem, Heuböden, Ställe und die Wälder – und oft genug eine tief empfundene Vergeblichkeit, mit der die Menschen fertig werden mussten. Die Kantate Nr. 56 von Johann Sebastian Bach lieferte Josef Vilsmaier und Robert Schneider, der das Drehbuch selbst schrieb, das Leitmotiv für die Verfilmung. Wer möchte, kann sich einmal diesen letzten Teil der Kantate „Ich will den Kreuzstab gerne tragen" im Internet anhören, um die Stimmung nachzuempfinden, die das alles umfängt. Für mich ist diese besondere Atmosphäre, diese emotionale

Grundierung, auch auf die Geschichten übertragbar, die in Ottfingen stattgefunden haben und die wir hier erzählen.[19]

Władysław Reymonts Historienroman „Die Bauern"

Es gibt ein weiteres literarisches Werk, das uns helfen kann, uns das Leben der einfachen Menschen im 19. Jahrhundert auf dem Lande besser vorzustellen: Władysław Stanisław Reymonts Roman „Die Bauern". 1924 erhielt Reymont dafür den Literatur-Nobelpreis. Das epochale Werk besteht aus vier Teilen (Herbst, Winter, Frühling, Sommer). Der Historienroman entstand 1901 bis 1908.

Das Geschehen spielt im polnischen Dorf Lipce. Reymont schildert farbig und in epischer Breite das Leben der Landbevölkerung, das Bestellen der Äcker, die Viehzucht und Viehhaltung, das Leben mit der Natur und den Jahreszeiten, aber auch das durch traditionelles Brauchtum charakterisierte soziale Leben im Dorf, ebenso das Aufbegehren der einfachen Menschen gegen die dominante Rolle der Gutsbesitzer, insofern haben wir hier eine etwas andere soziale Struktur als in der preußischen Provinz Westfalen.

Im Vordergrund der Romanhandlung steht die Hochzeit des verwitweten, wohlhabenden Landwirts Maciej Boryna und der wesentlich jüngeren Jagna, die dann eine überaus leidenschaftliche Liebesaffäre mit Borynas Sohn Antek beginnt. Auch in der weiteren dörflichen Community tun sich eine Reihe von Konfliktfeldern auf. Das alles wird auf sehr farbige und lebendige Art und Weise eingerahmt vom Wechsel der Jahreszeiten, von ländlichem Brauchtum und dörflichen Ritualen.

---

[19] https://www.youtube.com/watch?v=GqtHzaPCe9I; ab Minute 17:52 können wir den Choral „Komm, o Tod, du Schlafes Bruder" hören.

Das erstgeborene Kind einer Bergmannsfamilie

Rosa wurde am 27. März 1901 in eine Familie hineingeboren, die väterlicherseits seit über hundert Jahren im Bergbau dieser Region arbeitete. An den meisten Tagen sah sie ihren Vater Josef daher nur kurz, zumeist abends, wenn er nach zwölf Stunden Arbeit unter Tage aus dem Bergwerk Vahlberg, Löh oder Hauptlöh, vielleicht auch aus der Grube Amalia, Camilla oder Weingarten, wir wissen es nicht ganz genau, in welcher Grube er wann und wie lange gearbeitet hat, zurückkam.

Was geschah 1901 in Deutschland und der Welt? Thomas Mann veröffentlichte seinen Roman „Die Buddenbrooks". Das bis dahin größte Dampfschiff der Welt, die 200 Meter lange „Celtic" lief in Belfast vom Stapel (Die „Titanic" sollte genau 10 Jahre später folgen, also 1911). In Paris fand die erste Kunstausstellung mit Werken von Pablo Picasso statt.[20]

Gesundheitliche Belastungen der Eltern

Rosas Mutter Maria Eichert wurde stets als empfindsam und seelisch sehr feinfühlig beschrieben, in späteren Jahren, aber auch schon bevor ihr Vater Josef, verfrüht im Alter von 51 Jahren gestorben ist. Seine körperlichen Leiden haben sicher auch Maria, seine Frau und Mutter von elf Kindern belastet. Sodann die vielen Schwangerschaften und die enormen Mühen, unter den einfachen, ja ärmlichen Bedingungen die Kinder großzuziehen, den Haushalt zu führen, das Vieh zu versorgen. Schließlich der frühe Tod des zweiten Kindes. Vielleicht hatte sie Fehlgeburten. Sie sprach kaum darüber.

---

[20] Diese Informationen wurden entnommen: https://www.dhm.de/lemo/jahreschronik/1901

Rosa lernte früh Verantwortung zu übernehmen

Rosa, die älteste Tochter und auch das erste Kind von Josef Eichert und Maria Weber überhaupt, musste der Mutter schon früh zuarbeiten und diese in allem unterstützen, im Haushalt, bei der Garten- und Feldarbeit, bei der Betreuung und Versorgung der vielen nachfolgenden Kinder. So war sie auf manches vorbereitet, als sie am 2. Juni 1929, Gustav, einen gelernten Huf- und Wagenschmied, heiratete. Gustav stammte aus dem, unmittelbar hinter der mittelalterlichen Kirche liegenden, Haus der Bräijder.

Die Notwendigkeit, zu heiraten

Ob die Eheschließung mit dem angehenden Dorfschmied Gustav eine Liebesheirat war wissen wir nicht. Rosa war immerhin schon 28 Jahre alt. Das war für diese Zeit nicht mehr gerade jung. Vielleicht musste sie die Gelegenheit einfach ergreifen, um nicht alleine zu bleiben. Die Möglichkeiten, einen geeigneten Mann fürs Leben zu finden, waren begrenzt zu der Zeit.

Rosa war nicht gerade weit herumgekommen. Als Mädchen und junge Frau hatte sie, neben den Verpflichtungen im elterlichen Haushalt, eine Weile in einer Strickerei in Wendener Hütte gearbeitet. Mit Holzschuhen ging sie zu Fuß dorthin, heißt es, im Sommer wie im Winter.

Welche Heiratsmöglichkeiten hatte Rosa also? Wir wissen, dass Josef Heuel aus Wenden um ihre Hand angehalten hat, dass ihr Vater jedoch den Segen für diese Heirat nicht gab, weil ihm Heuel zu arm war und er seine Tochter in bessere wirtschaftliche Verhältnisse gestellt sehen wollte.

Zwei ledige Frauen im Haus der Bräijder

Hinter der mittelalterlichen Kirche gelegen, im Haus der Bräijder, lebten, neben der neunköpfigen Familie auch zwei ältere ledige Frauen. Rosa wurde vielleicht unheimlich zumute, wenn sie daran dachte, ein solches Leben zu führen. Eine von den beiden war die „Bräijder Wahs". So nannte man Alwine, eine unverheiratet gebliebene ältere Schwester von Anton Bröcher, dem Bräijder Vater.

Die Bräijder Wahs war, aus der Sicht der Ottfinger Leute, etwas wunderlich. Es hieß, sie würde mit einem Strohballen auf der Holzdiele in dem Haus tanzen und sich vorstellen, dieser Strohballen wäre ein Mann. Weiterhin war da die „Bräijder Tante". Sie war klein und gedrungen, und ging schon ein wenig gebeugt. Eigentlich hieß die Bräijder Tante Maria Schwarz. Sie stammte aus Gerlinger Mühle, wie ihre Schwester Wilhelmine, die das Fachwerkhaus, in dem sie mit den Bräijder wohnte, geerbt hatte.

Als man Wilhelmine das Haus in Ottfingen überschrieb, wurde ein lebenslanges Wohnrecht für die ledig gebliebene Maria beim Notar eingetragen. Für die Zeit handelte es sich um ein sehr stattliches und geräumiges Fachwerkhaus. Es war in etwa 1650 gebaut worden. Es gehörte einmal zu den Besitzungen eines Adligen aus dem Siegerland.

Die Bräijder Tante hatte nun ein Feld verkauft, das sie selbst geerbt hatte, so erzählten es sich die Leute. Sie gab das dafür bekomme Geld für Süßigkeiten aus, die sie unter ihren sieben Röcken mit sich herumtrug und an die Kinder verteilte. Dann und wann fuhr sie auch von Rothemühle mit dem Schienenbus, wie man die zwei dunkelroten Eisenbahnwagen damals nannte, nach Olpe und setzte sich dort in ein Café, um Kuchen und andere Leckereien zu bestellen. Aber diese Frau galt auch als ein wenig speziell und so wollte Rosa nicht werden und auch nicht auf eine solche Art leben.

Junge Männer mit Zuckerwasser im Haar

In dem Bräijder Haus hinter der Kirche wuchsen neben zwei Mädchen fünf Brüder auf. Rosa wollte eine eigene Familie. Sie mochte es Verantwortung für andere zu übernehmen. Sie wünschte sich ein solche Aufgabe für ihr Leben. Während der Heiligen Messe konnte sie sich die Jungs, über die Jahre hinweg, näher anschauen. Die älteren hatten sich das Haar mit Zuckerwasser in Form gebracht, wenn sie zur Kirche kamen.

Mal war die Messe in der kleinen mittelalterlichen Kirche in Ottfingen, und wenn der Pastor nicht zu ihnen nach Ottfingen kam, dann gingen die Leute nach Wenden in die Kirche. Da saßen oder standen die jungen Männer dann in ihrem Sonntagsanzug, während sie in Ottfingen zumeist barfuß in die Kirche gelaufen kamen. In Wenden ging es etwas feiner zu. Da mussten die Leute aus den umliegenden Dörfern wenigstens Holzschuhe tragen, wenn sie sich schon keine gewienerten Lederschuhe leisten konnten.

Nachdenken über mögliche Heiratskandidaten

Nun es gab in Ottfingen schon noch die eine oder andere Familie, wo Rosa einer der Söhne gefiel. Trotz allem blickte sie immer öfter in Richtung der Bräijder, auf der anderen Seite der Kirche. Robert, der älteste Sohn, war schon vergeben und zog bald nach Schönau, wo er zusammen mit seiner jungen Frau den Hof übernehmen konnte. Dies war, wirtschaftlich betrachtet, eine gute Option für ihn.

Selbst wenn seine Mutter noch über einige finanzielle Mittel verfügte, und auch über das stattliche Fachwerkhaus, in dem er aufgewachsen war, so war es doch eine Tatsache, dass sein eigener Vater als Knecht und Tagelöhner für die Weingartens auf dem Hof Wilhelmsthal arbeitete. So ergriff dieser erstgeborene Sohn der Bräijder die Chance, in die Schönauer Bauernfamilie einzuheiraten. Wo hätte Rosa auch mit ihm hingehen und sich etwas aufbauen können, mittellos wie Robert war? Und außerdem hatte er ja bereits seine Liebe in dem Nachbardorf gefunden.

Kein Leben in den deutschen Ostgebieten

Der zweitälteste Sohn der Bräijder, das heißt Wilhelm, war 1900 geboren. Er kam vom Alter her für Rosa gut in Frage, allerdings besuchte er eine Fachschule im Siegerland und war auf dem Sprung zu einer Karriere als Ingenieur und daher nur noch selten in Ottfingen. Wenn er zu Hause und im Dorf unterwegs war, sprach er oft von einer beruflichen Tätigkeit in den Ostgebieten des Deutschen Reiches.

Wilhelm war auch im Ersten Weltkrieg gewesen und hatte sich da, eine inzwischen verheilte, Verletzung zugezogen. Dafür hatte er Orden und Auszeichnungen bekommen. Irgendwas passte da jedoch nicht zu Rosas eigenem Lebensentwurf. Sie hatte andere Vorstellungen. Sie sah sich und ihr Leben näher am Elternhaus, näher an der trutzigen Kirche, nicht in den fernen Ostgebieten des Reiches.

Auch gefiel ihr dieser Aufstiegsgeist, vielleicht auch der Opportunismus, den Wilhelm ausstrahlte, nicht sonderlich, genauso wenig wie seine Karriere beim Militär. Später dann, 1927, Wilhelm war schon berufstätig in Pommern, kam er plötzlich mit einer elegant gekleideten, attraktiven Frau nach Ottfingen, mit Erna Wendtland. Die beiden blieben einige Tage, und damit war das Thema „Wilhelm" für Rosa endgültig erledigt.

Wilhelm und Erna heirateten schließlich 1929. Erna kennenzulernen war für Rosa eine ungeheure Kontrasterfahrung. Diese, aus einer besser gestellten sozialen Schicht stammende, Frau war nicht nur elegant gekleidet, weltgewandt und selbstbewusst, sie war auch in allem was sie sagte, geistreich und es war interessant, mit ihr zu sprechen.

Erna Wendtland aus Pommern
eröffnet Rosa andere Welten

Erna hatte auch einen Roman in ihrer Handtasche, in dem sie während der Zugfahrt von Stettin über Berlin, schließlich über Hagen kommend, mit einigen Umstiegen, wo es stets Wartezeiten zu überbrücken galt, gelesen hatte. Es ist nicht mehr ganz klar, um welches Buch es sich genau handelte, ob es die „Kartause von Parma", von dem französischen Schriftsteller Stendhal war, oder ob es „Sturmhöhe" von der englischen Schriftstellerin Emily Brontë war.

Jedenfalls muss Erna, als sie Rosas Interesse an dem Buch wahrnahm, ihr am Ende ihres Aufenthaltes und bevor sie und Wilhelm die Bahnreise Richtung Berlin, und dann nach Stettin und wieder zurück nach Pommern, antraten, dieses Buch als Geschenk dagelassen haben.

Als sich Erna frisch machen wollte, das war aber schon später, geriet Rosa nicht in Verlegenheit. Sie hatten nur das Waschbecken in der Küche, die Zinkwanne im Vorratskämmerchen und das Plumpsklo im Kuhstall. Rosa war nicht die Frau, die sich dafür entschuldigt hätte. Sie kannte ja auch gar nichts anderes. Erna wird genug Einfallsreichtum gehabt haben, um mit der Situation umzugehen, weltgewandt und belesen wie sie war.

Erneute Todesrisiken vermeiden

Vielleicht wollte Rosa auch nicht erneut einen Mann an ihrer Seite haben, der sich, wie Wilhelm, bewusst Risiken und Gefahren aussetzte, wie er es ja im Krieg hatte tun müssen, und wer weiß, wann es wieder einen neuen Krieg geben würde, und Wilhelm würde sicher darin verwickelt sein. Schließlich hatte sie doch erst vor wenigen Jahren ihren Vater verloren.

Siegfried Bröcher d. Ä. war zu jung für Rosa

Dann waren da zwei jüngere Söhne, neben Edmund der 1907 geborene Siegfried. Doch diese beiden Jungs aus dem Bräijder Haus erschienen ihr noch viel zu jung, wenngleich ihr Siegfrieds Äußeres gut
gefiel. Er kam offenbar ganz nach seiner Mutter Wilhelmine, die etwas
sehr Feines an sich hatte und bei Siegfried d. Ä. nahm das recht mar-
kante maskuline Formen an. Nun ja, es gab Gerüchte, dass ihr Vater
auch nicht der Müller aus Gerlinger Mühle gewesen sein soll, sondern
ein Adliger aus dem Siegerland.

Siegfried lernte kein Handwerk, sondern er ging mit seinem Vater Anton
Bröcher auf den Gutshof Wilhelmsthal, als Knecht und Tagelöhner.
Nun, Siegfried war einfach zu jung für Rosa, er war ganze sechs Jahre
jünger als sie. Da wusste sie noch nicht, wie sehr ihr ganzes späteres
soziales Leben und Familienleben durch Siegfried und den Gutshof Wilhelmsthal mitgeprägt werden würde.

Rosa wählt den bodenständigen und lebensfrohen Gustav

Blieb der 1902 geborene Gustav, jedenfalls wenn Rosa hinüber zu den
Bräijder blickte oder sich diese Jungs während der Heiligen Messe,
wenn auch verstohlen und unauffällig, genauer anschaute. Gustav
hatte etwas sehr Bodenständiges, etwas Praktisches und zugleich Le-
bensfrohes, vielleicht aber auch etwas Leichtlebiges.

Sie hatten erst 1919 in Ottfingen einen Theaterverein gegründet, da war
auch Gustav dabei und seine Schwester Karoline war hier sogar die
zentrale Figur, die alles organisierte und mit dem Pfarrer zusammen
nach geeigneten Theaterstücken suchte, solche beschaffte, umschrieb
und für die Proben vorbereitete. Gustav war sehr kommunikativ, er fei-
erte gern, tanzte gut und schien in allen denkbaren Situationen Herr der
Lage zu sein, weil ihm immerzu die passenden Sprüche einfielen. Er
strahlte Sicherheit aus.

Außerdem konnte sich Gustav auch richtig fein machen, wenn es darauf ankam. Es gibt dieses Foto, mit seinem Vetter, beide im schicken Gehrock und mit Spazierstock in der Hand. An den Füßen offenbar neu erworbene Schnürstiefel aus Leder. Die aufgeputzten jungen Männer halten diese seitlich in die Kamera, damit jeder sehen kann, wie elegant sie gekleidet sind und was sie für eine gute Partie sind.

Rosas Vater Josef gab schließlich seinen Segen, als Gustav um Rosas Hand anhielt, denn der bodenständige Schmied konnte immerhin einen Meisterbrief vorweisen und war bereits mit Planungen für den Bau eines Wohnhauses und einer Schmiede, in nahezu direkter Sichtweite vom Chreschten Haus entfernt, beschäftigt.

Später würde es auch andere Bilder geben. Gustav mit Unterhemd und dickem Bauch in der Küche sitzend, Zigarren rauchend, dann und wann einen Schnaps zu sich nehmend, in einen Napf aus Glas spuckend. Das war aber kein Bild, dass die junge, das heißt nicht mehr ganz so junge Rosa, im Jahr 1929 schon gekannt hätte.

Ein Leben an der Seite des Dorfschmieds

Gustav hatte im Siegerland das Schmiedehandwerk gelernt. Der Familienname des Schmieds, der ihn ausbildete und wo er während der Lehrzeit die Woche über mit in der Familie lebte und wohnte, ist für die meisten von uns als so obszön gebrandmarkt, dass ich es nicht wage, diesen hier zu nennen. Doch es war ein respektabler und geschätzter Schmied, bei dem Gustav sein Handwerk lernte.

Gustav sprach davon, dass er in Ottfingen eine Schmiede bauen und als Huf- und Wagenschmied arbeiten wollte. Es gab im Dorf auch keine Schmiede mehr. Die Leute mussten wegen jeder Kleinigkeit, ob es das Dengeln einer Sense, das Anfertigen einer Türangel oder das Anbringen eines Hufeisens war, über den Berg nach Wenden. In den 1920er Jahren war der Schmied für ein Dorf so wichtig wie ein Pfarrer, Lehrer oder Arzt, sodass es für Rosa nach einer realistischen Perspektive aussah, was sich der junge Gustav da vorstellte.

Würde Rosa ihn also zum Mann nehmen, dann müsste sie auch ihre Mutter und ihre jüngeren Geschwister, für die sie sich nach dem Tod des Vaters verantwortlich fühlte, nicht im Stich lassen. Auch das spielte sicher eine Rolle bei ihrer Entscheidung, Gustav zum Mann zu nehmen. Ferner wurden Schmiede im Normalfall nicht für das Militär rekrutiert. Rosa und Gustav heirateten am 2. Juni 1929, als die Weimarer Republik schon im Sinkflug begriffen war.

Das Jahr 1929: Die Hochzeit von Rosa und Gustav sowie weitere Ereignisse

Im Jahr 1929 wurde Heinrich Himmler zum Reichsführer der Schutzstaffel (SS) ernannt. Trotzki wurde aus der Sowjetunion ausgewiesen und Stalin ließ sich als Alleinherrscher feiern. In Deutschland gab es 3,2 Millionen Arbeitslose und es wurden immer noch mehr. Thomas Mann bekam für seinen Roman „Die Buddenbrooks" den Nobelpreis für Literatur.

Das Luftschiff „Graf Zeppelin" kehrte von einem 21-tägigen Flug um die Welt zurück. Der Börsenverein des Deutschen Buchhandels veranstaltete am Todestag Johann Wolfgang von Goethes (1749-1832) erstmals den „Tag des Buches" zur Förderung der Lesekultur. Das sind einige wenige Ereignisse aus dem Jahr 1929, in dem Rosa und Gustav heirateten.[21]

---

[21] Diese Informationen wurden der folgenden Internetdatenbank entnommen: https://www.dhm.de/lemo/jahreschronik/1929; 23.7.2024

Die Ziegelsteine fürs Wohnhaus
kamen mit einem Ochsenfuhrwerk

Die Ziegelsteine für den Bau des neuen Wohnhauses von Rosa und Gustav, etwas oberhalb des alten Bräijder Hauses gelegen, kamen mit einem Ochsenfuhrwerk aus dem Osterseifen, hinter Olpe gelegen. Ich stelle mir vor, wie lange ein Ochse für diese Strecke von etwa 15 Kilometern gebraucht hat und dass er auch die ganze Strecke wieder zurückgehen musste, nur um dann einen Tag später die nächste Fuhre Ziegelsteine nach Ottfingen zu bringen. Für den Mann auf dem Kutschbock, es war sicher nicht mehr als ein längliches Brett, auf dem er saß, muss es eine wahre Meditationsübung gewesen sein. Eine Übung in Langsamkeit.

Rosa ruhte in sich

Das alles scheint auch gut zu Rosas ruhigem Charakter zu passen, zu ihrem besonderen Wesen. Diese langsamen Fahrten mit dem Ochsenfuhrwerk entsprachen ihrem Naturell und die Ziegelsteine des neuen Wohnhauses von Rosa und Gustav hatten diesen Geist der Zentriertheit, des Gleichmuts, der inneren Ruhe und Klarheit, sicher verinnerlicht, während sie im langsamen, gleichmäßigen Schritt des Ochsen durch Olpe hindurch nach Ottfingen gekommen sind, durch Rüblinghausen, Friedrichsthal, Gerlingen und Gerlinger Mühle hindurch, an der Wendener Hütte vorbei, nun noch durch Brün und Rothemühle hindurch, schließlich an Vahlberg vorbei, wo die Erzgruben jetzt still lagen.

Dort war der Kutscher des Ochsenfuhrwerks schließlich nach Ottfingen abgebogen. Von hier aus waren es immer noch mehr als zwei Kilometer bis zu der Baustelle über dem alten Bräijder Haus. Was für eine Strecke muss das gewesen sein, bei diesem langsamen Tempo! Doch welch meditative Ruhe und was für eine tiefe Verankerung in der Existenz muss das auch gewesen sein. Der gleichmäßige, langsame Schritt des Ochsen, der Kutscher, die Ziegelsteine. Das war vermutlich genau die stoische Geisteshaltung, mit der Rosa ihre Familie gehütet und durch die turbulenten Jahre hindurch geleitet hat und mit der sie selbst im inneren Gleichgewicht geblieben ist.

Das rätselhafte Vermächtnis der Wilhelmine Schwarz

Jeder wird sich fragen, woher Gustav und Rosa die Mittel für diesen Hausbau hatten, denn Gustav hatte kaum viel Zeit oder Gelegenheit gehabt, eine größere Geldsumme anzusparen. Überdies wurde sogar noch unterhalb des Wohnhauses eine Schmiede gleich mitgebaut, wodurch die Baukosten ja noch höher ausfielen.

Nun war es aber so, dass Gustavs Mutter Wilhelmine, eine geborene Schwarz, aus einer Müllersfamilie aus Gerlinger Mühle stammte. Wilhelmine war in jungen und auch in ihren mittleren Jahren eine Frau mit überaus feinen Gesichtszügen und strahlte etwas recht Edles aus.

Man munkelte, dass ihr wahrer Vater ein Adliger aus dem Siegerland sei, und dass es hier deshalb früher einmal größere Geldzahlungen und Überschreibungen gegeben habe. Wilhelmines Mutter war eine geborene Hees, nun ja, es gab da einige Spekulationen. Wie und warum diese feine Frau nun an einen Tagelöhner wie Anton gelangt war, lässt sich nicht verlässlich beantworten.

Wir gehen jedoch davon aus, wenn wir alle Quellen und mündlichen Überlieferungen auswerten, die wir von Anton Bröcher vorliegen haben, dass er eine gutmütige Seele hatte, ein treuer und zuverlässiger Kamerad fürs Leben war und außerdem über enorme körperliche Kraft und Vitalität verfügte. Das sind nun alles Eigenschaften, die einer heiratswilligen Frau nicht gleichgültig sein können.

Auch Wilhelmine hatte, zumindest nach ihrem offiziellen sozialen Stand als Müllerstochter, keine unbegrenzten Heiratsmöglichkeiten und wer auch immer ihr leiblicher Vater gewesen sein mag, sie musste innerhalb ihrer sozialen Schicht heiraten. Schließlich verfügte Wilhelmine aber, und das ist jetzt hier das Wesentliche, im Hinblick auf das Bauvorhaben von Gustav und Rosa, nun über einige finanzielle Mittel.

Rosa kompensierte die Leichtlebigkeit ihres Mannes Gustav

Rosa und Gustav hatten acht Kinder, vier Jungen und vier Mädchen, die zwischen 1930 und 1942 geboren wurden. Gustav übte sein Handwerk aus, so gut es eben ging. Er ging viel in die Kneipen in den umliegenden Dörfern. Sicher, er bekam dort Aufträge, insofern musste er sich in den Kneipen aufhalten, in einem gewissen Rahmen, doch immer wieder „versackte" er dort regelrecht, wie man es damals nannte, und vertrank viel Geld, von dem es doch immer zu wenig gab.

Einmal war Gustav in Wenden nach der Messe in eine Kneipe gegangen und offenbar dort „hängengeblieben". Rosa, die das ahnte, denn er hätte längst wieder zu Hause sein müssen, schickte ihren jüngsten Sohn Siegfried nach Wenden, um den Vater zu holen. Doch dieser kam auf die Idee, dem Jungen im Bekleidungshaus Wette, das direkt hinter der Kirche lag, einen neuen Anzug zu kaufen.

Der Anzug mit Fischgrätenmuster

Es gelang auch, sogar an einem Sonntagnachmittag, bedient zu werden. Ein passender Anzug war rasch gefunden. Das war ein grauer Anzug mit Fischgrätenmuster. Gustav schickte den Jungen samt dem neuen Anzug zurück nach Ottfingen, aber allein. Er selbst kehrte in die Kneipe zurück und trank weiter mit den Männern. Er wird erst tief in der Nacht nach Hause zurückgekehrt sein, wenn er überhaupt zurückkehrte, denn oft blieb er bei solchen Touren auch länger weg.

Der Huf- und Wagenschmied betrieb
"Networking" in den Kneipen

Das konnte auch wie folgt aussehen: Ein Kunde kam zur Schmiede und wollte irgendetwas mit Gustav besprechen. Rosa sagte ihm, er solle einen Moment warten, denn ihr Mann sei mit Pantoffeln weg („Däh is mit Schluppern fort!"). Anders ausgedrückt bedeutete das, dass ein Mann der mit Pantoffeln aus dem Haus gegangen ist, nicht allzu weit sein kann, denn ohne vernünftige Schuhe an den Füßen wird er normalerweise nicht weiter weggehen. Normalerweise.

Doch Gustav kam erst drei Tage später zurück. Er hatte irgendwen getroffen und war auf einem Wagen mit ins Siegerland gefahren, durchaus mit Pantoffeln („Schluppern") an den Füßen. Dort waren sie dann drei Tage durch die Kneipen gezogen und es kann gut sein, dass er dabei das eine oder andere Geschäft eingefädelt hat. Über das, was er sonst noch unternommen und gemacht hat, können wir nur spekulieren.

Mein Vater sah das auch nicht kritisch, als ich das einmal ansprach, und er meinte, so habe damals eben „Networking" funktioniert, um an Aufträge zu kommen. Dazu musste ein Huf- und Wagenschmied in die Kneipen gehen und mit den Leuten „connecten", wie wir heute sagen. Doch Rosa lag an dem Abend allein im Ehebett. Sie wird sich ihre Sorgen gemacht haben. Zwar war ihr Mann immer wieder zurückgekehrt, doch im Zweifel war sie wohl diejenige, die Haus und Hof behüten und die Zukunft der Kinder würde sichern müssen.

Heißes Blut in den Männern

Auch konnten Rosas Mann Gustav und ihr ältester Sohn, die beiden arbeiteten ja über etliche Jahre hinweg gemeinsam in der Schmiede, ziemlich aneinandergeraten. Oftmals gab es abends Streit in der Küche und es wurde laut und handgreiflich. Der eine gab dem anderen nicht nach und es war kein Frieden in Sicht. Was Rosa dann machte, hatte eine erstaunliche Wirkung. Sie bat ihren jüngsten Sohn Siegfried, sich einfach still in die Küche zu setzen. Dann ebbte das aggressive Gezerre zwischen Gustav und seinem erstgeborenen Sohn schlagartig ab. Das erhitzte und aufgeschäumte Blut in den beiden Männern kühlte sich wieder ab. Rosas jüngste Tochter sagte auch über den ältesten Bruder, dass er hätte „schwer böse werden können".

Gustav als Schmied: Respektable Arbeit, trotz allen Leichtsinns

Trotz allem war Gustav in Ottfingen und im Wendener Land ein respektierter Mann. Der Schmied konnte zupackend und versiert arbeiten und half so mancher Familie mit der Herstellung von Bauteilen für Haus und Hof, mit Hufeisen für Pferde, Ochsen und Kühe oder mit Metallteilen für die Leiterwagen. Als 1927 die neue Kirche fertiggestellt wurde, konstruierte Gustav den Wetterhahn, der auf die Kirchturmspitze gesetzt wurde. Er baute auch die zweiflügligen Tore aus Eisen, durch die man den Friedhof oben am Wald und unten, in Richtung der Großmicke, betritt und auch wieder verlässt. Diese Tore tun bis zum heutigen Tage ihren Dienst, ebenso der Wetterhahn auf dem Kirchturm.

Manchmal war Gustav, sein Humor, seine verbale Gewandtheit und seine Leichtigkeit in Ehren, recht leichtsinnig, indem er etwa nasses Heu eingefahren und auf den Dachboden eingelagert hatte. Rosa, so wird erzählt, als sie das bemerkte, ging nach oben und warf eigenhändig sämtliches Heu wieder nach draußen, und sorgte dafür, dass es erst einmal gründlich trocknete, war ihr doch das Risiko eines solchen Handelns überaus bewusst.

Rosas ruhige, aber konsequente Art

Rosa hatte diesen ruhigen, stoischen Stil. Sie sprach nichts Unnötiges, war sparsam mit Emotionen und beschränkte ihr Handeln auf das wirklich Notwendige. Das hieß nicht, dass sie nicht auch Grenzen setzen und sich im Zweifel auch durchzusetzen vermochte. Ihr ältester Sohn, so wurde erzählt, hatte gelegentlich Probleme, morgens aus dem Bett zu kommen. Sie kam dann mit einem Zinkeimer mit kaltem Wasser nach oben in die Schlafstube der Jungen und schüttete das Wasser über ihn. Dann stand er schon auf.

In Rosas ruhiger Art lag eine natürliche Autorität. Sie hatte alle ihre acht Kinder im Griff, wie man so sagt, aber nicht mit Gewalt, sondern mit Beständigkeit, mit Ruhe, mit Gelassenheit, mit Sinn und Verstand, mit einer stillen, zurückhaltenden Warmherzigkeit. Alle acht Kinder sprachen ihr ganzes Leben lang mit äußerstem Respekt von ihrer Mutter. Niemals hörte ich auch nur eine einzige Kritik. Bezogen auf Vater Gustav war das durchaus anders.

Gustav verspottete das NS-Regime

Politisch war Gustav unangepasst und verhielt sich während der nationalsozialistischen Herrschaft teils sehr provokativ. Er machte Hitlerwitze und als ein Führerbild in der Schmiede aufgehängt werden sollte, fragte er den NS-Ortsgruppenführer, der das verlangte, ob man ihn, das heißt Hitler „aufhängen" oder „an die Wand stellen" solle? Das war immerhin einer von den wenigen Männern, die aus Ottfingen bei den Nationalsozialisten aktiv mitmachten. Gustav riskierte, dass er bei den Behörden angezeigt wurde.

Insgesamt war das Dorf aber überaus kritisch und auf Distanz, was das NS-Regime anbelangte. Der Priester Albert Kampmann predigte auf sehr regimekritische Art und Weise. Bis dass man ihn schließlich denunzierte und er gezwungen wurde, seine Predigten schriftlich zu verfassen, vor dem jeweiligen Gottesdienst den regierenden Stellen zur Genehmigung vorzulegen und dann brav den von den nationalsozialistischen Behörden genehmigten Text vom Blatt abzulesen.

Gustav für zehn Tage im Gefängnis

In einer Kneipe in einem Nachbardorf grüßte Gustav mit „Heil Moskau!" worauf man ihn denunzierte und er verhaftet wurde. Er verbrachte zehn Tage in Wenden im Gefängnis, das heißt im Keller der Gemeindeverwaltung. Rosa brachte ihm das Essen in einem Henkelmann. Von dort sollte Gustav in ein Arbeitslager nach Düsseldorf verlegt werden. Es hieß auch, aus diesem Lager sei noch keiner wieder zurückgekehrt und man hätte die Menschen, die erst einmal dort gewesen seien, noch weiter weg in ein anderes Konzentrationslager verlegt.

Wieder lag Rosa nachts allein im Ehebett unter dem an der Wand hängenden Jesusbild. Wird sie geschlafen haben in diesen Nächten? Nun wurde es regelrecht gefährlich, auch für sie selbst und für ihre Kinder. Albert Kampmann, der Ottfinger Pfarrer, schritt glücklicherweise ein. Es war genau derselbe mutige Mann, dem man das freie und kritische Predigen in der Kirche untersagt hatte.

Der Pfarrer verhandelte mit den nationalsozialistischen Stellen

Der Geistliche scheute sich nicht, mit den nationalsozialistischen Stellen zu verhandeln, sodass Gustav schließlich freigelassen wurde. Als Argumentation hatte der Pfarrer geltend gemacht, dass ohne einen Huf- und Wagenschmied in Ottfingen nichts mehr gehen würde, kein Handwerk, keine Landwirtschaft, einfach gar nichts. Er versprach auch mäßigend auf den aufmüpfigen Schmied einzuwirken, sodass die nationalsozialistischen Amtsträger schließlich einwilligten, das Verfahren gegen Zahlung einer Strafgebühr einzustellen.

Rosa atmete durch und wusste umso mehr, dass sie diejenige war, die mit ihrer besonnenen und beständigen Art die Familie zusammenhalten und das Schiff durch die turbulenten Strömungen und Gezeiten steuern musste. Sie war der Fels in der Brandung, mit ihrer stoischen Art, als hätte sie Epiktet oder Seneca gelesen. Sie verfügte von Natur aus über eine große innere Ruhe und Gelassenheit. Auf manche wirkte es vielleicht wie Gleichgültigkeit, indem sie auf jeden übertriebenen Ausdruck von Emotionen verzichtete.

Rosa als Fels in der Brandung

Ich sehe sie noch bei uns zu Hause in der Küche sitzen und Kartoffeln schälen, wenn meine Mutter einmal krank war. Dann kam sie und kochte für uns ein Mittagessen. Sie strahlte vor allem eins aus: Ruhe, Beständigkeit, eine tiefe Gelassenheit, etwas wie die ewige Dauer. Und doch war ja alles vergänglich. Auch das Wissen darum gehörte dazu. Sie handelte mit Logik und Vernunft.

Niemals sah ich, dass sie sich von Emotionen oder Stimmungen hätte hinreißen lassen. Bei ausgelassenen Festen und Feiern war Rosa zwar dabei, sie entzog sich den sozialen Ereignissen also keineswegs, hielt sich aber im Hintergrund. In gewisser Weise blieb sie immer auf Distanz. Meine Mutter sprach meine Großmutter Rosa auch stets in der zweiten Person Plural an. Sie sagte stets „Ihr", aber niemals „Du" zu ihrer Schwiegermutter. Im Ottfinger Plattdeutsch hieß das dann „Ijh".

Verschiedenheit der Charaktere:
Die Bräijder lebten andere Seiten aus

Rosa ging nicht aus sich heraus. Manche vermissten bei ihr die gezeigten Emotionen, aber sie verlor auch nicht ihre Fassung. Sie kontrollierte die wenigen Dinge, die sie tatsächlich kontrollieren konnte. Dazu gehörten sicher nicht die gesellschaftlichen Ereignisse. Diese zumindest kritisch zu kommentieren war jedoch das Handlungsfeld ihrer Schwägerin Karoline, Gustavs Schwester, auch Karlinchen genannt. Sie trat im Saal Eichert auf, als Entertainerin, als Kabarettistin, als Rednerin bei Hochzeiten und Beerdigungen, bei Winter- und Weihnachtsfeiern.

Karlinchen verfügte über enorme rhetorische Fähigkeiten, über einen Humor, der mal sanft, spöttisch, provokativ, frivol und bissig sein konnte, je nach Gelegenheit, Rahmen und Anlass. Karlinchen zog alle Register, brachte die Leute zum Lachen und zum Weinen. Oft trat sie in Männerkleidern auf. Sie war in der Tat eine frühe Gender-Aktivistin, die Spaß an diesem „Cross-Dressing" hatte, an der Überschreitung konventioneller Geschlechterrollen.

Ihr Bruder Siegfried d. Ä. machte dasselbe, wenn er in Stimmung war, bei ausgelassenen Feiern, mit viel Bier und Schnaps versteht sich, genau von der anderen Seite. Fotos zeigen ihn in einem Frauenpelzmantel und mit Kopftuch, Sprüche klopfend, ein Gesicht aufsetzend, Theater spielend, in einer Kneipe. Er genoss solche Travestien, genau wie seine Schwester Karoline.

Das Ottfinger „Moka Efti": Die Welt der Bräijder

Der Saal Eichert, und davor war er in der Hand von Familie Niklas und noch davor Familie Welter, schon seit etwa 1820, war in den 1920er und 1930er Jahren in Ottfingen eine Art „Moka Efti". Wer die Filmstaffeln „Babylon Berlin" gesehen hat, weiß, wie ich das meine. Es gibt Fotos, da sind alle Fenster der oberen Gaststube geöffnet, weil drinnen offenbar „die Post abgeht". In den Fenstern Frauen in eleganten Etuikleidern, mit Wasserwellen, die flirtenden Herren natürlich gleich daneben. Unten im Saal dann der große Tanzboden, vor der Bühne. Was ist dort in diesen Jahrzehnten gefeiert und getanzt worden!

Das war die Welt der Bräijder und vieler anderer Ottfinger Familien, aber nicht unbedingt Rosas Welt, selbst wenn sie äußerlich bei sehr vielen dieser Ereignisse, auch im Saale Eichert, dabei war. Rosa kontrollierte aber stets ihre Reaktionen auf das, was geschah. Insofern war sie eine natürliche Verkörperung der stoischen Philosophie und Lebensgestaltung. Sie ruhte in sich in ihrem einfachen Leben.

Genug Lebensmittel zu beschaffen
erforderte einige Anstrengungen

Rosa bleichte die Wäsche auf der Wiese hinter der Schmiede. Freitags abends wurde eine Zinkwanne ins Vorratskämmerchen hinter der Küche gestellt und mit warmem Wasser gefüllt und dann ein Kind nach dem anderen darin gebadet. Als sie in den Hungerjahren kein Mehl mehr zum Backen hatte, schickte sie mitten im Winter ihren ältesten Sohn mit Bauer Ochel und anderen Männern, auf einem Pferdeschlitten sitzend, mit einem Sack Korn ins Bergische Land, weil es in Ottfingen zu dieser Zeit keine Mühle mehr gab.

Ein anderes Mal, im Spätsommer, schickte sie den ältesten Sohn ins Rheinland, um einen Sack Äpfel zu holen, zusammen mit einem Jungen aus der Nachbarschaft. Daraus wurde ein großes Abenteuer, das zunächst damit begann, einem Apfelbauern einen Tag lang bei der Ernte zu helfen. Auf der Rückfahrt zerbrach eine Fahrradachse. Die beiden übernachteten in der Waldbröler Schule, gemeinsam mit Soldaten. Schließlich folgte die Rückfahrt auf einem langsam fahrenden Güterzug, auf den die Jungen aufgesprungen waren.

Das waren dann die tagesaktuellen Themen in Ottfingen, im Haus des Schmieds, doch Rosa konnte all das nicht aus der Ruhe bringen. Strümpfe stopfend und Hosen flickend in der Küche zu sitzen schien wie eine wahre Erfüllung ihres Seins, mit innerem Frieden und dem Gefühl, dass dieses Leben seinen Sinn hat, einschließlich solcher praktischer und nützlicher, durchaus meditativer Tätigkeiten.

Rosa las Romane

Rosa las später viele, auch sehr dicke Romane, bis ins hohe Alter, als sie endlich die Zeit dazu hatte. Sie saß dann oben am Fenster, in ihrer kleinen Wohnung, in dem neuen Haus, das ihre jüngste Tochter mit ihrem Mann gebaut hatte. An der Wand ein Bücherregal. Ich meine mich an die Namen Stendhal, Dickens und Tolstoi auf den Buchrücken zu erinnern, insbesondere an den Roman „Perrudja", von Hans Henny Jahnn.

Ich bin nicht sicher, ob auch Balzac oder Maupassant dazugehörten. Ich meine mich an den Buchtitel „Das Haus Tellier" zu erinnern, an die „Nana" von Zola. Wir können Rosa nicht mehr fragen. Wie konnte sie an die Bücher gelangt sein? Wer hatte sie in die Welt der Literatur eingeführt? Sie verfügte ja nicht über höhere Schulbildung. Sie hatte lediglich die alte Fachwerkschule auf der anderen Seite der Kirche besucht.

Mögliche Einflüsse durch ihre Schwägerin Erna

Vielleicht hatte sie die Bücher von Erna, ihrer Schwägerin, bekommen. Wilhelm, d.h. ein Bruder ihres Mannes Gustav, hatte Erna in Pommern kennengelernt, während der Weimarer Republik. Er hatte dort leitende Aufgaben, als Ingenieur. Erna hatte Bildung. Sie kam aus der sozialen Oberschicht. Mit breitem Hut und in einem schicken Kostüm stand sie in der Bräijder Küche und verbreitete eine metropolitane Atmosphäre.

Erna und Wilhelm reisten mit dem Zug, über Hagen nach Berlin und Stettin, dann weiter nach Deutsch Krone, Flatow oder Köslin. Für die Zeit war das ein flotter Lebensstil, während Rosa in der Küche Kartoffeln schälte und die Kuh im Stall gemolken hat. Wir müssen uns den Kontrast vorstellen. Erna und Wilhelm sind mit dem Zug bis Rothemühle gekommen. Sie haben ein Fuhrwerk bis Ottfingen genommen. Später konnte man, mit etwas Glück, auch eine Taxe bekommen. Vor Gustavs und Rosas Haus lagen Tannenäste, damit man nicht in Lehm und Geröll, oder, bei feuchtem Wetter, in den Matsch treten musste.

Die Straßen waren noch nicht mit einer Teerdecke versehen. Der Weg vor Rosas und Gustavs Haus glich einem Geröllabhang, in den das Regenwasser tiefe Rinnen und Löcher hineingegraben hatte. Da stand Erna mit feinem Kostüm und in Lederpumps und hangelte sich an

Wilhelms Arm über die Tannenäste, die Treppe hoch, ins Haus. Rosa empfing die beiden in Holzschuhen. Nie hatte sie solch elegante Damenschuhe gesehen. Dann dieser breite Hut, ein edles Halstuch, ein Parfum. In das Haus des Schmieds kam ein neues und anderes Leben.

Erna schrieb Briefe und Tagebücher

Erna und Wilhelm lebten in Pommern in gemieteten Stadtwohnungen, in Köslin, in Deutsch Krone, in Flatow. Vermutlich waren das Dienstwohnungen, die die regierenden Stellen dem leitenden Ingenieur und seiner Frau zur Verfügung stellten. Bedingt durch Wilhelms berufliche Tätigkeiten reisten sie mit dem Zug nach Schlesien, etwa nach Breslau, oder nach Ostpreußen, etwa nach Königsberg.

Wer in Ottfingen hatte von diesen Orten und Landstrichen etwas gehört? Wer war dort gewesen? Die Männer, die 1812 für Napoleons Russlandfeldzug rekrutiert worden waren. Diese hatten sicher so einiges mehr gesehen, aber sie waren dafür nie wieder zurückgekehrt. Ihre Knochen und was davon übrig ist, liegen heute irgendwo in der russischen, belarussischen, ukrainischen oder polnischen Erde.

Erna schrieb Briefe und Tagebücher. Sie las Romane. In einem der Tagebücher, die wir in ihrem Nachlass vom Gutshof Wilhelmsthal fanden, wo sie ihre letzten Jahre verbrachte, klärte sie auf Hunderten von Seiten ihre Gefühle für einen Mann, der als Offizier zur See gefahren war. Das war noch bevor sie Wilhelm in Pommern kennengelernt hatte. Mich ließ Erna Wendtlands literarischer Stil an Marcel Proust denken, sodass ich es für möglich halte, dass sie Kenntnis von dessen großer Recherche „Auf der Suche nach der verlorenen Zeit" hatte, und Teile davon, vielleicht sogar das ganze Werk, zu Rosa gelangt sein könnten. Wir werden es nicht mehr erfahren.

Wir hatten auch Ernas Briefwechsel mit Wilhelm vorliegen, ebenso ihren ausführlichen Briefwechsel mit ihrer Mutter. Das ging bis nach

Kriegsende, als sie selbst schon im Westen war, die Mutter aber noch in Pommern. Die Mutter brachte zwar wochenlang Flüchtlinge aus Ostpreußen in ihrem Anwesen unter und bot ihnen Obdach. Sie wollte altersbedingt aber nicht mehr selbst auf ein Fuhrwerk nach Westen steigen. Lieber wollte sie den Einmarsch der russischen Truppen abwarten und sich einfach ihrem Schicksal überlassen. Für Erna war das emotional nur schwer auszuhalten. Sie appellierte in ihren Briefen an die Mutter, doch noch die Flucht nach Westen zu wagen.[22]

Erna versorgte Rosa mit Romanliteratur

Denkbar ist nun, als Erna sah, das Rosa sich für das Thema Literatur interessierte, dass sie ihr dann und wann ein Buchpaket zukommen ließ. Erna und Wilhelm schickten auch oft Lebensmittelpakete nach Ottfingen. Möglich ist, dass Erna dort ein Buch oder zwei mithineinlegte. Ich stelle mir vor, wie Rosa Marcel Proust „Auf der Suche nach der verlorenen Zeit" liest. Sie wird es erst später gelesen haben, im neuen Haus ihrer jüngsten Tochter, am Fenster sitzend, an langen Nachmittagen. Sicher las sie Thomas Mann, Charles Dickens und Emily Brontë.

Ausschweifendes Lesen erst später im Leben

Ein so umfangreiches Buch wie das von Proust kann man nicht lesen, wenn man in der Mitte des Lebens steht und so viel Haushaltsarbeit und Erziehungsarbeit hat wie Rosa sie nun mal hatte, mit ihren acht Kindern. Man braucht endlos Zeit, um solche literarischen Beschreibungen an sich heranzulassen, die Geschehnisse in einem Grand Hotel an der französischen Atlantikküste, sagen wir in Balbec, das Spiel der Wolken und des Lichts über dem Meer, vor der Tür des Balkons, die

---

[22] Wer diese Geschehnisse in der Endphase des Zweiten Weltkriegs, als das Deutsche Reich von Osten her zusammenbrach, genauer nacherleben möchte, kann das etwa durch das Ansehen des zweiteiligen Fernsehfilms „Die Flucht" (2007, Regie: Kai Wessel; mit Maria Furtwängler in einer der Hauptrollen) tun.

abendlichen Empfänge in einem Landhaus in der Normandie, die Plaudereien, die Anspielungen, die Affären. Dasselbe gilt für den mehrbändigen Roman „Fluss ohne Ufer", von Hans Henny Jahnn.

Mögliche Anregungen aus Wendener Hütte

Doch Rosa konnte auch von der Wendener Hütte literarische Anregungen und Impulse bezogen haben. Über mehrere Jahre arbeitete sie dort in einer Strickerei, während zugleich in dem Herrenhaus gebildete wohlhabende Menschen lebten. Denkbar ist, dass Rosa dann und wann auch Aufgaben in diesem Herrenhaus übernahm, dass sie dort die Kachelöfen versorgte, zumindest gab es Erzählungen, die so etwas nahelegen, andeuten oder immerhin als möglich erscheinen lassen.

Denkbar ist also, dass Rosa bei Empfängen und Soireen bediente und in der Küche half, dass sie sah, wie gebildete, wohlhabende Menschen miteinander verkehren, dass vielleicht etwas auf dem Klavier gespielt wurde, dass Frauen, etwa auch Anna Weingarten vom Gutshof Wilhelmsthal, die ja mit den Frauen in Wendener Hütte in Kontakt stand, sich beim Tee über einen neuen Roman austauschten, der gerade in Frankreich oder Russland erschienen war, oder dass sie abends daraus vorlasen und darüber debattierten.

Auf dem Anwesen in Wendener Hütte

Sie werden gesehen haben wie interessiert Rosa all dies aufnahm, dass sie sich im Stillen danach sehnte, auch an so etwas teilzuhaben. Sie haben ihr vielleicht, um ihr wenigstens ein wenig zukommen zu lassen, einen Band von Theodor Fontane, vielleicht den „Stechlin", oder „Effi Briest", oder eine Novelle von Anette von Droste-Hülshoff, vielleicht die „Judenbuche", in die Hand gedrückt. Ja vielleicht. Das ist alles überaus spekulativ. Aber es ist auch nicht vollkommen unmöglich.

Wie Rosa das innere Gleichgewicht bewahrte

An Rosa können wir vermutlich gut erkennen, wie eine stoische Geisteshaltung gelebt werden kann. Ihr war sicher bewusst, dass wir keine Macht über die äußeren Ereignisse haben, aber über unseren Geist sehr wohl. Sie schien die beständigen Veränderungen, die ihr das Leben bescherte, mit innerer Ruhe zu akzeptieren. Sie versuchte niemals mehr Besitz anzuhäufen, als sie tatsächlich brauchte. Sie wirkte dankbar, für das Wenige, was sie hatte. Sie übte sich in Mäßigung und vermied jede Art von Exzess.

Dadurch konnte sie stets das innere Gleichgewicht bewahren. Sie wirkte reflektiert und frei in dem Sinne, dass sie sich ihrer selbst, ihrer Wünsche und Bedürfnisse, ihrer Ängste und Schwächen bewusst war, diesen aber nicht zuviel Raum gab. Wenn wir aufmerksam die Fotoportraits im Materialteil dieses Buches anschauen, dann können wir das besonders gut in dem Foto erkennen, das Rosa als ältere Frau zeigt.

Rosa hatte nichts Belehrendes
oder Moralisierendes an sich

Rosa hatte nichts unmittelbar Pädagogisches an sich, in dem Sinne, dass sie etwa nach unseren Schulerfolgen gefragt oder uns angespornt hätte, in der Schule unser Bestes zu geben und dies oder jenes aus unserem Leben zu machen. Sie hatte auch nichts Moralisierendes an sich. Ich kann mich an keinerlei Appelle ihrerseits erinnern, etwa dieses zu tun oder das zu lassen. Nein, so etwas gab es nicht. Sie lebte uns einfach etwas vor, diskret, ruhig, bescheiden – und konsequent. Vier ihrer Kinder, zwei Jungen und zwei Mädchen, wurden jedenfalls zu fleißigen Leser_innen.

In ihrem Alter lebte Rosa in ihren eigenen geistigen Welten, in den Romanwelten. Aber sie legte an einigen Nachmittagen auch das Buch, in dem sie las, in den Schoss, wenn eine meiner Cousinen zu ihr kam, um ihre Mädchensorgen mit ihr zu teilen und den Rat der Großmutter einzuholen. Rosa wird zunächst einmal zugehört haben und dann wird sie meiner Cousine sicher das eine oder andere Hilfreiche gesagt haben.

Rosas finanzielle Situation war bescheiden

Gustav hatte finanziell nicht gut fürs Alter vorgesorgt, für sich nicht, und auch für seine Frau nicht, auch nicht für seinen erstgeborenen Sohn, der, nach seiner Lehrzeit in der Eichener Schmiede, bei ihm in der Ottfinger Schmiede mitarbeitete. Es gab Jahre, wo Gustav wenig oder gar nichts in die Sozialkasse eingezahlt hatte, auch für den Sohn nicht.

Wenn wir uns in den 1970er Jahren, und das waren dann acht Familien mit insgesamt 17 Enkelkindern, neun Mädchen und acht Jungen, darunter ich selbst, Weihnachten alle bei Bräijder trafen, hatte Rosa, unsere Großmutter, stets einen Stapel von 17 Schokoladentafeln für uns dort liegen. Das war das, was sie sich leisten und was sie uns in materieller Hinsicht geben konnte. Ich muss sagen, dass ich diese Tafel Schokolade als etwas ganz Besonderes geschätzt und in lebendiger Erinnerung habe, auch mit Dankbarkeit, denn in dieser Tafel Schokolade lag noch so viel anderes, was sie uns Enkelkindern gegeben hat.

Rosas letzter Weg

Gustavs Leben endete am 28. November 1970, da war ich neun Jahre alt. Rosa starb am 18. Februar 1986, da war ich Student an der Universität zu Köln. Rosa überlebte ihren Mann also um gut 15 Jahre. Auf dem Rückweg von der Kirche sank sie zu Boden. Man trug sie zu Hinners ins Haus. Eine schöne Art, so zu sterben, dachte ich später oft. Rosa war geistig geläutert. Sie konnte sich sammeln und innerlich zentrieren und ahnte da noch nicht, dass es das wirklich allerletzte Mal sein sollte, dass sie das Gotteshaus betreten hatte. Danach dann zu gehen.

Was für ein Leben endete hier! Rosa ging auf dem Weg von der Kirche nach Hause zu Boden. Sie trug an dem Tag einen grau melierten Mantel sowie ein Halstuch, wie Hildegard Clemens-Hetzel sich erinnert. Sie hatte ihr Gebetbuch in der Hand. Ihre jüngste Tochter Inge hatte für ihre Familie Mittagessen gekocht und Rosa hatte mit ihnen gegessen. Da es ein klirrend kalter Februartag war, war Rosa sich nicht sicher, ob sie abends zur Messe gehen könne. Inge schlug ihr daher vor, es war gegen 14.00 Uhr, stattdessen im Sonnenschein zur Kirche zu gehen und dort den Kreuzweg zu beten. Rosa hielt das für eine gute Idee. Sie verließ das Haus und sollte nicht mehr zurückkehren.

Wer von den Ottfingern war in ihrer Nähe in dem Moment, als sie zu Boden ging? Wessen Arme und Hände griffen nach ihr und hoben ihren Körper auf? Wer waren diese guten Engel, die sie dann zu Hinners ins Haus brachten und ins Wohnzimmer auf ein Sofa legten? Wer öffnete bei Hinners die Tür und ließ Rosa über die Hausschwelle hineintragen?

Hildegard Clemens-Hetzel (Hinners), die das an dem Tag miterlebte, beschreibt die Ereignisse so: „Ich habe am Fenster gestanden und gesehen, wie Rosa aus der Kirche kam, es war Fastenzeit und sie war zum Kreuzweg beten in der Kirche, und dann genau vor der Hauptstraße zu Fall kam. Ich bin rausgelaufen und habe den Fischers Lui gerufen, der vom Löh runterkam. Zur gleichen Zeit kam ein Bus angefahren. Dieser Busfahrer und Lui haben Rosa in unser Wohnzimmer gebracht. Meine Mutter erkannte sofort den Ernst der Lage und setzte sich zu ihr und nahm sie in den Arm. Anschließend begann sie zu beten.

Sie gab mir ein Zeichen, dass Rosa im Sterben lag und ich habe versucht, Rosas jüngste Tochter Inge telefonisch zu erreichen. In diesem Augenblick war es nicht möglich. Nach erneutem Versuch meldete sich Inge und kam sofort zu uns. Sie wollte ihre Mutter noch mit nach Hause nehmen, aber meine Mutter meldete sich bestimmt und sagte: ‚Sie bleibt hier!' Inges Vermutung lag darin, dass es vielleicht eine Unterzuckerung war, aber meine Mutter sagte ihr dann, dass Rosa gerade in ihren Armen verstorben sei. Daraufhin hat Inge alle ihre Geschwister angerufen und sie haben in unserem Wohnzimmer von ihrer Mutter Abschied nehmen können. Rosa wurde dann bei uns in den Sarg gelegt und zur Friedhofshalle gebracht."

Mit Hinners Olga, d.h. der Mutter von Hildegard Clemens-Hetzel, verband Rosa eine tiefe Wesensverwandtschaft, so wie Hildegard es beschreibt. Beide Frauen hatten ein ähnliches Naturell. Oftmals gingen sie ein Stück des Weges zusammen, wenn sie sich im Dorf begegneten, oder sie saßen ein wenig zusammen. Beide sprachen nicht viel, beide wirkten sehr ruhig, besonnen und zentriert. Beide Frauen lebten und arbeiteten für ihre Familien. Es erscheint wie eine Fügung, dass Olga Rosa in ihrer Todesstunde im Arm hielt, bei sich im Haus. Inge erinnert sich an das Lächeln auf dem Gesicht ihrer soeben verstorbenen Mutter.

Das Jahr 1986

Das Jahr 1986, als dies geschah, kam mit einer ganz neuen Art von Ereignissen. Der sowjetische Parteichef Gorbatschow schlug in Moskau einen Drei-Stufen-Plan für den Abbau aller Atomwaffen vor. In Düsseldorf starb der Künstler Josef Beuys und in Paris starb die Schriftstellerin Simone de Beauvoir. In dem Kernkraftwerk von Tschernobyl, nördlich von Kiew gelegen, schmolz der Reaktorkern, wodurch eine ungeheure Katastrophe für Mensch und Umwelt ausgelöst wurde.[23]

Wie hätten sich die Dinge in Deutschland und der Welt entwickelt, wenn mehr Menschen ein solch zentriertes, in sich stimmiges, in sich ruhendes Leben führen würden, wie Rosa es in aller Stille, Zurückhaltung und Demut getan hat, mit Konsequenz und Beständigkeit, mit Verlässlichkeit und Warmherzigkeit, mit innerer Stärke und Wahrhaftigkeit.

---

[23] Diese Informationen wurden entnommen: https://www.hdg.de/lemo/jahreschronik/1986.html; 20.7.24

Die Lebensgeschichte von
Johann Eichert (1905-1971)

Lissa Eichert-Klute

Das Jahr 1905

Johann wurde 1905 geboren. In dem Jahr kam es zu revolutionären Aufständen gegen die russische Zarenherrschaft. Sodann gab es massive Bergarbeiterstreiks im Ruhrgebiet, unter anderem als Protest gegen eine geplante Schichtzeitverlängerung. In Dresden wurde die expressionistische Künstlervereinigung „Die Brücke" durch Ernst Ludwig Kirchner und andere gegründet.[24]

Vahlbergerzug Grube Amalia

Um Johanns Leben, das heißt das Leben meines Vaters, zu verstehen, will ich mich zunächst erneut mit Josef Eichert, seinem Vater und meinem Großvater beschäftigen. Unser Großvater Josef Eichert (*18. Dezember 1874; †12. Dezember 1925) arbeitete in einem Erzbergwerk nahe Rothemühle, auf dem Vahlberg, einer kleinen Erhebung am Rande von Rothemühle, Richtung Ottfingen. Mittlerweile befindet sich dort eine schöne Wohnsiedlung. Das Gelände wurde für den Wohnungsbau erschlossen, als mein Vater Bürgermeister der Gemeinde Wenden war.

---

[24] Diese Informationen wurden entnommen: https://www.dhm.de/lemo/jahreschronik/1905; 20.7.2024

Als Jugendliche war ich oft in dieser Wohnsiedlung. „Gute-Hoffnungs-Ring" heißt die Straße, an der sich viele ansprechende Ein- und Zwei-familienhäuser aneinanderreihen. Alles wirkt gepflegt, mit Vorgärten und Blumen. Ein beachtlicher, alter Baumbestand rundet die Siedlung ab. Ich war oft zu Gast bei zwei meiner Schwestern, die dort in den 1960er Jahren für einige Jahre wohnten. Beide Familien verkauften ihre Häuser jedoch, um in andere Regionen zu ziehen. Oft fragte ich mich, wie es hier damals ausgesehen hat? Wo waren die Grubeneingänge? Wo genau, unter diesen Häusern und unter diesen Straßen, arbeitete mein Großvater?

Mein Vater und seine Schulzeit in Attendorn

Unser Vater Johann besuchte bis zum Tod seines Vaters das Rivius-Gymnasium in Attendorn. Es handelt sich dabei um eine altehrwürdige, humanistische Schule, die im 16. Jahrhundert gegründet wurde. Der Name geht auf den humanistischen Pädagogen Johannes Rivius zu-rück. Es war ungewöhnlich für die Zeit und den sozialen Stand der Fa-milie einen Sohn zum Gymnasium zu schicken. Unser Vater hat einen Teil seiner Schulbücher aufgehoben. Ich hüte sie heute weiterhin für ihn.

Es gibt unter anderem ein Lehrbuch für lateinische Sprache. So liegt die Vermutung nahe, dass der damalige Lehrer, Friederich Schulze, mit dem Vikar von Wenden Kontakt aufnahm, um von einem begabten Jun-gen zu erzählen. Einen eigenen Ortspriester gab es damals wohl nicht, unser Vater wird daher nach Wenden gelaufen sein, um dort beim da-maligen Pfarrer Hollenbeck eine Einführung in die lateinische Sprache zu erhalten. Die Ziele einer solchen pädagogischen Förderung waren bekannt und seitens der Kirche nicht ganz uneigennützig.

Sicher kam der Wendener Vikar, der einmal in der Woche eine Heilige Messe in Ottfingen in der mittelalterlichen Kirche zelebrierte, in das kleine Fachwerkhaus am Kapellenplatz Nr. 1 und sprach mit den Eltern, um Johann den Weg zum Gymnasium zu ebnen. Der Schulweg war allerdings sehr weit. Zunächst musste mein Vater zwei Kilometer zu Fuß bis Rothemühle gehen, dann ging es weiter mit der Eisenbahn bis Olpe, und schließlich wiederum mit einem anderen Zug nach Attendorn.

Abbruch der Schullaufbahn durch den frühen Tod des Vaters

Das ganze Unternehmen kostete die Familie Schul- und Fahrgeld. In Anbetracht der großen Armut, die in dem Chreschten Haus herrschte, war es erstaunlich, dass die Eltern das Geld zur Verfügung stellten. Das war mit dem frühen Tod von Josef Eichert jedoch nicht mehr möglich, also verließ unser Vater seine Attendorner Schule und seine Klassenkameraden in der Oberprima zum Jahresende 1925. Im nächsten Frühjahr wären seine Abiturprüfungen gewesen. Er war 20 Jahre alt. Wie schwer ist es ihm wohl gefallen, die Schule zu verlassen, wohlwissend, dass sein Leben jetzt eine andere Wendung nehmen würde?

Eine Anekdote, die meine Schwester Christel beisteuerte, möchte ich einfügen: Die Rückfahrt von Olpe nach Rothemühle war nicht jederzeit möglich. Unser Vater nutze die Wartezeit um seine Hausaufgaben bei Verwandten in Olpe zu erledigen. Wo, in dem kleinen Haus in Ottfingen, mit den vielen Kindern in den wenigen Stuben wäre das überhaupt möglich gewesen? Bis heute gibt es eine sehr gute und enge Verbindung zu diesen Verwandten.

Das Zuhause ohne den Vater

Ich denke, zunächst brachten sich die älteren Söhne und Rosa, die älteste und erstgeborene Tochter, ein, um mitzuhelfen und zu organisieren, was nach dem Tod Josef Eicherts getan werden musste. Es gab viel zu erledigen, um der gesundheitlich schon angeschlagenen Mutter zu helfen. Bekannt ist, dass es eine Vereinbarung zwischen den Brüdern Eduard, Hubert, Johann, Leo und Norbert gab, die Mutter und kleineren Geschwister finanziell zu unterstützen. Für unseren Vater ging es nun in erster Linie darum, Geld zu verdienen. Höhere schulische Bildung zu erwerben war kein Thema und kein realistisches Ziel mehr. Vater kämpfte jetzt um das nackte wirtschaftliche Überleben.

Ohne Beruf und mit abgebrochener Schulausbildung

Die Weimarer Republik war in einer großen Krise. Friederich Ebert verstarb im Februar 1925. Hindenburg wurde Reichstagspräsident. Er verstand wohl mehr von der Kriegsführung als vom Regieren, obwohl die Geschichte das auch anders schreibt. Die Arbeitslosenzahlen wuchsen unter seiner Regierung stetig an. Die Ruhrbesetzung und die galoppierende Inflation führten zu Aufständen der Arbeiter. Die erwerbslosen Menschen standen in langen Schlangen zum „Stempeln" an.

Im Wendener Land gab es kaum eine Chance für einen 20jährigen jungen Mann mit abgebrochener Schulbildung, überhaupt eine Arbeit zu finden. Ein Brief von Bruder Norbert brachte jedoch gute Nachrichten. Onkel Norbert arbeitete schon länger in Sundern-Seidfeld als Knecht auf dem Bauernhof Berghoff. Er schrieb an meinen Vater, dass er auch dorthin kommen solle und dass es auf den großen Höfen dort genügend Arbeit geben würde, auch für ihn.

So machte sich unser Vater auf den Weg. Mit der Eisenbahn fuhr er zunächst bis Rönkhausen. Dann wanderte er über den Berg Hohes Lenscheid, eine Mittelgebirgslandschaft zwischen dem Kreis Olpe und dem Kreis Arnsberg, bis nach Sundern-Seidfeld, um seinen Bruder dort zu treffen und weitere Informationen von ihm zu bekommen.

Knecht auf einem Gutshof

Vater fand schließlich eine Anstellung in Sundern-Recklinghausen, auf dem Schultenhof. Landwirtschaftliche Arbeit war ihm ja vertraut und so fügte er sich rasch in die Reihe der Knechte ein, die auf diesem großen Anwesen tätig waren. Nun ging es darum, Felder zu bestellen und Ställe auszumisten, statt für das Abitur zu lernen.

Goethe und Schiller, Latein und Griechisch, das war nun alles vorbei. Mit Wehmut hatte er noch einmal auf die Bücher geschaut. Einen Teil davon konnte er behalten und er würde sie für immer hüten und schätzen. So blieb ihm wenigstens etwas aus der Zeit am Attendorner Rivius-Gymnasium.

Als Jugendlicher hatte Vater Munition aus dem Ersten Weltkrieg gefunden und sich dabei verletzt. Durch diesen Unfall fehlte ihm an der rechten Hand ein Daumen und ein Zeigefingerglied. Die Arbeiten als Knecht stellten vermutlich schon deshalb eine Herausforderung dar. Ob er mit seinem Schicksal haderte? Ob ihn das alles quälte und belastete? Doch nun galt es, nach vorne zu schauen und das Leben, so wie es nun mal war, in die Hand zu nehmen.

Vom Knecht zum Verwalter

Nach ein paar Wochen änderte sich Vaters Position auf dem Hof. Eines Abends kam der Gutsherr in die Scheune, in der alle Knechte ihren Feierabend verbrachten. Er staunte, denn sein Knecht Johann war dabei, den anderen Knechten Dinge zu erklären, die für die tägliche Arbeit nützlich waren. Der Gutsherr bat Vater in sein Büro und machte ihn kurzerhand zum Verwalter des Hofes. Hoffentlich entlohnte der „alte Schulte", wie er genannt wurde, unseren Vater auch als Verwalter, denn er übertrug ihm viel Verantwortung. Ein Teil des Lohnes ging, gemäß der Abmachung, nach Ottfingen, um seine Mutter Maria und die jüngeren Geschwister zu unterstützen.

Johann und Johanna

Nur eine schmale Straße trennte den Schultenhof in Sundern-Reckling-hausen von dem Handwerksbetrieb Ullrich. Die Ullrichs hatten einen Stellmacherbetrieb. Josef Ullrich, der den Betrieb gegründet hatte, wurde nur 41 Jahre alt. Er hinterließ sieben Kinder. Auch diese Familie ereilte das Schicksal, den Vater, das heißt den Ernährer, zu verlieren. Ein Leben in Armut war auch hier vorherbestimmt.

Johanna, eine Tochter der Familie Ullrich, hatte den neuen Knecht auf dem Schultenhof schon in Augenschein genommen. Zu ihrer Schwe-ster Christine sagte sie: „So ein schöner Mann und so schäbige Pferde!", als sie Johann mit einem Pferdefuhrwerk vorbeifahren sah. Johann und Johanna. War das ein gutes Omen? Ich denke schon.

Bedeutung des Singens

Als guter Katholik besuchte unser Vater eine Andacht in der kleinen Kapelle in Sundern-Recklinghausen und dachte sich „Wie schön das Mädchen singen und beten kann!" Auch an Sommerabenden saßen die Ullrichs Mädchen singend auf der Haustreppe. So war es nicht schwer für Johann und Johanna zueinander zu finden.

Meine Mutter Johanna war eine sehr lebensfrohe und lebenslustige Frau. Mein Vater war dagegen sehr ernsthaft. Er hat selten gelacht. Auf einem Foto lächelte er, nämlich auf dem letzten Foto, das wir in den Materialteil eingefügt haben. Wir können darüber rätseln, wem er dort gegenüber saß und wer ihn zu diesem sanften, zurückhaltenden Lä-cheln gebracht hat.

Gemeinsames Singen begleitete die beiden auf ihrem Lebensweg. Ich bin sicher, dass dieses gemeinsame Singen, in schweren Stunden, die auf die beiden zukamen, eine wunderbare Möglichkeit war, die Sorgen zu vertreiben. Das gemeinsame Singen bedeutete Vertrautheit und liebevolles Zusammengehören.

Johann und Johanna heirateten 1930. Unser Vater war 25 Jahre und unsere Mutter 27 Jahre alt. Der Gutsherr wollte seinen Verwalter behalten und stellte den beiden eine komfortable Jagdhütte als Wohnung zur Verfügung. Diese Jagdhütte lag am Waldrand von Sundern-Recklinghausen. Unserer Mutter war es dort jedoch zu einsam. Das junge Paar fand schließlich eine Wohnung in Sundern-Seidfeld, wo auch die ältere Schwester unserer Mutter mit ihrer Familie wohnte.

Zwei unserer Geschwister wurden in Seidfeld geboren. Im Mai 1931 wurde Josef geboren und im August 1932 Röschen. Das Haus, in dem unsere Familie ihren Anfang nahm, gibt es noch. Es sieht im Moment etwas renovierungsbedürftig aus. Auch liegt es sehr nah an der Straße nach Sundern, die heutzutage sehr stark befahren ist. Seidfeld war jedoch nur für eine paar Jahre der Wohnort meiner Eltern.

Ich denke immer wieder an meine Eltern, wenn ich heutzutage an dem Haus vorbeifahre. Ich frage mich dann, ob sie oben oder unten im Haus wohnten und welche Fenster zu der damaligen Wohnung meiner Eltern gehörten? Was wäre geworden, wenn die Familie hier im Sunderaner Raum geblieben wäre? Hier, wo ich nun mit meiner eigenen Familie seit Jahrzehnten zu Hause bin. So hat immerhin eine Tochter den Weg in die Heimat unserer Mutter Johanna gefunden. Sie hat es sich immer gewünscht.

Der Weg zurück nach Ottfingen

Onkel Norbert war mittlerweile schon wieder zurück in Ottfingen. Er hatte eine Familie gegründet. Wieder war es ein Brief von ihm an unseren Vater, der alles veränderte und der die weiteren Pläne unserer Eltern beeinflusste. Sie hatten ursprünglich wohl erwogen, im Sunderaner Raum zu bleiben. Die Eltern hatten bereits einen Bauplatz in

Sundern-Seidfeld, in der Asmecke, erworben. Das war auch ein sehr schöner Platz zum Bauen eines Hauses, am Waldrand.

Onkel Norbert hatte unterdessen in Ottfingen, in der Hepperichstraße, ein Haus gebaut. Dann bekam er jedoch zusätzlich einen zwischen Ottfingen und Wenden gelegenen Aussiedlerhof überschrieben. So schlug er seinem Bruder Johann vor, nach Hause zu kommen und das von ihm gebaute Haus zu übernehmen.

Vielleicht hatte unser Vater nur darauf gewartet, zurück nach Ottfingen gerufen zu werden. Meine Eltern packten daher recht zügig alles Mobiliar zusammen und bereiteten die Rückkehr ins Wendener Land vor. Dann stellte sich jedoch heraus, dass sich der Umzug von Norberts Familie auf den Aussiedlerhof, der dann später „Eichertshof" genannt wurde, verzögerte.

… und nochmal zurück nach Sundern

Als meine Eltern mit ihrem Hab und Gut und zwei Kindern in Ottfingen ankamen, waren sie sicher erstaunt, ein noch recht unfertiges Haus vorzufinden. Überdies wohnte auch noch Norberts Familie darin. Meine Mutter wurde auf eine harte Probe gestellt. Sie löste die Situation, indem sie zurückfuhr und mit ihren Kindern im Haus unserer Großmutter in Sundern-Recklinghausen blieb, bis das Haus in Ottfingen von der Verwandtschaft geräumt werden konnte.

Fertig war das Haus auch dann noch nicht, als unsere Mutter wieder nach Ottfingen kam. Zum Beispiel gab es über viele Jahre noch keine Wasserleitungen im Haus, sondern nur einen Brunnen, aus dem man jedoch, den Erzählungen meiner Geschwister zufolge, nur selten Wasser schöpfen konnte. Mit kleinen und großen Eimern wurde dann Wasser aus den Brunnen von Verwandten geholt. Unsere Mutter tat sich sehr schwer mit dem Umzug nach Ottfingen. Sie fühlte sich fremd und wenig akzeptiert in der neuen Umgebung. Bis zum Ende ihres Lebens blieb Heimweh ihr ständiger Begleiter.

Apparatebau Rothemühle

Wahrscheinlich fand der Umzug nach Ottfingen Ende 1934 statt. Vermutlich arbeitete unser Vater zunächst als Tagelöhner in der Landwirtschaft und im Straßenbau im Siegerland. Sicher richtete er auch das Haus in der Hepperichstraße wohnlich her. Aber bald kam ein Lichtblick für unseren Vater. Im Januar 1937 wurde das Unternehmen „Apparatebau Rothemühle" gegründet.

„Dr. Brandt & Co" war die erste Bezeichnung. Später kam Dr. Ing. Arthur Kritzler dazu und die Firma nannte sich „Brandt & Kritzler". Die Firma stellte Anlagen für große Dampfkessel, Lufterhitzer, und Saugzuganlagen her. Dazu kamen noch Luftkanäle, Entstaubungsanlagen und Rauchkanäle.

Im Heimatbuch des Amtes Wenden (Wiemers, 2004) ist zu lesen, dass der Betrieb 300 Arbeitskräften einen gesicherten Lebensunterhalt versprach und dass es tüchtiger Facharbeiter bedürfe, die von der Firma in Rothemühle entsprechend angelernt und ausgebildet würden. Das war die Nische, in die unser Vater passte. Zunächst fing er als einfacher Arbeiter im Betrieb an. In den Pausen erklärte er den anderen Arbeitern mathematische Aufgaben mit Hilfe einer Blechtafel und Kreide.

Vater als technischer Zeichner

Ob es Dr. Brandt war oder Dr. Kritzler, entzieht sich unserer Kenntnis, doch einer von den beiden bestellte unseren Vater ins Büro, nachdem sie gesehen hatten, dass er über Wissen und Kenntnisse verfügte, die über die Rolle eines einfachen ungelernten Arbeiters hinausgingen.

Schon ab dem nächsten Tag arbeitete Vater im technischen Büro der Firma und das für sehr lange.

Meine Schwester Julia erzählte, dass unser Vater aber keinerlei Kleidung für das Arbeiten in einem Büro besaß. Er hatte nur einen sogenannten „Blaumann", wie ihn eben die Arbeiter trugen. Unsere Mutter nutzte ihre Bekanntschaft mit einem Textilgeschäft in Olpe und besorgte einen Anzug, der dann in kleinen Raten abbezahlt wurde.

Unser Vater wurde nun angeleitet, Zeichnungen für Industrieanlagen zu erstellen, die dann im Betrieb „Apparatebau Rothemühle" hergestellt wurden. Er ließ sich nun als technischer Zeichner ausbilden. Mit den Firmenchefs Dr. Brandt und Dr. Kritzler war er eng verbunden und blieb in der Firma bis zum Ende seines Berufslebens.

Meine Schwester Christel erzählte, dass sie schon mit ca. acht Jahren von unserer Mutter den Auftrag bekam mit einem Fahrrad nach Rothemühle zu fahren, um unserem Vater in der Mittagszeit einen „Henkelmann" mit Essen darin zu bringen.

Im Innern des Henkelmanns gab es zwei gleich große Kammern, die mit Essen befüllt werden konnten. Das eine Mal war Suppe darin, ein anderes Mal Fleisch, Kartoffeln und Gemüse. Man konnte den Henkelmann mit einem Gummiranddeckel und einer festen Klammer verschließen.

Wenn Christel mit ihrem Fahrrad und dem Henkelmann in Rothemühle angekommen war, fand sie unseren Vater in einem großen Raum mit vielen Zeichenbrettern, die sich auf Metallständern befanden. Sie erinnert sich an Zeichenwinkel und Dreiecke, die er zur Seite legte, bevor er sich seinem Mittagessen zuwandte.

Die Vorkriegszeit

Die weltpolitischen Zeiten wurden, seit die NSDAP 1932 die stärkste Partei im Reichstag war, von meinem Vater mit großer Sorge beobachtet. Sechs Millionen Menschen waren 1932 arbeitslos. Im Juli 1932 siegte Hindenburg noch, klar vor Hitler, aber die Zeichen standen bereits auf Sturm. Ein Eintritt in die immer stärker werdende NSDAP kam für unseren Vater, der schon damals politisch sehr informiert und interessiert war, nicht in Frage.

Daran änderte sich trotz der vielen kleinen und auch größeren Konflikte mit dem nationalsozialistischen Ortsgruppenführer von Ottfingen, nichts. Einen solchen Konflikt möchte ich hier ansprechen. Es war Sommer und Erntezeit für das Getreide. Unser Vater wurde von dem Mann aufgefordert Parteiwerbung, wie zum Beispiel Fähnchen oder Abzeichen, in Ottfingen an alle Haushaltungen zu verteilen.

Er erklärte dem Ortsgruppenführer jedoch mit Nachdruck, dass er mähen müsste, wegen einer zu erwartenden Wetteränderung und verweigerte so das Verteilen der Werbung im Ort. Das war natürlich gefährlich. Diese und andere Vorfälle wurden aber glücklicherweise nicht an die Parteizentrale der Nationalsozialisten weitergegeben.

Der Zweite Weltkrieg: Vater stellte seine Arbeitskraft unfreiwillig in den Dienst der Rüstungsindustrie

Unaufhaltsam kamen der September 1939 und damit der verlustreichste Krieg der Menschheitsgeschichte. In der Gegenwart sind wir erneut mit kriegerischen Auseinandersetzungen konfrontiert. So war es auch damals. Adolf Hitler marschierte in Polen ein. Der wirtschaftliche Aufschwung, der nach seiner Machtübernahme erfolgte, war für die Menschen schon bald wenig wert. Vorrangig ging es um die Rüstungsproduktion.

Die Firma Brandt, in der mein Vater tätig war, bildete da keine Ausnahme. Schon die ursprüngliche Produktion eignete sich für Kriegszwecke und Aufrüstung. Während des Krieges entwickelte sich die Firma noch einmal besonders intensiv zu einem wichtigen Rüstungslieferanten. So musste unser Vater unfreiwillig Unterstützungsarbeit für den Krieg leisten, indem er technische Berechnungen und Zeichnungen erstellte, nach denen kriegsrelevante technische Produkte angefertigt wurden.

Bis kurz vor Kriegsende blieb er in seinem Büro. Die Unternehmensleitung von Brandt stellte immer neue Anträge auf Unabkömmlichkeit, weil die Arbeit meines Vaters für die laufende Produktion unverzichtbar sei. Seine fehlenden Daumen und Zeigefingerglieder waren natürlich auch ein Grund, warum er nicht eingezogen wurde. Vermutlich waren aber die Zeichnungen, die unser Vater anfertigte, eben für die Produktion des Betriebes sehr wichtig.

Eine Wahl hatte unser Vater sicher nicht, was seine berufliche Tätigkeit anging, denn eine Weigerung, die Zeichnungen anzufertigen, etwa mit dem Hinweis, dass das Ganze der Rüstungsproduktion diente und er dies aus ethischen Gründen ablehnen würde, hätte sicher schlimme Folgen für ihn und uns alle gehabt. Erst kurz vor Kriegsende bekam unser Vater, wie auch andere Ottfinger, dazu gehörten sowohl eigentlich für den Kriegsdienst zu alte Männer, wie auch junge Burschen, die ebenfalls nicht für die Front geeignet waren, doch noch einen Stellungsbefehl.

Abgetaucht, als der Stellungsbefehl 1945 doch noch kam

Dem Stellungsbefehl haben unser Vater und einer seiner Brüder keine Folge mehr geleistet. Sie entzogen sich dem Krieg. Das war sicher eine mutige, allerdings auch gefährliche, Entscheidung. Sicher war es auch eine lebensrettende Entscheidung. Schon während der vorausgegangenen Kriegsjahre hatte unser Vater regelmäßig den englischen Nachrichtendienst gehört. Das Radio war im Kartoffelkeller hinter einem Bretterverschlag versteckt. Vater rechnete schon früher mit der bedingungslosen Kapitulation des Deutschen Reiches, eben aufgrund dieser Nachrichtensendungen und der Informationen, die er dadurch bekommen hatte.

Als er sich entschloss, sich zu verstecken, dachte er, er müsse nur ein paar Tage untertauchen. Tatsächlich wurden aber ein paar Wochen daraus. Er überredete seinen Bruder mitzugehen. Er versuchte auch einen Nachbarn, der auf Fronturlaub war, zu bewegen mit in die Wälder zu gehen. Doch dieser entschied sich anders. Er ging zu seiner Truppe zurück und wurde auf der Deutzer Brücke in Köln erschossen, bevor er seine Einheit überhaupt erreichte.

Ein Waldstück außerhalb von Ottfingen, hinter Wilhelmsthal, nicht weit von Dörnscheid gelegen, auch „Wilde Wiese" genannt, war der Unterschlupf für unseren Vater und seinen Bruder, der bis dahin als unabkömmlich eingestuft worden war. Er arbeitete im Siegerland in einer Erzbergbaugrube. Erz, war ein wichtiger Rohstoff, aber auch Kupfer, Blei, Zink und Nickel wurde abgebaut. Für die Rüstungsindustrie waren das alles wertvolle Rohstoffe.

Welch große Sorgen die Brüder sich wohl gemacht haben, als sie ihre Familien schutzlos zurücklassen mussten. Die Gefahr, in die sie sich begeben mussten, war den Brüdern sicher bewusst. Sie schätzten jedoch die Gefahr der letzten Kriegstage ungleich höher ein. Trotz allem war Vorsicht geboten! Auch Wilderer, die in den Zeiten des Hungers häufig im Wald unterwegs waren, hätten sie erschießen können.

Ein Versteck im Wald bei der „Wilden Wiese"

Damals war die Wohnsiedlung „Auf dem Löhkopf", in der mein Onkel mit seiner Familie lebte, noch wenig bebaut. Aus einem ganz oben im Giebel befindlichen Fenster des Hauses konnte man in Richtung der

„Wilden Wiese" sehen. Ein vereinbartes Signal zeigte den beiden „Deserteuren" Gefahr an. War die Gardine zugezogen, konnten sie sich dem Dorf nicht nähern, war sie offen, drohte, soweit die Lage beurteilt werden konnte, keine Gefahr.

Eine kleine Unvorsichtigkeit hätte auch den nationalsozialistischen Ortsgruppenführer aufmerksam gemacht und dessen Leute in Stellung gebracht. Meine Schwester Julia berichtete, der Ortsgruppenführer sei selbst zum Bahnhof in Rothemühle mitgegangen, um sicherzustellen, dass die Abreise der betreffenden Soldaten an die Front auch tatsächlich stattfand und die Männer nicht vorher irgendwo untertauchten. Sobald sie im Zug saßen, wurden sie von jemandem aus dem Militär beaufsichtigt und begleitet.

Mein Vater und sein Bruder hatten zu diesem Zeitpunkt bereits anders entschieden. Wie tröstlich zu wissen, dass die beiden Brüder zusammen waren und der Willkür des NS-Regimes trotzten. Nicht nur unser Vater war mutig, unsere Mutter war es auch. Sie lief sicher in mancher Nacht zu seinem Versteck und versorgte die beiden Brüder. Vielleicht war ja die Tante auch dabei und keine war alleine.

In einer Nacht jedoch, in der meine Schwester Christel wach wurde, traf sie unseren Vater im Lodenmantel und mit Hut im Keller sitzend an. Hatte er die Unsicherheit nicht mehr ertragen? Wollte er sich aufwärmen? Er nahm Christel auf seinen Schoß und sagte ihr, dass diese Begegnung ihr Geheimnis bleiben müsse. Vater legte viel Vertrauen in seine kleine Tochter. Der 8. Mai 1945 war für viele ein besonderer Tag, für unsere Familie und die Familie unseres Onkels war es zusätzlich das lang ersehnte Ende des gefährlichen Versteckens im Wald und die Heimkehr der Väter.

Die Drei-Mächte-Konferenz

Am 2. August 1945 endete die Potsdamer Konferenz. Die drei Sieger-mächte USA, UdSSR und Großbritannien besetzten Deutschland militärisch in verschiedenen Zonen. Aber auch Soldaten anderer Nationen wurden in Deutschland stationiert, so kam es, dass im Wendener Land Belgier waren. Die Alliierten beschlossen auf der Potsdamer Konferenz die Fünf D's. Dazu gehörte auch die Denazifizierung Deutschlands, um Deutschland von den Einflüssen des Nationalsozialismus zu befreien.

Betroffen waren natürlich alle in die NSDAP Eingetretenen, sowie alle Offiziere, und Angehörige der Waffen-SS oder der SA. Alle wurden überprüft und es wurden Entlastungszeugnisse ausgestellt. Der Ausdruck „Persilschein" kam auf. Das war jedoch eine weit verbreitete, falsche Vorstellung. So einfach war es nicht, an einen Entlastungsschein zu kommen. Es war so, dass Personen, die nicht in der Partei gewesen waren von den Alliierten, im Fall unseres Vaters, von den Belgiern, eingesetzt wurden, um die Bevölkerung einzustufen.

Vater Johann in eine Kommission zur
Einstufung der Bevölkerung eingesetzt

Es standen 5 Stufen zur Verfügung. Von Hauptschuldigen, über Mitläufer, bis hin zu entlasteten Personen. Auch der Ortsgruppenführer stand dann vor der Kommission, zu der auch mein Vater gehörte. Es war derselbe Mann, der von Gustav, dem Dorfschmied, verlangt hatte, ein Führerbildnis in der Schmiede aufzuhängen und womöglich hatte er auch etwas mit Gustavs Denunzierung zu tun, die einen Gefängnisaufenthalt nach sich zog. Jetzt wäre es an der Zeit gewesen, die mit diesem Mann erlebten Querelen und Drangsalierungen, die durch ihn ausgelösten Ängste und Bedrohungen zurückzuzahlen. Doch das geschah nicht, wie unser Vater erzählte.

Denn es gab in der Familie dieses Mannes acht Kinder. Das war für unseren Vater schon Grund genug, die erfahrenen Drangsalierungen nicht zurückzuzahlen. Warum sollten diese armen Kinder das, was der Vater getan hatte, nun sühnen müssen? Durch Wechselfälle des Schicksals hatte diese Familie kein Dach über dem Kopf, sie lebten jedenfalls viele Jahre in der mittelalterlichen Kirche, als diese leerstand und das religiöse Leben sich 1927 in die neue Kirche verlagert hatte.

Milde und Weitsicht, in Anbetracht der wirtschaftlichen Not des ehemaligen NS-Ortsgruppenführers

Vielleicht hatte auch die wirtschaftliche Not den Vater dieser Familie dazu verleitet, seine Hoffnung auf die Nationalsozialisten zu setzen und und sich als NS-Ortsgruppenführer zu engagieren, weil die Nationalsozialisten ja stets von sozialer Umverteilung sprachen und man hatte es ja auch an dem Gutshof Wilhelmsthal gesehen, dass dieser schließlich einem einfachen Knecht und Tagelöhner aus Ottfingen zugefallen war, durch das Reichserbhofgesetz, das die Nationalsozialisten in Kraft gesetzt hatten.

All das erwies sich nun als Trugbild, als falsche Hoffnung, als Irreführung der Menschen. Nach dem Ende des Zweiten Weltkriegs wurde ein Neuanfang gemacht. Mein Vater besorgte der obdachlosen Familie nun einen Bauplatz, sodass sie aus der mittelalterlichen Kirche ausziehen konnten. Das Baugrundstück lag sogar in unmittelbarer Nachbarschaft von unserem Zuhause. Vater sagte damals, wir hätten immer gute Nachbarn gehabt.

Die neue Partei CDU

Die Gründung der CDU begann im Juni 1945, unmittelbar nach dem Zweiten Weltkrieg. Deutschland lag am Boden. Es gab viele Millionen Kriegstote sowie obdachlose und heimatlose Menschen. Vor diesem

Hintergrund entstand überall in Deutschland eine neue christliche Partei. Eine Besinnung auf die christlichen und abendländischen Lebenswerte war eine Kernforderung. Die christdemokratischen Werte basierten auf der katholischen Soziallehre.

Im Kreis Olpe gehörte unser Vater zu den Gründern der CDU. Das waren die Werte, die er vertrat und die seiner Vorstellung von einer neuen und besseren Zukunft entsprachen. Zunächst sollte die Bevölkerung diese neue Partei kennenlernen. Man hielt gerade nicht sehr viel von der Parteienlandschaft in Deutschland. Die Narben waren noch zu tief.

In mühevoller Überzeugungsarbeit versuchten die verantwortlichen Gründer die Werte der neuen Partei den Menschen zu vermitteln. Meine Schwester Christel erzählte dazu die folgende, durchaus heitere, Geschichte. Sie lief mit anderen Kindern durch Ottfingen, um Werbeartikel der CDU, etwa kleine bunte Fähnchen, auszuteilen. Auf den Fähnchen war der Schriftzug CDU zu lesen und die Kinder sagten beim Austeilen den folgenden Spruch auf: „Kleiner Mann mit einer Kuh, wähle du auch CDU!"

Eine neue Regierung

Die Militärregierung setzte in Wenden den ersten Bürgermeister ein, zunächst ohne Wahlen abzuhalten. Am 13. April 1945 wurde Amtsinspektor Eduard Quiter von der Militärregierung Olpe zum Amts- und Gemeindebürgermeister von Wenden bestellt. SPD und CDU schlugen im Februar 1946 insgesamt 20 Gemeindevertreter vor. Diese wurden von der Militärregierung in Olpe bestätigt und bis zur ersten Kommunalwahl als Amtsverordnete ernannt.

Die erste konstituierende Sitzung der ernannten Amtsversammlung fand am 28. Februar 1946 statt. In dieser Sitzung wurde der bisherige Amtsbürgermeister Quiter zum Amtsdirektor gewählt. Ehrenamtlicher Amtsbürgermeister wurde der aus Ottfingen stammende Josef Niklas, inzwischen wohnhaft in Wenden. Unter den 20 vorgeschlagenen Gemeindevertretern war auch mein Vater Johann Eichert aus Ottfingen (vgl. Böhler et al., 2013)

1952: Johann Eichert wird zum Bürgermeister gewählt

Am 24. November 1952 wurde mein Vater Johann Eichert mit großer Mehrheit zum Bürgermeister der Gemeinde Wenden gewählt. Von diesem Tag an übernahm er, mit der ihm eigenen Gewissenhaftigkeit und einem ausgeprägten Verantwortungsbewusstsein, die Pflichten um das Wohl seiner Heimat. Diesen Aufgaben stellte er sich neben seinem Beruf und den Sorgen um seine große Familie. Ein enger Vertrauter unseres Vaters in den Jahren der kommunalen Zusammenarbeit war Amtsdirektor Rudolf Schneider. Mit der Zeit wurden Arbeitstage, die erst in den späten Abendstunden endeten, selbstverständlich. Dem Amt des Bürgermeisters versuchte mein Vater mit Verantwortung und Aufrichtigkeit gerecht zu werden.

Das Moped und der Lodenmantel, oftmals Arbeiten ohne Pause

Über viele Jahre bot das Moped für unseren Vater die Möglichkeit von Ottfingen nach Rothemühle oder von Rothemühle über Ottfingen nach Wenden zu fahren. Das war mühsam, aber die Lebenssituation ließ es in den ersten Jahren nicht anders zu.

Dazu möchte ich eine Anekdote einfügen, die ein Ottfinger überliefert hat. Dieser Mann hörte am Nachmittag das Moped meines Vaters von Rothemühle her anfahren. Ein ums andere Mal wunderte er sich darüber, dass mein Vater direkt nach Wenden abbog und nicht etwa geradeaus nach Hause fuhr. „Wenn er doch wenigstens eine Pause machen würde", sagte der Mann und schüttelte den Kopf.

Abends ein Hasenbrot oder etwas Obst für die jüngste Tochter

Doch es gab auch Tage ohne das direkte Abbiegen nach Wenden und ich hörte das Moped in der Hepperichstraße ankommen. Schnell lief ich meinem Vater entgegen. Meist hatte er noch ein Hasenbrot oder etwas Obst für mich in seiner Aktentasche. Darüber freute ich mich immer sehr. Das waren sehr schöne und vertraute Momente.

Später dann der Führerschein und ein Opel Rekord

Die Zeiten änderten sich schließlich. Vor einigen Häusern stand schon ein Auto und der Stolz der Familien, die eines besaßen, war nicht zu übersehen. Samstags wurde nun nicht nur die Straße gefegt, sondern auch das Auto geputzt und poliert. In unsere Familie kam Mitte der 1950er Jahre ein beigefarbener Opel Rekord, mit blauem Dach. Vorne am Armaturenbrett gab es eine kleine Vase, mit einem Röschen darin.

Endlich war unser Vater nicht mehr allen Wettern ausgesetzt, denen auch der Lodenmantel nicht immer standhalten konnte. Mein Bruder Ede hatte einen Führerschein und war zumindest in den ersten Jahren der Herr des Autos. Er fuhr unseren Vater nach Wenden und holte ihn wieder ab. Der jüngste Bruder Dieter war auch in den Fahrdienst eingebunden. Doch gab es irgendwann Unstimmigkeiten der Abholzeiten wegen. Sitzungen oder andere Veranstaltungen dauerten auch schonmal länger als angekündigt.

Unser Vater war 52 Jahre alt, als er sich zum Erwerb des Führerscheins anmeldete. Er machte das ohne große Ankündigung in der Familie. Alle waren erstaunt und dann natürlich erfreut, als er es geschafft hatte. Vor dem Wendener Rathaus oder dem Gasthof Henne, wo ja auch Sitzungen stattfanden, stand fortan der Opel unseres Vaters.

Vater traf Konrad Adenauer

Es gab auch schöne Ereignisse im Leben unseres Vaters. Eine Wahl-kampfreise führte 1961 Bundeskanzler Konrad Adenauer nach Rot-hemühle. Viel Zeit war nicht eingeplant, aber es reichte um mit dem Mitbegründer der CDU Johann Eichert ein paar Worte zu wechseln. Beide teilten ja das christliche Weltbild und die dazugehörigen Werte. Von dieser Begegnung mit Adenauer wurde noch oft und auch mit gro-ßer Hochachtung gesprochen.

Kontakt mit Heinrich Lübke

An dieser Stelle möchte ich auch Heinrich Lübke erwähnen. Der zweite Bundespräsident der Bundesrepublik Deutschland war von 1953 bis 1959 Bundesminister für Ernährung, Landwirtschaft und Forsten. Hein-rich Lübke war ein Vetter unserer Mutter Johanna. Es gab natürlich Ver-wandtentreffen im Sunderaner Raum, die auch meine Eltern gern be-suchten. So lernten sich unser Vater und Heinrich Lübke kennen und schätzen. Als mein Vater einmal Unterstützung brauchte bezogen auf ein Projekt der Gemeinde Wenden, bekam er diese Hilfe höchstpersön-lich vom Bundesminister für Ernährung, Heinrich Lübke.

Sitzungsprotokolle im Wendener Archiv

Annalena Schäfer hatte etliche grüne, ordentlich beschriftete Kisten für mich aufgestapelt und hingestellt, im Archiv, das heißt im Keller des Wendener Rathauses. Dort unten werden umfangreiche Materialien aus Politik, Wirtschaft und Kultur, aus vielen Jahrzehnten, ja aus Jahr-hunderten, gelagert. All diese grünen Kisten enthalten Sitzungsproto-kolle und geben Einblick in die Zeit, in der unser Vater Bürgermeister der Gemeinde Wenden war.

Die Protokolle der Sitzungen, an denen er teilgenommen hatte, und das waren über 90 Prozent aller Zusammenkünfte, endeten mit seiner Unterschrift und der Uhrzeit. Seine Unterschrift zu sehen, berührte mich sehr und die Uhrzeit nicht weniger. Mir und allen Mitgliedern unserer Familie war und ist bewusst, warum die Gesundheit unseres Vaters so sehr gelitten hat, dass er mit 65 Jahren an einem zweiten Herzinfarkt verstarb.

Hohe zeitliche Belastung und mangelnde soziale Absicherung

Oft endeten die Sitzungen um 22.00 oder 22.30 Uhr. Diesen anstrengenden Sitzungen war ja ein Arbeitstag bei der Firma Brandt in Rothemühle vorausgegangen. Eine Abrechnung der Aufwandsentschädigung für die ehrenamtliche Tätigkeit als Bürgermeister von Wenden zeigte den Betrag von 161,00 DM pro Monat. Damit waren sämtliche Termine und Anstrengungen abgegolten.

Das Unternehmen „Apparatebau Rothemühle" stellte unseren Vater, seit er zum Bürgermeister gewählt worden war, zwar jederzeit für sein politisches Amt frei, jedoch unter Einbehaltung der Bezüge für die nicht in Rothemühle geleistete Arbeitszeit. Dadurch fehlte nicht nur Gehalt für die vielen Stunden, die er für das Amt in Wenden aufbrachte, sondern es fehlten auch die dazugehörigen Sozialbeiträge für die Rentenversicherung.

Diese Beiträge wurden von der Gemeinde Wenden auch nicht entrichtet. Mein Vater arbeitete dort quasi auf bloßer Honorarbasis. So kam es, dass nach einem anstrengenden Arbeitsleben und dem enormen Kräfteeinsatz für die Belange der Gemeinde Wenden anteilige Rentenbezüge fehlten, und das auf die insgesamt 15 Jahre (1952-1967) gerechnet, in denen mein Vater Bürgermeister von Wenden war, parallel zu seiner Tätigkeit als technischer Zeichner beim Unternehmen Brandt in Rothemühle.

Themen der Ratssitzungen

Eine ganze Kiste mit Protokollen bin ich durchgegangen, um zu verstehen, was in diesen Jahren in den Sitzungen verhandelt, diskutiert und beschlossen wurde. Es waren die Jahre 1958, 1959 und 1960. Also Jahre des Aufbaus der Gemeindestruktur, dies in wirtschaftlicher, sozialer, gesellschaftlicher und kultureller Hinsicht. In diesen Kisten fiel mir auch das Protokoll der Sitzung in die Hände, in der er zum letzten Mal die Leitung innehatte. Nach 15 Jahren, am 24. Januar 1967 gab es 5 Tagesordnungspunkte:

1. Öffentlich, rechtliche Vereinbarung das 9. Schuljahr einzurichten.
2. Angebotsergebnisse Straßenbau Wenden, Ottfingen.
3. Wasser und Stromversorgung Schulneubau Wenden und Vergabe für den Neubau.
4. Schulneubau Hünsborn.
5. Besetzung der Rektorenstelle Gerlingen.

Zu diesem Zeitpunkt war er schon sehr krank. Zum letzten Mal sah ich seine Unterschrift unter einem der Protokolle. Die nächste Sitzung leitete sein Nachfolger Schrage aus Hünsborn. In der Anwesenheitsliste ist vermerkt: Bürgermeister Eichert fehlt entschuldigt. Im Juli 1967 verabschiedete sich unser Vater schließlich aus der Kommunalpolitik, nachdem er 15 Jahre lang das Amt des ehrenamtlichen Bürgermeisters von Wenden ausgeübt hatte.

Vater Johann pflegte den geistigen Austausch mit kirchlichen Kreisen

Mein Vater Johann pflegte Kontakte zu kirchlichen Kreisen, zu Priestern, auch zu Lehrerinnen und Lehrern. Er suchte den geistigen Austausch in religiösen Fragen und in übergreifenden Lebensfragen, auch zu gesellschaftlichen Themen und sich stellenden Herausforderungen.

Auch brauchte er Anregungen und Reflexionsmöglichkeiten im Hinblick auf seine Tätigkeit in der Gemeindepolitik sowie sein zivilgesellschaftliches Engagement in Vereinen und Arbeitskreisen.

Eines morgens kam er an mein Bett und fragte mich, ob ich mit ihm in die Frühmesse im Pallottinerkloster im Osterseifen fahren wolle. Dort würde Raimund Quiter die Messe halten und dieser Priester würde auf eine ganz besondere Art predigen. Ich fuhr mit. Auf der Rückfahrt im Auto erklärte mir mein Vater vieles von dem, was ich während der Predigt zwar gehört, aber mit meinem kindlichen Verständnis des Ganzen sicher nicht in allen Punkten nachvollzogen hatte.

In der Folgezeit fuhren mein Vater und ich immer wieder in diese Frühmesse, um Raimund Quiter zu hören. Jahre später ritt ich mit meinem Bruder Ede gemeinsam aus. Er hielt stets ein Pferd für mich bereit, wenn ich zu Besuch nach Ottfingen kam und zeigte mir so manches verwunschene Gelände und so manchen interessanten Weg bei den Ausritten, die wir dann immer wieder gemeinsam von Ottfingen aus, hinein ins Wendener Land, unternahmen.

Bei einem dieser Ausritte begegneten wir zwei Männern, die ebenfalls zu Pferde waren. Der eine davon war Raimund Quiter, der andere ein Freund von ihm. Wir ritten zu einem Gasthof, banden die Pferde an, tranken ein paar Gläser zusammen und redeten.

Johann Eicherts Ernennung zum Ehrenbürger der Gemeinde Wenden

Am 6. Juli 1967 sprach der Rat der Gemeinde Wenden meinem Vater Johann Eichert die Würde eines Ehrenbürgers zu. Dieser Ehrenbürgerbrief war eine besondere Form der Anerkennung seines persönlichen Einsatzes. Das Wohl der Gemeinde Wenden und damit seiner Heimat standen immer im Vordergrund seines Handelns und seiner Bemühungen. Wir alle, aber besonders unser Vater, waren dankbar für die Würdigung, die er an diesem Tag erfahren hat.

Ein Nachruf

Als unser Vater am 17. Januar 1971 verstarb, erschien in der Westfalenpost ein Nachruf mit dem Titel „Für den kleinen Mann immer ein offenes Ohr" (WH). Darin heißt es:

„Ein Mann der sich jahrzehntelang um die Belange seiner Heimat bemüht hat und dessen Name mit der Entwicklung der Gemeinde Wenden in der bewegten Geschichte nach dem Krieg immer verbunden sein wird. [...] Bis zum 6. Juni 1967 hat er ohne Unterbrechung, oft unbequem, immer aber verantwortungsbewusst dieses Amt ausgefüllt. Im Gemeinde- und Amtsparlament war sein Platz bereits seit 1946. [...]

Johann Eichert, der im Kreise Olpe zu den Mitbegründern der CDU gehörte, ist auch außerhalb der Kommunalpolitik Pflichten niemals ausgewichen. Von 1952 bis 1965 leitete er die Kreissozialausschüsse der CDU, bis zu seinem Tode war er stellvertretender Vorsitzender des Seminars für Staatsbürgerkunde. Der katholischen Arbeiter- und Männerbewegung hat er sich in besonderer Weise verbunden gefühlt." Das Seminar für Staatsbürgerkunde hat bis heute Bestand, in Attendorn. Es wurde mittlerweile umbenannt in „Politische Akademie Biggesee".

Die Uhr: Sieh, Herr, ich hab' nichts verdorben, sie blieb von selber steh'n

Dieses Lied von Johann Gabriel Seidl war stets das Lieblingslied unseres Vaters. Die Uhr als Lebensuhr, ein Symbol, um das Leben in den Blick zu nehmen. Zu meinen schönsten Kindheitserinnerungen gehört es, die schöne Tenorstimme meines Vaters und die Altstimme meiner Mutter gemeinsam zu hören. Zum Beispiel sonntagsmorgens, nach der

Frühmesse, zu der unser Vater in meiner Kindheit oft zum Pallotti-Haus Olpe im Osterseifen fuhr, sangen meine Eltern wunderschöne Lieder. Dann setzte ich mich still dazu und lauschte den schönen Stimmen.

Gegen Ende seines Lebens trug mein Vater öfter einmal die Ballade „Die Uhr" vor. Dies war immer ein besonderer Moment für mich. Ich denke, dass er damit ausdrücken wollte, dass er in seinem Leben, auch in Anbetracht all der erfahrenen Hindernisse, aber auch im Hinblick auf die Möglichkeiten, die sich dann boten, das getan hat, was in seiner Macht stand. Bis heute gelingt es mir nicht, eine Aufnahme dieses Liedes, zum Beispiel von Hermann Prey oder Rudolf Schock, ohne Tränen in den Augen, anzuhören.

> Ich trage, wo ich gehe
> Stets eine Uhr bei mir
> Wieviel es geschlagen habe
> Genau seh ich's an ihr
>
> Es ist ein großer Meister
> Der künstlich ihr Werk gefügt
> Wenngleich ihr Gang nicht immer
> Dem törichten Wunsche genügt
>
> Ich wollte, sie wär oft rascher
> Gegangen an manchem Tag
> Ich wollt an manchem Tage
> Sie hemmte den raschen Schlag
>
> In meinen Leiden und Freuden
> Im Sturme und in Ruh –
> Was immer geschah im Leben
> Sie pochte den Takt dazu
>
> Sie schlug am Sarge des Vaters
> Sie schlug an des Freundes Bahr'

Sie schlug am Morgen der Liebe
Sie schlug am Traualtar

Sie schlug an der Wiege des Kindes
Sie schlägt, wills Gott! noch oft,
Wenn bessere Tage kommen
Wie meine Seel es hofft

Und ward sie manchmal träger,
Und drohte zu stocken ihr Lauf,
So zog sie der Meister mir immer
Großmütig wieder auf.

Doch stände sie einmal stille,
Dann wär's um sie gescheh'n
Kein and'rer, als der sie fügte
Bringt die zerstörte zum Gehn

Dann müßt ich zum Meister wandern
Und ach, der wohnt gar weit
Wohnt draußen, jenseits der Erde
Wohnt dort in der Ewigkeit

Dann gäb' ich sie dankbar zurücke
Dann würd ich kindlich fleh'n:
Sieh, Herr, – ich hab nichts verdorben
Sie blieb von selber steh'n.[25]

---

[25] Der Text stammt von Johann Gabriel Seidl (1836) und wurde vertont von Carl
   Loewe; https://www.volksliederarchiv.de/ich-trage-wo-ich-gehe/

Johanns Tod im Jahr 1971

In dem Jahr, als mein Vater Johann starb, fanden etwa die folgenden zeitgeschichtlichen Ereignisse statt: Willy Brandt wurde von italienischen und französischen Zeitungen zum Mann des Jahres gewählt. Die DDR hatte die deutsch-deutsche Grenze mit der Verlegung von zwei Millionen Minen und 80.000 km Stacheldraht gesichert. Beamte des Bundeskriminalamtes verhafteten 13 mutmaßliche Mitglieder der terroristischen Baader-Meinhof-Gruppe. Die Volkskammer der DDR wählte Erich Honecker als Nachfolger von Walter Ulbricht. In Berlin fand die Premiere des Films „Nicht der Homosexuelle ist pervers, sondern die Situation, in der er lebt", von Rosa von Praunheim, statt.[26]

---

[26] Diese Informationen wurden entnommen: https://www.hdg.de/lemo/jahreschronik/1971.html

Soziale Schicht, Bildung und Schicksal

Joachim Bröcher

Sich öffnende Horizonte verschließen sich wieder

Johann Eicherts Bildungskarriere wurde durch den Tod des Vaters Josef schlagartig beendet. Was für eine Frustration, was für ein Schmerz muss das für den jungen Mann gewesen sein? Was hatte er auf sich genommen, Tag für Tag, um vom Ottfinger Haus seitlich der alten Kirche bis nach Attendorn zum Rivius-Gymnasium zu gelangen? Dort an der, auf einer jahrhundertelangen, klösterlichen Tradition fußenden, Bildungseinrichtung eröffneten sich Johann Horizonte, die sich 1925 mit dem Tod des Vaters wieder verschlossen. Latein, Griechisch, all die Klassiker, die Welt der Literatur, unerbittlich schlug das Tor zu dieser Geisteswelt wieder zu und Johann stand außen davor, und das kurz vor dem Abitur!

Dies geschah, weil nun keine finanziellen Mittel mehr für Schulgeld und Fahrtweg vorhanden waren. Es gab kein Stipendium, keinen Mäzen, keinen Förderer, der eingesprungen wäre. Die schlichte Bergmannsfamilie verfügte auch nicht über die notwendigen sozialen Kontakte. Lissa Eichert-Klute hat noch Bücher ihres Vaters aus dieser Zeit, literarische Werke, von Goethe und Schiller, Fontane und Storm.

Johann hat auch später noch gelesen und versucht, das einmal Erreichte zu erhalten und sich weitergehende Bildungsinhalte anzueignen. Was hätte aus ihm werden können, mit Abitur und Studium? Vielleicht ein Arzt, ein Ingenieur oder ein Rechtsanwalt?

Johanns Berufsleben nach dem Ende seiner Bildungslaufbahn

Statt das Abitur abzulegen und ein Studium zu beginnen, übernahm Johann erst einmal Gelegenheitsarbeiten, um sich finanziell über Wasser zu halten. Dann arbeitete er als Knecht, im Hochsauerland. Schließlich wurden ihm dort auch leitende Aufgaben als Gutsverwalter übertragen. Doch es bestand der Wunsch nach Ottfingen zurückzukehren. Er arbeitete als Tagelöhner im Straßenbau. Schließlich hatte er die Möglichkeit, als einfacher Arbeiter bei der Firma Brandt in Rothemühle anzufangen.

Man übersah Johanns Talente und Fähigkeiten bei der Firma Brandt nicht und gab ihm höherwertige Aufgaben, als technischer Zeichner, aber er blieb auf der Ebene zunächst des Arbeiters und dann des Angestellten, zeitlebens. Als Ergänzung, als Ausgleich, vielleicht auch zur Kompensation, übernahm Johann zahlreiche öffentliche Ämter in Ottfingen und der Gemeinde Wenden, berufsbegleitend, mit hohem Arbeitseinsatz, mit hohem sozialen Verantwortungsbewusstsein, darunter das Amt des ehrenamtlichen Bürgermeisters der Gemeinde Wenden, die Leitung der Kreissozialausschüsse, sodann sein Engagement im Seminar für Staatsbürgerkunde oder im Rahmen der katholischen Arbeiter- und Männerbewegung.

Rosas stoisches Naturell

Rosa dagegen richtete sich mit ihrer Volkschulbildung regelrecht stoisch ein, in ihrem Leben, und ließ sich, soweit wir das heute einschätzen können, durch fast nichts erschüttern. Sie schwieg zu vielem und glich dadurch das unstete Temperament ihres Mannes Gustav aus. Sie war der Fels in der Brandung, der ruhende Pol, die Beständigkeit, die Verlässlichkeit. Ich sehe sie Strümpfe und Socken stopfend in der Küche sitzen. Sie ruhte in sich. Sie war ganz bei sich. Diese Szene drückt für mich absolute Stimmigkeit, Zentriertheit und Übereinstimmung mit sich selbst und dem Leben aus.

Sie ging emotional nie stark aus sich heraus. Für viele wirkte sie regelrecht unnahbar. Das war vielleicht der Weg, es mit der seelischen Empfindsamkeit der Mutter aufnehmen zu können und diese ein wenig ausgleichen zu können. Zu dieser ruhigen kontemplativen und stoischen Art passte es vielleicht, dass sie sich im hohen Alter Nachmittage lang in Romanwelten vertiefte und regelrecht darin versank.

Eintauchen in Romanwelten

Ob Sie dann tatsächlich die „Kartause von Parma" von Stendhal gelesen hat, Tolstois „Krieg und Frieden", Dickens „Oliver Twist", oder aber Ganghofers „Schloss Hubertus" oder „Das Schweigen im Walde", oder die „Geier-Wally" von Wilhelmine von Hillern, ist dabei eher unbedeutend, wenngleich es natürlich schon einen Unterschied macht.

Rosa ruhte in sich und sie erschloss sich literarische Welten, die ihre kleine Ottfinger Welt erweiterten, ohne dass sie in einen Zug hätte steigen und sich den Unannehmlichkeiten des Reisens hätte aussetzen müssen. Während der früheren Jahrzehnte, als sie noch so viel Arbeit hatte, mit dem Haushalt und den Kindern, hat sie vielleicht am späten Abend einige Seiten in einem ihrer Romane gelesen.

Vielleicht las sie auch mal an einem Nachmittag, wenn die Wäsche hinter der Schmiede bleichte, oder wenn die Kinder draußen Fronleichnamsprozession spielten, was sie gerne taten. Ihr ältester Sohn spielte einen Priester. Er hatte sich eine Decke um die Schultern gelegt. In der Hand hielt er eine Bratpfanne als Monstranz. Feierlich schritt er los und die jüngeren Kinder, auch einige Nachbarskinder gingen gemessenen Schrittes prozessionsartig hinter ihm her. Gustav war in der Schmiede. Man hörte die Hammerschläge auf dem Amboss. Er hatte im Moment genug Aufträge, was ja gut war. Dann griff Rosa zu einem der Bücher, wenigstens für eine halbe Stunde.

Johanns Kräfteverbrauch und Verausgabung

Johann wirkt am Ende seines Lebens, aufgrund der kräftemäßigen Verausgabung, gesundheitlich angeschlagen. Dies war durch das aufreibende Amt des ehrenamtlichen Bürgermeisters, das er ja zusätzlich zu seiner beruflichen Tätigkeit als technischer Zeichner ausübte, und durch etliche weitere Ämter begründet. Allein das Gezerre während seiner Amtszeit als Bürgermeister von Wenden, wo die Autobahn A 45 nun genau hinkommt, ob näher nach Ottfingen oder nach Wenden, bis heute ein Streitpunkt, weil das pausenlose Getöse der dort vorbeikommenden Autos und LKWs nun sehr nah an Ottfingen gelandet ist.

Das nervenaufreibende Amt des Bürgermeisters

Wer wollte damals seine Grundstücke lukrativ verkaufen können und machte daher moralischen Druck auf Johann, weil die eigene Familie das Geld dringend brauchte? Wer wies schon damals auf die jahrzehntelangen, ja vielleicht sogar jahrhundertelangen Folgen für Ottfingen hin, wenn die Autobahn so nah am Dorf gebaut würde, von Lärmbelastung bis Feinstaub? Die A 45 macht sogar einen unnötigen Schlenker nach Ottfingen rüber, sagen die Kritiker. Sie hätte also durchaus weiter in Richtung Wenden gebaut werden können, heißt es.

Doch wer intervenierte hier? Wer mischte sich ein? Wer übte Druck aus? Wer verfocht hier welche Interessen? Solche Dinge werden Johann nachts den Schlaf geraubt und seine Nerven angegriffen haben. Er scheint die Kränkung durch den Abbruch seiner Bildungskarriere nicht verarbeitet zu haben und wer hätte das schon? Vielleicht neigte er deshalb dazu, in den übernommenen Ämtern, quasi kompensatorisch, mit ganz besonders viel Einsatz zu zeigen, was er drauf hatte. Dabei überschätze er vielleicht manchmal seine Kräfte. Wem würde es auch gut bekommen, rund um die Uhr zu arbeiten, ohne abends einmal entspannen zu können?

Kompensation für die entgangenen
Bildungs- und Karrierechancen?

In den Städten und in den gebildeten und wohlhabenden Kreisen gingen die Menschen mit solchen Themen und Problemen zu einem Psychoanalytiker und legten sich auf die Couch. Oder die beruflich gestressten Menschen gehen heutzutage in ein Coaching, aber in Ottfingen, und dann auch noch in den 1950 und 1960er Jahren, dürfte derlei nicht einmal bekannt gewesen sein.

Hier war es auch ein komplexes Zusammenspiel von tief in der Biografie liegenden Enttäuschungen und Frustrationen, vielleicht ließe sich gar von einer Traumatisierung sprechen, je nachdem wie massiv Johann das damals emotional erlebt hat, als der Vater starb und er dann das Attendorner Gymnasium kurz vor dem Abitur verlassen musste, ohne Hochschulreife.

Hinzu kamen noch die aktuellen lokalpolitischen Auseinandersetzungen, die überdies noch durch ungünstige berufliche Rahmenbedingungen auf die Spitze getrieben wurden, weil Johann ja weiter bei der Firma Brandt arbeitete und nur stundenweise freigestellt wurde für die vielen öffentlichen Aufgaben und Termine, die er übernahm.

Gesellschaftliches Verantwortungsbewusstsein
bis hin zur Selbstausbeutung

Dazu gehörte auch, dass seine ehrenamtliche Arbeit nicht angemessen sozialversichert und rentenversichert sondern bloß auf Honorarbasis abgegolten wurde. So musste Johann, der selbst ein sehr ausgeprägtes gesellschaftliches Verantwortungsbewusstsein hatte, erleben, dass man seitens der Gemeinde Wenden mit ihm, seiner Familie und seinen persönlichen Belangen alles andere als fürsorglich umging. Er musste all diese Dinge mit sich selbst ausmachen, ohne einen Coach, ohne einen Supervisor, ohne einen Psychotherapeuten oder Lebensberater an seiner Seite. Die körperlichen Symptome ließen nicht auf sich warten.

Durch den vorzeitigen Tod seines Vaters Josef kam Johanns Bildungskarriere zu einem jähen Ende. Es blieb bei einem vorübergehenden Einblick in die höhere Bildungswelt. Johann hütete die Bücher aus seiner Oberstufenzeit. Lissa Eichert-Klute hat diese Bücher aufgehoben. Er beschaffte sich weitere Bücher, auch in späteren Jahren, aber ihm fehlte der Rahmen, der soziale Austausch, um sich geistig weiter entwickeln und entfalten zu können. Gelegentlich fanden sich Möglichkeiten, im Gespräch mit Priestern, Lehrerinnen und Lehrern.

Bildungswege, mögliche alternative Wege und das Schicksal

Welchen Weg wäre Johann gegangen, wenn er das Abitur am Attendorner Rivius-Gymnasium hätte machen können? Sicherlich wäre vieles in seinem Leben anders gekommen, was auch immer er studiert hätte, ob Medizin, Jura oder Ingenieurswissenschaften, oder was auch immer.

Aber er hätte auch nicht Johanna kennengelernt, denn er hätte nicht in den Sunderaner Raum wandern müssen, um dort eine Arbeit auf einem Bauernhof zu finden. Welche Art von Familienleben er dann geführt hätte, wissen wir nicht, aber alles, wirklich alles wäre anders gekommen, als das, was wir nun vor uns sehen und womit Johanns Leben gefüllt war.

Finanzielle Gewinne aus dem Bergbau

Unternehmen aus dem Ruhrgebiet, dem Rheinland und dem Siegerland hatten Gewinne aus dem Bergbau im Wendener Land gezogen. Dazu gehörten auch einige der in Wenden ansässigen Weingartens, wie sich anhand der von Wiemers ausgewerteten und veröffentlichten

Dokumente nachweisen lässt. Es handelt sich um denselben Bergbau, durch den Josef Eichert, mein Urgroßvater, zu Tode kam und durch den dann, in der Folge, Johanns Bildungschancen zunichte gemacht worden sind, was sein gesamtes weiteres Leben und die dann noch mögliche Lebensgestaltung beeinflusst und beeinträchtigt hat.

Instrumentalisierung und Ausbeutung der Männer aus den unteren Sozialschichten

Ein Anwesen wie der Gutshof Wilhelmsthal erscheint somit als materielles Ergebnis und Sinnbild der Wertschöpfung aus einer Form von Eisenindustrie, bei der die Männer aus den unteren Sozialschichten auf ihre Körperkraft reduziert, instrumentalisiert und ausgebeutet worden sind. Diesen Männern kamen vor allem zwei Aufgaben zu, nämlich ihre eigene Körperkraft gegen ein vergleichsweise geringes Entgelt ein Leben lang zur Verfügung zu stellen, für die Industrie.

Ein Teil von ihnen wurde zusätzlich, in bestimmten zeitlichen Abständen, für Kriege rekrutiert und darin als eine Art kämpfendes Material benutzt, Kriege, bei denen die herrschenden Klassen am Schachbrett der Macht sitzen und folglich ihr eigenes Leben nicht aufs Spiel zu setzen brauchen.

Die zweite Aufgabe dieser Männer war das beständige Zeugen von Kindern, von Söhnen, die sie einst in den Gruben des Bergbaus ersetzen konnten, wenn sie selbst zu schwach, zu alt und zu krank waren und dem Tode entgegensahen.

Die Hauptaufgabe der Mädchen und Frauen: Reproduktion

Natürlich wurde auch ein genügend großer Anteil von Mädchen und Frauen gebraucht, die für das Welterbestehen dieses Gesellschaftsmodells und die fortwährende Reproduktion der unteren Sozialschicht un-

verzichtbar waren. Auch die Mädchen und Frauen dieser Gesellschaftsschicht wurden somit instrumentalisiert.

Ein unabhängiges Leben für die untere
Sozialschicht war nicht vorgesehen

Dass Männer wie Josef Eichert, oder sein Vater Peter, oder Frauen wie
Maria Weber, darüber hinaus noch ein persönliches, ein unabhängiges
oder ein kulturelles Leben führten, das auch einen Wert an sich gehabt
hätte, wo vielleicht Bücher gelesen wurden, wo ein bestimmter Sport
betrieben wurde, wo Reisen unternommen wurden, das alles war gar
nicht vorgesehen. Josef und Maria Eichert hätten auch weder die finanziellen Mittel, noch die Zeit, noch die erforderlichen Ideen und Konzepte
dafür gehabt, denn dazu hätten sie über mehr Informationen und Bildung, auch über Fremdsprachenkenntnisse verfügen müssen, ganz zu
schweigen von den Zeitressourcen. Schon diese hatten sie ja nicht.

Erlöschen einer Familie: Eingriff des Schicksals
in die gesellschaftlichen Abläufe

Doch die familiäre Linie der Weingartens kam zum Erlöschen, durch
Einflüsse des Schicksals. Anna Weingarten war die letzte Person in einer langen Reihe von Vorfahren dieser wohlhabenden und wirtschaftlich erfolgreichen Familie. Sie blieb allein, ihr Leben lang und band sich
nie an einen Mann, was auch immer die Gründe dafür waren. Sämtliche
vier Geschwister waren schon vor ihr gestorben, teils schon sehr früh
im Leben, sodass Anna während ihrer letzten Lebensjahre um die Tatsache wusste, dass es mit den Weingartens auf dem Gutshof Wilhelmsthal nun zu einem Ende kam.

Anscheinend kam auch kein Neffe aus einer Nebenlinie o.ä. in Betracht,
dem man das Landgut hätte überschreiben und der es weiter hätte bewirtschaften können. Vielleicht sah es mit der Nachkommenschaft der

anderen noch lebenden Weingartens vergleichbar aus. Anna plante also den Gutshof Wilhelmsthal an das hinter Olpe gelegene Kloster Osterseifen zu überschreiben. Doch die Nationalsozialisten kamen ihr dazwischen mit der Verabschiedung des Reichserbhofgesetzes.

Die Blut-und-Boden-Politik der Nationalsozialisten

Das Reichserbhofgesetz der Nationalsozialisten sorgte dafür, dass das Anwesen 1936, als Anna Weingarten auf dem Sterbebett lag, nicht an das Kloster Osterseifen vererbt werden durfte, sondern, gemäß der NS-Ideologie, an einen deutschen zeugungsfähigen Mann und seine Frau vererbt werden musste (vgl. Saure, 1937; Münkel, 1996).

Da Siegfried Bröcher d. Ä., der seit vielen Jahren dort als Knecht und Tagelöhner gearbeitet hatte, gemeinsam mit seinem Vater Anton und seiner Schwester Karoline, diese Kriterien erfüllte, wurde er seitens der regierenden Stellen vom Knecht und Tagelöhner zum Großgrundbesitzer regelrecht befördert. Anders formuliert: Anna Weingarten wurde durch die Nationalsozialistischen Behörden gezwungen, Siegfried als Erben in ihr Testament einzusetzen. Durch diese spezielle Umverteilungsmaßnahme, wie sie im Dritten Reich eingeführt worden war, erlebte Siegfried daher einen enormen sozialen Aufstieg.

Ich habe einen ganzen Karton voller Briefe und Dokumente gesichtet, die aus der dann einsetzenden juristischen Auseinandersetzung zwischen Anna Weingarten und Siegfried Bröcher d. Ä. stammten, Briefe von Rechtsanwälten beider Seiten, genaue Auflistungen der Ländereien, des Viehs in den Ställen, eine Bestandsaufnahme sämtlicher Gegenstände im Haupthaus und den Nebengebäuden, ob es nun Möbel, Geschirr, Werkzeuge und Maschinen waren, die zu der Zeit, weil es in den 1930er Jahren noch keine preiswerte Massenproduktion von Gütern gab, allesamt von hohem Wert waren.

Anna Weingarten versuchte sich zu behaupten und über ihr Barvermögen selbst zu bestimmen

Es ging bei den juristischen Streitigkeiten darum, dass Anna, während sie noch in dem Anwesen lebte oder aber bereits einige Zimmer an einem anderen Ort bezogen hatte, ihre Sache von dort aus weiterverfolgte. Wenn sie schon gezwungen war, den Gutshof auf Siegfried zu überschreiben, so würde sie jedoch versuchen, ihm ihre sämtlichen finanziellen Mittel vorzuenthalten.

Die Frage des Umgangs mit Wertpapieren, Barvermögen und so weiter war offenbar nicht so eindeutig durch das Reichserbhofgesetz geregelt, sodass ihr Rechtsanwalt da ein Packende sah. Sie wollte also wenigstens über ihre finanziellen Mittel selbst verfügen und entscheiden können, und diese etwa an das Kloster Osterseifen oder an enge Freundinnen vererben.

Den Gutshof Wilhelmsthal zu bewirtschaften ging nicht ohne finanzielle Mittel

Siegfried argumentierte dagegen, über seinen Rechtsanwalt, dass er ohne finanzielle Mittel gar nicht in der Lage sei, den Hof zu bewirtschaften. Es gab ein ziemliches Gezerre, alleine über dieses Thema könnte man eine lange Abhandlung schreiben. Siegfried bekam am Ende von dem Gericht, vor dem das Ganze verhandelt wurde, noch eine größere Summe Geldes zugesprochen, um überhaupt handlungsfähig zu sein auf dem Hof und wirtschaften zu können.

Ob es tatsächlich sämtliches Geldvermögen der Anna Weingarten war, wage ich aber zu bezweifeln. Es gab auch damals schon die Möglichkeit, Geld an den Behörden und an den regierenden Stellen vorbei zu verschenken oder auf verdeckte Art und Weise zu transferieren. Es gab vor hundert Jahren ja nicht diese feinmaschigen Kontrollmöglichkeiten was die Bankgeschäfte und den Zahlungsverkehr anbelangt, wie sie in der Gegenwart existieren.

Gustav erhielt weiter Aufträge auf dem Hof Wilhelmsthal

Für Siegfrieds Bruder Gustav, d.h. Rosas Ehemann, bedeutete das weiter Aufträge, denn auf so einem großen Anwesen gibt es immer Arbeit für einen Schmied. Es müssen Pferde, auch teils Kühe und Ochsen beschlagen werden. Es wird immerfort spezielles Werkzeug gebraucht, bei der Landwirtschaft, im Umgang mit dem Vieh, sodann muss das Geschirr, mit dem die Tiere vor einen Wagen oder vor einen Pflug gespannt werden, stets auf dem notwendigen technischen Stand gehalten und gelegentlich repariert werden. Irgendwelche Eisenteile fehlten immer beim Wohnhaus, bei den Leiterwagen aus Holz, bei den Türen und größeren Toren. Dann wurde wiederum ein Heuaufzug gebaut und was noch alles.

Gustav hatte ja bereits von Anna Weingarten Aufträge bekommen. Ich konnte es in ihren, aber auch in Gustavs Wirtschaftsbüchern sehen. Dort war neben dem Thema des Auftrags, etwa dem Anbringen des erwähnten Heuaufzugs, notiert, was es gekostet hatte. Nun setzte sich diese wirtschaftliche Beziehung zwischen dem Schmied und dem Gutshof Wilhelmsthal fort. Die täglichen Ereignisse auf dem Anwesen waren somit immer Thema am Familientisch von Rosa und Gustav.

Der Gutshof wurde zu einem Zentrum des sozialen Lebens der Bräijder

Siegfried und seine Frau Lena, die nun den Hof Wilhelmsthal bewirtschafteten, hatten insgesamt fünf Kinder. Rosa und Gustav bekamen insgesamt acht Kinder, sodass hier auch wechselweise Patenschaften übernommen wurden. Das bedeutete und wir sehen das auf historischen Fotos, dass sich die beiden Familien, aber auch die anderen

Bräijder Familien, zu wichtigen Anlässen wie Kindstaufen oder Erst-kommunionen trafen und zusammen feierten.

Weitere Anlässe, wo sich alle trafen, waren natürlich Hochzeiten, Sil-berhochzeiten oder Beerdigungen. Siegfried pflegte auch die Bezie-hungen zu seinen anderen Geschwistern, insbesondere zu Wilhelm, dem in den Ostgebieten tätigen Ingenieur.

Als auf dem Gehöft im September 1938 Siegfrieds Hochzeit mit Lena stattfindet, sehen wir Rosa mit ihren Kindern bei der Gesellschaft sit-zen, auf dem Gruppenfoto, das vor dem Wohngebäude gemacht wur-de. Auch Pfarrer Albert Kampmann ist dabei. Es gibt ferner Fotos aus den Innenräumen von Wilhelmsthal, von den Frauen, wie sie in der Kü-che wirtschaften, von gedeckten Tischen in den Zimmern mit hohen Decken, wie sie sonst in den Ottfinger Bauernhäusern völlig unbekannt waren.

Wilhelmsthal als Refugium für ledige und verwitwete Frauen

Für Siegfried d. Ä. und Lena schien es selbstverständlich, dass sie Gu-stavs Mutter, das heißt Rosas Schwiegermutter Wilhelmine, 1938, es war direkt nach ihrer Hochzeit, auf den Hof nach Wilhelmsthal holten, nachdem Vater Anton 1935 verstorben war und die ledige Bräijder Tante, das heißt Maria Schwarz, kam in dem Zuge auch mit auf den Hof.

Beide Frauen, die eine verwitwet und die andere ledig geblieben, hatten somit nicht nur Familienanschluss und einen Ort, wo sie bis zum Tod bleiben konnten, was auch immer geschah, sondern sie hatten wichtige Aufgaben im alltäglichen Leben auf dem Gutshof, in der Hauswirtschaft, in der Landwirtschaft und bei der Betreuung und Erziehung der Kinder.

Auch Erna Wendtland, Wilhelms feine und gebildete Ehefrau aus Pom-mern, zog, in der durch Wilhelmine und Maria begründeten Tradition, nach dem Tod ihres Mannes, von Brilon nach Wilhelmsthal. Allerdings war das schon nachdem das Gehöft in den 1970er Jahren abgebrannt war und dann ein neuer Hof, mit großem Wohnhaus daneben, an anderer Stelle, etwa einen Kilometer entfernt und weiter weg von der Landstraße gelegen, aufgebaut worden war.

Auf diese Weise verlagerte sich das Zentrum des Bräijder Lebens von Ottfingen nach Wilhelmsthal, wenngleich sich um die Ottfinger Schmiede herum und im Haus von Rosa und Gustav auch ein intensives Leben entfaltete. Der Hof Wilhelmsthal lag auch ein ganzes Stück außerhalb des Dorfes.

Der Hof Wilhelmsthal wurde mit hoher Wahrscheinlichkeit aus den Gewinnen des Bergbaus errichtet

Die Bräijder und damit auch Rosa hatten fortan zwei familiäre und soziale Zentren, das eine in Ottfingen und das andere auf dem Hof Wilhelmsthal und das Erstaunliche war, dass diese vergleichsweise luxuriöse Immobilie weitestgehend aus finanziellen Mitteln erbaut worden war, die Männer wie Rosas Vater Josef Eichert und deren Vorfahren mit erwirtschaftet hatten, ohne dass sie selbst aber in nennenswerter Weise davon profitiert hätten, ganz im Gegenteil. Oftmals hatten sie ihre Gesundheit geopfert oder gar ihr Leben gelassen.

Wir können heute nicht einschätzen, welche Gedanken Rosa und Gustav, Lena und Siegfried und all die anderen zu diesem Thema hatten, ob und wie sie darüber sprachen und im Stillen über diesen, sicher wenig erfreulichen, Zusammenhang dachten.

Todesfälle: Das Schicksal wirft erneut
Schatten auf den Hof Wilhelmsthal

Siegfried d. Ä. als frischgebackener und dann Schritt für Schritt Erfahrung sammelnder Großgrundbesitzer verkehrte nun teils mit Unternehmern oder anderen Großbauern, auch ging er mit solchen Männern auf die Jagd. Das Leben auf dem Gutshof wurde durch den frühen Tod der erstgeborenen Tochter sehr stark belastet, auch durch die Leidensgeschichte des Mädchens vor ihrem Tod. Siegfried hatte ihr ein Bett mit Rollen darunter zurechtgemacht, damit man sie ins Freie schieben und in die Außenaktivitäten der Familie, zumindest ansatzweise, einbeziehen konnte, als sie schon nicht mehr laufen konnte.

Oft war Siegfried, er war ein attraktiver Mann im besten Alter, mit einem guten Freund zur Jagd gegangen. Stunden hatten die beiden draußen in den Wäldern und im Freien verbracht. Als er den Freund huckepack durch einen Bach trug, weil dieser keine Gummistiefel hatte, löste sich versehentlich ein Schuss aus dem geladenen Gewehr und tötete den Freund.

Siegfried legte den verwundeten Freund ins Gras, wo er verblutete. Es gab eine polizeiliche Untersuchung, doch man glaubte ihm am Ende, dass es ein Unfall war. Es gab Gerede in Ottfingen, sodass man auf dem Hof Wilhelmsthal sogar über eine Auswanderung nach Amerika nachdachte. Für Siegfried wird es vor allem aber ein tiefer Schmerz gewesen sein, den er versuchte im Alkohol zu ertränken.

Vielleicht hatte das Gehöft von Anfang an
etwas Unrechtes und Illegitimes an sich

Man könnte meinen, es läge eine Art Fluch über dem Gutshof Wilhelmsthal, indem das Anwesen, und diejenigen, die jetzt dort lebten, auf diese unerwartete Art und Weise, eben in Gestalt des Schicksals, das plötzlich eintritt, heimgesucht wurden. Vielleicht lag von Anfang an etwas Unrechtes und Illegitimes in dem Zustandekommen dieses Besitzes, war er doch durch die Männer dort unten in den Gruben, in der Tiefe der Erde, unter ausbeuterischen und gesundheitsschädigenden, teils tödlichen Bedingungen erwirtschaftet worden. Auch einer meiner Vorfahren aus der väterlich großväterlichen Linie war ja 1865 bei einem Grubenunglück zu Tode gekommen, das heißt es gab bergbaubedingte Todesfälle in der Linie der Bräijder wie auch der Chreschten.

Rosa dachte vielleicht, als sich das Unglück auf dem Gutshof Wilhelmsthal auf diese Weise zeigte, dass es am Ende doch besser war, in dem kleinen Ziegelsteinhaus zu wohnen und zu leben, zwischen den Steinen, die die Ochsen langsam auf einem Fuhrwerk von der Ziegelei im Osterseifen herangezogen hatten.

Siegfried Bröcher d. Ä., genannt „der Bär"

Auch Siegfried d. Ä. bekam es ja zu spüren. Er entwickelte teils eine schroffe, abweisende Art, wie berichtet wurde und was die Menschen erzählen, lässt an die Figur des Heathcliff in Emily Brontës Roman „Sturmhöhe" (Wuthering Heigths) denken.

Nun, sein engster Freund war tot und er hatte ihn versehentlich selbst getötet. Irgendetwas blieb in seinem Leben vielleicht unerfüllt. Es gibt dieses Foto aus einem Gasthof, nach der Jagd, wo Siegfried, sichtlich angetrunken, den Kopf eines toten Rehbocks, der auf dem Wirtshaustisch liegt, zärtlich umarmt und zu sich heranzieht.

Wenn er etwas getrunken hatte, war Siegfried zugänglicher, freundlicher, herzlicher. Dann konnte er freigiebig und großzügig sein. Oftmals wurden ja im Ottfinger Saal Eichert rauschende Feste gefeiert und wenn den Menschen allmählich das Geld ausging, um noch weiter zu feiern, dann konnte Siegfried durchaus noch ein ganzes Fass Bier auf seine Rechnung schreiben lassen und weiter ging es mit dem Fest bis in den frühen Morgen.

Überhaupt zeigte Siegfried d. Ä. ja auch liebevolle und großzügige Seiten, indem er all die verwitweten und ledigen Frauen bei sich aufnahm. Zugleich entsteht das Bild einer herben, rauhen Männlichkeit, an der sich die einen rieben und von der sich die anderen, Frauen wie Männer, wiederum angezogen fühlten. Man nannte ihn „der Bär".

Die Überschreibung des Großgrundbesitzes war für ihn, vom Ende seines Lebens her betrachtet, in der Summe jedoch eher nicht glückbringend. Dies kam auch in dem großen Brand zum Ausdruck. Zwischendurch gab es sicher auch gute und heitere Zeiten.

Rosa war umgeben von den Bräijder, die vieles verkörperten, was sie selbst nicht war

Rosa war umgeben von den Bräijder und jeder und jede von ihnen setzte ganz eigene Akzente und wurde so zum Teil von Rosas familiärem und sozialem Leben. Karlinchen, wie Gustavs Schwester Karoline genannt wurde, wurde mehr und mehr zu einer Schlüsselfigur im öffentlichen Leben des Dorfes.

Nun sie konnte auch zupackend arbeiten und hatte das auf dem Hof Wilhelmsthal viele Jahre getan. Aber sie war auch eine Kabarettistin, eine gesellschaftspolitische Rednerin, eine „Stimmungskanone", die immer wieder bei Festen und Feiern auftrat und einen Zettel aus ihrer Handtasche holte und dann den Leuten etwas vortrug.

Karlinchen hatte ein Gespür für Stimmungen und Emotionen, auch für die Sorgen der Menschen. Sie hielt guten Kontakt mit dem Pfarrer. Mit diesem gemeinsam hatte sie auch Theaterstücke für den Ottfinger Theaterverein ausgewählt und umgeschrieben. Eine ihrer Lieblingsrollen war die eines aufmüpfigen Dienstmädchens, das offen und teils boshaft Kritik an sozialen Hierarchien und Machtverhältnissen übt.

Wie schon erwähnt, trat sie in einem Herrensmoking und mit Zylinder auf. Auch ihr Bruder Siegfried hatte Spaß an solchen Travestien. Auch er gab gerne allerlei lustiges und provokatives Zeug von sich, freilich nur, wenn er etwas getrunken hatte, etwa nach der Jagd, im Saal Eichert.

Für Rosa wäre das alles undenkbar gewesen. Niemals wäre sie auf eine solche Art und Weise aus sich herausgegangen. Sie wahrte zu allem, was um sie herum geschah, eine größtmögliche Distanz.

Wilhelms Karriere in den deutschen Ostgebieten

Gustavs Bruder, und damit Rosas Schwager, Wilhelm, stieg auf im Dritten Reich, baute in Pommern Straßen, legte dort Wiesen an. Er war zwar kein überzeugter Nationalsozialist, aber er war immerhin Mitglied der NSDAP. Als leitender Ingenieur war er auch Mitglied der Organisation Todt. Wilhelm gehörte somit zur nationalsozialistischen Elite, mit einer gebildeten Frau an seiner Seite.

Es war auch streng geheim, was Wilhelm beruflich genau machte. Jedenfalls war Rosa das unheimlich und Grund genug, auf Distanz zu bleiben. Den Kontakt zu seiner Frau Erna genoss sie hingegen, bei aller kulturellen und sozialen Unterschiedlichkeit, denn sie selbst war nun mal in einer anderen Schicht aufgewachsen. Erna brachte Rosa immer wieder Bücher mit nach Ottfingen, die ersehnten Romane.

Johann Eicherts und Wilhelm Bröchers
berufliche Wege im Vergleich

Interessant ist nun Wilhelms beruflichen Weg mit dem von Johann zu vergleichen, da die beiden ja annähernd gleich alt waren, auch wenn noch einige Jahre dazwischen lagen, das heißt der 1900 geborene Wilhelm war fünf Jahre älter als Johann. Gemeinsam ist beiden, dass in der Ottfinger Fachwerkschule jeweils ein Lehrer aufmerksam wurde auf die Lernfähigkeiten und Begabungen dieser Jungen.

In Wilhelms Fall wurde der Besuch einer speziellen Fachschule in Siegen empfohlen, wo es um die Vermittlung von technischem Wissen für Wiesen- und Straßenbau ging. 1853 war diese höhere Fachschule zunächst als „Wiesenbauschule" gegründet und 1901 in „Wiesen- und Wegebauschule" umbenannt worden. 1962 hieß diese Schule dann „Staatliche Ingenieurschule für Bauwesen Siegen". 1971 wurde diese Schule in die Gesamthochschule bzw. Universität Siegen integriert[27].

Heute wäre Wilhelms Besuch dieser Fachschule vergleichbar mit dem Besuch einer Fachhochschule. In der Tat erwies sich dieser Schulbesuch auch als Sprungbrett für eine außerordentlich steile Karriere. Wilhelm entwickelte in leitender Position Konzepte, entwarf, koordinierte. Das ist das, was offiziell gesagt wurde und was jeder wissen durfte. Zugleich baute und entwickelte Wilhelm, im Rahmen der Organisation Todt, im Verborgenen, unter absoluter Geheimhaltung. Woran genau er gearbeitet hat, das wissen wir nicht. Wilhelm und Erna haben keine Nachkommen, die wir fragen könnten.

Ob es an der Siegener Fachschule ein Schulgeld zu zahlen gab, wissen wir nicht genau, doch ist das anzunehmen. Vermutlich übernachtete Wilhelm in Siegen. Es hätte auch keine Möglichkeit gegeben, zu dieser Zeit täglich zwischen Ottfingen und Siegen zu pendeln. Mutter Wilhelmine verfügte aus ihrer Erbschaft, die aber auch mit den bereits erwähnten Zuwendungen aus dem Umfeld des Landadels aus dem Siegerland zu tun haben konnte, über gewisse finanzielle Mittel, um die Kosten von Wilhelms Fachschulbesuch in Siegen zu bestreiten. Insofern waren die Bräijder finanziell besser gestellt als die Chreschten, wo es keine solchen Mittel, die aber letztendlich aus der sozialen Schicht des Landadels stammten, im Hintergrund gab.

---

[27] Diese Informationen entstammen einem Dokument aus der Universitätsbibliothek Siegen; https://www.ub.uni-siegen.de/expo/wiesen/word/chronol.pdf

Johanns eingeschlagener Weg
zielte auf universelle Bildung

Auch die Bildungswege unterscheiden sich erheblich, wenn wir Johann und Wilhelm vergleichen: Johann und seinen Eltern wurde nicht der Besuch einer technisch ausgerichteten Fachschule empfohlen, sondern der Besuch des Attendorner Rivius-Gymnasiums. Dieser Weg zielte nicht auf die Aneignung eines speziellen technischen Wissens, sondern auf die Universität im traditionellen Sinne, nämlich von Studienmöglichkeiten in der vollen Breite der Wissensgebiete und Wissenschaftsgebiete.

„Vorläufer der Schule war eine humanistisch geprägte Schule, die um 1515 gegründet wurde", lesen wir auf Wikipedia.[28] Und weiter heißt es dort: „Nachdem 1636 die Franziskaner das Recht zur Niederlassung in Attendorn erhalten hatten, führten sie die Tradition der Schule als franziskanisches Gymnasium… fort". An der nun „Marianum Seraphicum" genannten höheren Schule wurden insbesondere „Religion, Latein, Griechisch und neuere Sprachen sowie Naturwissenschaften" unterrichtet.

Ohne hier die lange und wechselvolle Geschichte dieses traditionsreichen Gymnasiums im Detail rekonstruieren zu wollen, können wir doch festhalten, das Johann Eichert einer von ganz wenigen Dorfjungen aus Südwestfalen und, speziell aus Ottfingen, sicher der einzige Junge war, der in diesen Jahren zu einem solchen klassischen Bildungsweg überhaupt zugelassen wurde und diesen dann auch fast bis zum Ende ging.

Für Johann kam eine Karriere der anderen Art

Von einer beruflichen Karriere lässt sich im Fall von Johann nun aber nicht mehr sprechen, als dieses alles nämlich in sich zusammenbrach,

---

[28] https://de.wikipedia.org/wiki/Rivius-Gymnasium

durch den frühen Tod des Vaters und in der Folge durch das Fehlen von finanziellen Mitteln, um den Schulbesuch noch ein weiteres Jahr, bis zum Bestehen des Abiturs, fortzusetzen.

Es war vielleicht eine Karriere der anderen Art, die er dann noch machen konnte, aufbauend auf der Tätigkeit eines technischen Zeichners bei Apparatebau Brandt, nämlich sich in öffentlichen Ämtern für das Gemeinwesen zu engagieren, bis hin zur Tätigkeit als ehrenamtlicher Bürgermeister der Gemeinde Wenden.

Wilhelm als Angehöriger der technischen NS-Elite interniert und befragt

Wilhelm wurde von den Britischen Besatzungsmächten nach dem Ende des Zweiten Weltkriegs etwa ein halbes Jahr interniert. Immerhin war er Mitglied der Organisation Todt und wir können nur darüber spekulieren, an welchen Projekten er außer dem Straßen- und Wiesenbau in Pommern und den deutschen Ostgebieten noch beteiligt war.

Die steile Karriere von Wilhelm wurde seitens der britischen Besatzungsmacht erst einmal auf Eis gelegt. Nach dem halben Jahr in einem Lager, wo er sicher viele Male verhört und befragt worden ist, ließ man ihn frei und er machte in Brilon weiter Karriere, indem er dort eine öffentliche Behörde leitete, als hoher Beamter.

Erna und Wilhelm bauten sich in Brilon ein Haus. Erna bekam ein Lesezimmer mit Bibliothek und Wilhelm ein Herrenzimmer, wie man es damals nannte, zum Rauchen, Freunde treffen und Radio hören. Als Wilhelm 1978 starb, siedelte Erna nach Wilhelmsthal über, wo sie bis zu ihrem Tod lebte.

Schon im letzten Jahr des Ersten Weltkriegs war Wilhelm als Soldat in Frankreich, auch 1940, das heißt während des Zweiten Weltkriegs war er unter anderem in Frankreich und dort, so ist es in seinem Dienstbuch zu lesen, mit dem Schutz der französischen Kanalküste befasst. Er war also nicht ausschließlich in Pommern, wenngleich wir immer wieder die Ortsnamen Köslin, Flatow, Deutsch Krone hören und lesen, in den Briefen, in Zusammenhang mit beruflichen Handlungsfeldern und Verantwortlichkeiten.

Außerdem war Wilhelm Mitglied der NSDAP. Er musste dies auch sein, weil er sonst nicht in dieser Weise hätte beruflich aufsteigen können. Dasselbe galt ja für Siegfried, der den Hof Wilhelmsthal übernahm. Doch für beide Brüder, die sich zeitlebens eng verbunden blieben, gilt, dass sie nach übereinstimmenden Zeugenaussagen von Dutzenden Personen keine überzeugten Nationalsozialisten waren, was sich durch vielerlei überlieferte Anekdoten und Berichte belegen lässt.

Insbesondere Siegfried d. Ä. war in seinem Charakter durch ein hohes Maß an Widerständigkeit und Eigensinn geprägt. Niemals hätte er sich zum Mitläufer der Nationalsozialisten gemacht. Als Großgrundbesitzer und Großbauer, der vom Reichserbhofgesetz profitiert hatte, war er zwar gezwungen, Mitglied der NSDAP zu sein, doch trug er die Mitgliedsnadel auf der Innenseite der Jacke.

Alles, was wir über ihn wissen, drückt die größtmögliche Distanz zu den nationalsozialistischen Stellen aus, die damals den Ton angaben. So versteckte Siegfried d. Ä. auch einen Polen bei sich auf dem Hof, der woanders als Knecht gearbeitet und aus irgendeinem Grund von den Nationalsozialisten gesucht wurde.

Die Polen, die zunächst als Zwangsarbeiter auf den Hof Wilhelmsthal gekommen waren, bezahlte er für ihre Arbeit, sodass sich lebenslange Bindungen zu den Männern entwickelten und diese, als der Zweite Weltkrieg zu Ende war, immer noch zu Besuch nach Wilhelmsthal kamen.

Das Kunststück, sich nicht von der
NS-Ideologie vereinnahmen zu lassen

Dieselbe kritische Distanz zum NS-Regime gilt für Johann Eichert. Es wird berichtet, dass es ihn belastete, dass er seine technischen Zeichenfähigkeiten in den Dienst der Rüstungsindustrie, und dazu gehörte im weitesten Sinne damals Apparatebau Brandt, stellen musste.

Es ist überliefert, dass die Ottfinger Bürgerinnen und Bürger den Aufbau einer Hitlerjugend im Dorf immer wieder hintertrieben und vereitelten. Daran war auch Johann Eichert beteiligt, genauso wie Gustav Bröcher. Mehrfach seien Versuche aus anderen Dörfern heraus in Ottfingen gemacht worden, solche Strukturen aufzubauen, und wir wissen heute, mit welch verführerischen Methoden die Nationalsozialisten hier gearbeitet haben, von germanischen Kulten bis zum Zeltlager, doch sie erreichten in Ottfingen absolut gar nichts bei der Jugend.

Johann entzog sich teils, weil es sonst gefährlich für ihn geworden wäre, durch eine Art passiven Widerstand. Gustav, Rosas Mann, der Dorfschmied, wehrte sich durch Ironie und Spott. Überliefert sind seine Sprüche wie etwa „Scheiße ist auch braun" oder als der Ottfinger Repräsentant der Nationalsozialisten (einer von den wenigen erwachsenen Männern, mehr waren es auch nicht) zu Gustav in die Schmiede kam und dort ein Führerbildnis aufgestellt sehen wollte und Gustav dann fragte: „Sollen wir ihn aufhängen oder an die Wand stellen?"

In einer Zeitmaschine zurück in das Jahr 1892

Doch erneut zu Josef Eichert, meinem Urgroßvater. Lissa Eichert-Klute hat den Ausschnitt aus dem Gruppenbild retuschieren lassen, sodass ich ihn jetzt allein, ganz für sich genommen, losgelöst von seiner Familie, betrachten kann. Ich nehme mir erneut Zeit, ihn in Ruhe anzuschauen, mich in ihn hineinzudenken, in sein Leben hineinzuversetzen.

Auf dem Bild sieht man seine angegriffene Gesundheit so nicht ohne Weiteres.

Ich stelle mir vor in einer Art Zeitmaschine in das Jahr zurückzureisen, als Josef etwa 18 Jahre alt war, also in das Jahr, als er die Volksschule in Ottfingen abgeschlossen hat und vielleicht noch eine Lehre gemacht hat, doch nein, wir wissen ja, dass die Lehrjungen damals noch Geld mitbringen mussten, dass Josef folglich keine Lehre als Zimmermann, Schmied oder Tischler hätte machen können, weil die Familie das Geld nicht hätte aufbringen können.

So muss ich noch ein paar Jahre weiter zurückreisen, um ihn abzufangen, damit er erst gar nicht auf die Idee kommt, so wie sein mit vierzig Jahren verstorbener Vater in die zwischen Ottfingen, Möllmicke und Vahlberg gelegenen unterirdischen Labyrinthe hinabzusteigen. Oder sagen wir, er hätte das doch drei Jahre lang gemacht. Ich reise also zurück in das Jahr 1892. Josef ist nun 18 Jahre alt.

Mit Josef Eichert nach Nordamerika

Gemeinsam nehmen wir ein Schiff, vielleicht von Bremerhaven oder von Holland aus. Die aus Altenhof stammende Maria Weber, die Josef da schon kennt, nehmen wir mit, auch meine aus Wenden stammende Frau Karin Anna Jung-Bröcher nehmen wir mit. Wir überqueren den Atlantik, landen in Ellis Island, halten uns zunächst in New York mit Gelegenheitsarbeiten über Wasser, sparen dann ein wenig Geld um weiter nach Westen zu fahren, sagen wir nach Colorado.

Schließlich ziehen wir weiter nach Wyoming, wo wir zunächst auf der Farm eines Bauern mitarbeiten und schließlich selbst Land erwerben und zu viert eine eigene Farm aufbauen, unter diesem gigantischen Himmel, in dieser Weite, in dieser scheinbar endlosen Landschaft. Josef und ich reiten zusammen aus, beaufsichtigen unsere Viehherden, wir bestellen Felder, sitzen am Lagerfeuer, eine Schar von Kindern wächst heran, seine und meine, alle miteinander. Die Frauen gehen ganz in ihrer Arbeit auf, sie kümmern sich um Haus und Hof und sie lieben genau dieses Leben, so wie Josef und ich auch.

Siegfried der Großbauer und die Nationalsozialisten

Kommen wir erneut zu Siegfried. Er verachtete die Nationalsozialisten. Diese verlangten in der Zeit der Mangelversorgung während des Zweiten Weltkriegs ihren Tribut, das heißt die Herausgabe von Wertgegenständen, Materialien oder Lebensmitteln.

Einmal erschienen zwei NS-Leute in Wilhelmsthal und wollten Einlass, um die Räume zu inspizieren und Materialien und Vorräte mitzunehmen. Siegfried stellte sich ihnen in den Weg und als sie versuchten, ihn an der Tür beiseite zu schieben, schlug er mit einer Harke auf sie ein. Es gab ein Gerichtsverfahren. Schließlich wurde dieses gegen Zahlung einer Geldstrafe eingestellt.

Als Reaktion auf solche Dinge bauten Siegfried und Lena, seine Frau, unter riesigem Getürm aus Heu versteckt, auf dem Dachboden, zwischen dem Wohnhaus und dem angrenzenden Wirtschaftsgebäude gelegen, eine Kammer, die sie familienintern „Zementbude" nannten. Diese Kammer war nur zu begehen durch die Rückwand des Kleiderschranks in Siegfrieds und Lenas Schlafzimmer. Hier wurde dann in der Folge alles gelagert, was von Wert war und vor den regierenden Stellen im Dritten Reich versteckt werden musste und womöglich haben sie hier bei Kontrollen der Behörden auch den gesuchten Polen versteckt.

Der große Brand vom September 1975

Nach dem verheerenden Brand auf dem Gutshof sahen wir diese verborgene Kammer und die geheime Tür, denn das Dach und die vielen

Meter Heu, die dort drum herum lagerten und die diese Kammer sorgfältig verborgen hatten, waren niedergebrannt.

Die Stunde des Hofes Wilhelmsthal schlug am 11. September 1975, abends gegen 19.30 Uhr. Da stand alles in Flammen, was zum einen durch die Gewinne aus dem Bergbau errichtet worden war und was dann die Nationalsozialisten mit dem Reichserbhofgesetz und in der Folge Siegfried und Lena mit ihrer Landwirtschaft weiter daraus gemacht hatten.

Nun die Familie baute mit der Entschädigung seitens der Wohngebäudeversicherung einen neuen Hof. Es blieb so zwar immer noch bei der materiellen Umverteilung des durch die Weingartens aus dem Bergbaugeschäft angesammelten Vermögens hinein in die unterste Volksschicht und zum Nachteil der Kirche, der der Gutshof ja eigentlich von Anna Weingarten überschrieben werden sollte.

Doch für Rosa muss das alles zeitlebens sehr ambivalent gewesen sein, war diese Ansammlung von Besitz und Reichtum doch in erster Linie auf Kosten von Bergleuten wie ihrem Vater Josef und dessen Vater Peter, ihrem Großvater, und noch vielen anderen davor, geschehen, Männer, die dafür ihr Leben vorzeitig hatten lassen müssen.

Die nationalsozialistische Umverteilung
in den Volksboden hinein

Was die Nationalsozialisten dann daraus gemacht haben, im Sinne ihrer sozialen Umverteilung in den Volksboden hinein und im Sinne ihrer Blut-und-Boden-Politik, das wirft vielerlei Fragen auf. Egal wie wir das Ganze drehen und wenden, es klebte ja noch immer das tuberkulöse Blut der Bergleute an diesen Mauern, als laste ein Fluch auf dem Gehöft. Vielleicht war schon der Bau an sich unrechtmäßig und dann die Übertragung im Sinne des Reichserbhofgesetzes ebenfalls. Alles, was in Zusammenhang mit dem Gutshof Wilhelmsthal geschah, war daher im Grunde problematisch, schon von der Grundlage her, auf der das ganze Unternehmen basierte.

Das Feuer als Antwort der Vorsehung?

Erst die Flammen schienen dies zu beenden, ausgelöst durch feuchtes Heu, irgendwo in der Mitte der Dachböden, die sich auf beträchtlicher Länge vom Wohnhaus über die Stallungen erstreckten, wohl über einem Schacht, durch den Heu nach unten in die Ställe geworfen wird, um die Tiere zu füttern, und wo Luftzug entstehen kann und von wo aus sich ein Feuer nach allen Seiten verbreiten kann, ohne dass es von irgendeiner Seite aus noch gelöscht werden kann.

Schlote, Schächte, Luftzug, Gase, in gewisser Weise gibt es in der Welt der mit Heu bis in die letzten Ritzen ausgestopften Dachböden ähnliche Strukturen und Risiken wie unter der Erde, in den Stollen und Schächten. Wenige Stunden später stand das Gehöft, in seiner gesamten Länge, in hellen Flammen.

Rosa verblieb in Anbetracht der Katastrophe in ihrer stoischen Grundhaltung

Die aus Ottfingen herbeigekommenen Menschen standen schweigend auf einer angrenzenden Weide. Sie zeigten kaum eine emotionale Regung. Ich stand dort neben meinem Vater. Es wäre nicht Rosas Art gewesen herbeizulaufen und sich das anzuschauen. Sie wird still und sparsam auf die Mitteilung reagiert haben, dass der Hof Wilhelmsthal brennt.

Sie hat vielleicht das Geschirr gespült, nach dem Abendessen und sich dann an den Küchentisch gesetzt, um einige Kleidungsstücke zu stopfen, zu reparieren, vielleicht hatte sie sogar vor, später am Abend einige Seiten aus einem ihrer geliebten Romane zu lesen, nachdem die

Näharbeiten abgeschlossen waren, als jemand aus dem Dorf aufgeregt an der Haustür stand und rief, dass es „auf dem Wilhelmsthal", wie man es im Dorf ausdrückte, brennen würde. Rosa legte die Näharbeiten beiseite und saß still da. Sie wird all das, was hier zu einem dramatischen Ende kam, wohl bedacht und sich vergegenwärtigt haben.

Das meiste unserer Ambitionen erweist sich als „Haschen nach dem Wind"

Rosa las dann und wann das Buch „Kohelet" und erwähnte mir gegenüber diesen Text einmal, als ich schon Student war, wenngleich ich damals noch zu jung war, um die Tragweite zu begreifen, welch wichtigen Impuls mir meine Großmutter damals gegeben hatte.

Sie musste dieses mehrere Jahrtausende alte Bibelkapitel jedenfalls gut verinnerlicht haben, wonach wir uns durch zuviel Engagement in der Welt nur schaden, anstatt das Leben, wenn auch in einem bescheidenen, natürlichen Maße zu genießen und eben zu leben, jedenfalls sich in keinen übertriebenen Aktivismus zu stürzen, denn das wäre, nehmen wir die Luther-Übersetzung des Buches Kohelet zur Hand, alles nur „Haschen nach dem Wind".

Wer das Buch Kohelet oft genug gelesen hat, glaubt auch nicht an Gerechtigkeit auf Erden und weiß darum, dass es immer Menschen geben wird, die versuchen, andere auszubeuten und zu instrumentalisieren für ihre eigenen materiellen Zwecke und ihre egoistischen Motive.

Kohelet, der Prediger, er war vermutlich ein König, beschreibt die Welt als eine Bühne, auf der die Menschen kommen und gehen. Der Verfasser sieht sich zum einen als weltgestaltenden und das Leben genießenden Akteur, zum anderen fragt er nach dem Sinn des Daseins. Angesichts des unaufhaltsam kommenden Todes erweisen sich aus seiner Sicht viele menschliche Aktivitäten als „Windhauch" (vgl. Stuttgarter Übersetzung, 2006) bzw. als „Haschen nach dem Wind" (vgl. Luther-

Übersetzung, 1912). Ich denke erneut an den letzten Teil der bereits erwähnten Bach-Kantate „Ich will den Kreuzstab gerne tragen".

Begrenztes Engagement in der Welt und das Leben im rechten Maße genießen, denn alles hat seine Zeit

In der Sichtweise von Kohelet, dessen geistige Haltung Rosa in besonderer Weise zu verkörpern schien, ist jede Gegenwart die dem Menschen gegebene Zeit. Er soll auf angemessene Weise tätig sein, sein Leben genießen und dabei das rechte Maß an Wissen und Weisheit erwerben. Zugleich soll er sich bewusst sein, dass sein Leben endlich ist.[29]

Möglicherweise sprach der katholische Priester über das Buch Kohelet

Vielleicht wurde das Buch Kohelet durch den Ottfinger Priester Albert Kampmann thematisiert und somit Rosa zugänglich gemacht. Was wir von dem mutigen Mann wissen, der im Dritten Reich und während des Zweiten Weltkriegs in Ottfingen seinen Dienst tat (1934-1946), legt nahe, dass dieser Mann Gedanken von großer Reichweite und mit viel Tiefgang hatte und dass er über die Wahrhaftigkeit verfügte, die man sich von so einem Menschen nur wünschen kann und dass er dementsprechend auch handelte. Mit dem Geist, der sich durch das Buch Kohelet zieht, würde das jedenfalls gut zusammenpassen.

---

[29] Das Buch „Kohelet", in der revidierten Übersetzung von Martin Luther von 1912 (ursprünglich von 1534) auch „Der Prediger Salomo" genannt, wurde vermutlich im vierten oder dritten vorchristlichen Jahrhundert verfasst. Es gehört zu den Weisheitsbüchern im Alten Testament; https://www.die-bibel.de/ressourcen/bibel-kunde/bibelkunde-at/prediger-pred

Johanns Bibliothek, und darin die Existentialisten

Wir wissen nicht, wie Johann reagiert hat, als er von dem Brand auf dem ehemaligen Anwesen der Weingartens hörte. Er wird das Ganze Geschehen in seiner historischen, wirtschaftlichen und sozialen Verzweigtheit und Komplexität sicher vor Augen gehabt haben. Nun er las Jean-Paul Sartre, wie wir sicher sagen können, denn er verfügte über eine kleine Bibliothek, zu der auch die Schriften der Existentialisten gehörten. Also wusste er mit hoher Wahrscheinlichkeit auch etwas über Sartres Konzept der „Faktizität", also das, was in unserem Leben gegeben ist, wodurch es derzeit bestimmt ist, und über das Konzept der „Transzendenz", das heißt, das was aus unserem Leben werden kann.

Gutshof Wilhelmsthal: Aus Bergbaugewinnen errichtet, nun Ort zur Befriedigung körperlicher Bedürfnisse

Die Ruine des alten Gutshofes stand nach dem Brand lange leer. Es wurde ein provisorisches Blechdach darüber gemacht, damit es nicht reinregnete. Schließlich kaufte ein Investor das Gebäude und machte daraus ein Bordell. Noch in der Gegenwart wird das ehemalige Gehöft in der Art und Weise genutzt.

Eines Abends, auf dem Weg von Berlin, über Thüringen, nach Niederbreidenbach, wo meine Frau und ich in den Jahren den oberen Teil der alten Dorfschule gemietet hatten, hielt ich vor dem ehemaligen Gutshof in Wilhelmsthal an und ließ die Szenerie mit der Leuchtreklame auf mich wirken. Ich schloss die Augen und ließ noch einmal den gesamten Bilderstrom zu den historischen Ereignissen dort in mir ablaufen.

Dann fuhr ich weiter zu der alten Dorfschule in Niederbreidenbach, die sich gleich neben dem Grundstück befindet, wo das Geburtshaus von Robert Ley, das heißt Hitlers Arbeitsminister stand, dem Begründer der NS-Ordensburgen und dem Mitkonstrukteur des Reichserbhofgesetzes, neben Richard Walther Darré, bis dass Robert Leys Vater das

Fachwerkhaus, in dem die Familie Ley wohnte, aus wirtschaftlicher Not heraus, selbst anzündete, um an die Versicherungssumme zu gelangen und dafür ins Gefängnis wanderte. Die gebeutelte Mutter Ley kam dann mit den vielen Kindern im nahen Mildsiefen bei Verwandten unter.

Robert Ley, das Gut Rottland und die Ordensburgen

Robert, eines von zehn Kindern der Leys, geboren 1890, hatte Glück, weil ein Lehrer, in derselben Dorfschule, in der wir wohnten, damals seine Talente entdeckt und ihn ins Waldbröler Hollenberg-Gymnasium befördert hatte. Wir sehen hier eine Parallele zu den Lebensgeschichten von Johann Eichert und Wilhelm Bröcher. Alle drei Jungen wurden durch Volksschullehrer unterstützt und auf höhere Schulen geschickt.

Trotz der familiären und wirtschaftlichen Katastrophe, in die die Familie Ley geraten war, ging es für den Sohn Robert ungehindert voran. Er machte Abitur, studierte an Universitäten und promovierte in Chemie. Sicher hatte er einen Förderer, einen Mäzen, der das finanziell ermöglicht hat. Robert Ley macht eine steile Karriere, wohl auch, weil er bestens in nationalsozialistischen Kreisen vernetzt ist. Schon bald residiert er in Berlin-Mitte, in der Wilhelmstraße, hinter dem Brandenburger Tor. Regelmäßig kommt er im offenen Wagen ins Bergische Land zurück, eine elegante Frau mit blonden Wasserwellen auf dem Beifahrersitz.

Robert Ley kannte natürlich auch den Hof Wilhelmsthal, an der alten Handelsstraße zwischen Rothemühle und Freudenberg gelegen. Am Reichserbhofgesetz hatten Männer wie er mitgewirkt. Auch die Umwandlung des Gutshofes Wilhelmsthal in einen „Reichserbhof" hatte auf seinem Schreibtisch in der Berliner Wilhelmstraße gelegen.

Im Bergischen Land, nicht weit von seinem Geburtsort Niederbreidenbach entfernt, baute Ley das Gut Rottland zu einem nationalsozialistischen Modellhof aus. Als die Amerikaner, gegen Kriegsende, vom

Rheinland her einrückten, ließ er das Hauptgebäude, einen eindrucksvollen Fachwerkbau von enormen Ausmaßen, in Brand stecken.

Alles ist miteinander verbunden

Einst saß ich in Boston in der Empfangshalle eines Hotels und traf einen jüdischen Professor, der 1925 in Nürnberg geboren wurde und im Dritten Reich mit einem der letzten Kindertransporte nach Amerika geflohen war. Sein amerikanischer Name war Edgar Klugman, zuvor in Deutschland war sein Name Edgar Siegfried Klugmann.[30]

„It is all connected", sagte er mehrfach in unserem Gespräch über die großen Zusammenhänge, es ist also alles miteinander verbunden. Er sagte es so eindringlich, dass ich es nie wieder vergaß. Sämtliche Dinge sind verbunden, zeitlich, räumlich, geografisch, sozial, kulturell, geistig und spirituell.

Vor Gustavs Schmiede steht ein Pferd. Gustav lässt den Hammer auf ein glühendes Hufeisen niedergehen. Wilhelm beaufsichtigt den Bau von neuen Straßen in Pommern. Rosa geht als junge Frau in die Kirche und stellt frische Blumen, die Mutter Maria im Garten geschnitten hat, auf den Altar. Siegfried streift mit seinem Freund durch die Wälder, mit dem Gewehr in der Hand.

Lena steht auf dem Hof Wilhelmstal mit Schürze und Gummistiefeln in der Milchküche neben dem Stall und stellt Butter her. Johanna und Johann singen sonntagsmorgens in der Küche, während sie das Mittag-

---

[30] Dr. Edgar Klugman (1925-2024) war in den Vereinigten Staaten viele Jahrzehnte in der Frühpädagogik (Early Childhood Education) tätig. Später lehrte er als Professor am Wheelock College Boston, wo ich ihn im März 2010 kennenlernte.

essen vorbereiten, gemeinsam die Arie „Panis Angelicus", von César Franck.[31]

Die Frau des NS-Ortsgruppenführers bettet abends ihre Kinder in dem Bereich der mittelalterlichen Kirche, wo früher der Altar und die Sakristei waren. Robert Ley sitzt in der Berliner Wilhelmstraße, macht Entwürfe für die Ordensburgen, feilt am Reichserbhofgesetz und denkt an den Moment zurück, als die Inspektoren das abgebrannte Elternhaus im Bergischen Land, in Niederbreidenbach, untersuchten und dann die Polizisten seinen Vater mitnahmen.

Der NS-Ortsgruppenführer sitzt vor dem Führerbild, das er neben die Kirchentür gehängt hat, führt einen inneren Dialog mit Adolf Hitler und hofft, dass dieser irgendetwas unternimmt, um ihm und seiner Familie aus der wirtschaftlichen Notlage herauszuhelfen. Der Ottfinger Pfarrer Kampmann notiert die neue Sonntagspredigt und versucht über Bilder und zwischen die Zeilen gelegte Anspielungen zu den Menschen zu sprechen und ihren Widerspruchsgeist zu stärken.

Feurige Kacheln werden vom Himmel herabgeschleudert

Josef Eichert sitzt nachts hustend im Bett. Morgens sieht Maria die Emailleschüssel mit dem blutigen Auswurf der vergangenen Nacht. Sie kämmt ihr Haar streng nach hinten und versucht ihre Fassung zu bewahren.

Gegen 22.00 Uhr, als der Gutshof Wilhelmsthal brennt, stürzt der westliche Giebel ein. Als die glühenden Blechplatten mit einem hellen Funkelregen zu Boden gehen, wirkt es, als seien aus dem Himmel feurige Kacheln herabgeschleudert worden.

---

[31] „Panis angelicus" lässt sich übersetzen mit Himmelsbrot oder Engelsbrot. Wer sich die Arie einmal im Internet anhören möchte, gesungen von Elina Garanča, kann dies hier tun: https://www.youtube.com/watch?v=5U9gIr5aIyU

Ernas Mutter will ihr geliebtes Pommern nicht mehr verlassen. Als die letzten Fuhrwerke, vollgeladen mit Menschen und ihren Habseligkeiten, nach Westen davonziehen, hört sie in der Ferne die russischen Soldaten anrollen. Sie schluckt eine Zyankali-Kapsel. Als Johann den zweiten Herzinfarkt erleidet, singt Johanna mit ihrer warmen Altstimme die Händel-Arie „Ombra mai fu"[32]. Diesmal steht sie alleine in der Küche. Sie hantiert mit dem Geschirr. Sie weint.

„It is all connected", sagte mir Edgar Klugman in Boston. Es schien das Wichtigste zu sein, was er mir sagen wollte. Nur um mir diesen Satz mehrfach und eindringlich zu sagen, hatte er sich mit seinen, zu der Zeit, 88 Jahren aufgemacht, um mich in dem Hotel zu treffen, mich, den Deutschen. Alles ist mit allem verbunden.

Erna lebt nach dem Tod ihres Mannes Wilhelm auf dem Neubau des Hofes Wilhelmsthal. Sie liest den Roman „Fluss ohne Ufer", von Hans Henny Jahnn.

Schlote und Schächte zwischen Heuböden und Stallungen

Die Katastrophe ereilte den Hof Wilhelmsthal an einem 11. September, allerdings 26 Jahre vor dem New Yorker Desaster im Jahre 2001. Wer setzte das Feuer auf dem Hof Wilhelmsthal am 11. September 1975 abends gegen 19.30 Uhr in Gang?

Es gab offenbar eine gewisse Feuchtigkeit in dem dicht gepressten Heu, das über allen, hintereinander gereihten, Gebäuden lagerte. Vielleicht gab es diese Feuchtigkeit auch nur in einigen wenigen Bereichen. Soviel war uns schon bekannt. Wir wissen auch bereits über die Öffnungen über den Ställen Bescheid, durch die das Heu nach unten geworfen wurde.

---

[32] „Ombra mai fu" lässt sich übersetzen mit „Nie war ein Schatten." Wer sich diese Arie einmal anhören möchte, gesungen von Nathalie Stutzmann, kann das hier tun: https://www.youtube.com/watch?v=DB44ehylkbk

Wir wissen von Schloten, die sich bilden können, durch das nach unten fallende Heu, von Korridoren oder senkrechten Schächte, durch die Luft ziehen kann, wenn unten Stalltore offen stehen. So wurde oben im Heu Sauerstoff zugeführt. Ein ungutes Luft-Gas-Gemisch konnte dort oben entstehen. Noch hatte sich keine Flamme gebildet. Noch sah man keinen Rauch. Noch ahnte keiner, was kommen würde. Doch wessen Hände haben den ganzen Handlungsablauf in Gang gesetzt?

Johann und Rosa: gesellschaftliches Wirken oder Rückzug in die Beschaulichkeit des persönlichen Lebens

Johann war davon überzeugt, dass er durch sein soziales und politisches Engagement etwas Wesentliches zum Aufbau einer besseren Gesellschaft beitragen konnte und opferte vermutlich zuviel von seinen eigenen Kräften.

Rosa entsagte allem öffentlichen Wirken, bis auf den Kirchendienst, den sie einige Zeit übernahm, und suchte ihr Glück und ihre Zufriedenheit in einem einfachen, ruhigen Leben und in den imaginativen Räumen der Literatur. In einem gewissen Rahmen gelang es ihr, das zu realisieren. Rosa ging durch all die geschilderten Ereignisse ruhig und gelassen hindurch. Sie überlebte sie alle mit ihrer ruhigen stoischen Art: Wilhelm, Gustav, Johann und Siegfried.

Familiengeheimnisse und zukunftsweisende Formen

Sie alle hatten auch ihre Geheimnisse. Die Generationen damals waren ihrer Zeit weit voraus. Wegen außerehelichen Affären wurde kein Aufhebens gemacht, wenn auch mal ein Kind von einem anderen Mann war. Es wurde eben mit den eigenen großgezogen und nach außen nicht weiter darüber gesprochen. Aus welchem Grund sollte man deshalb auch das ganze Familiengebilde auseinandersprengen, es wäre doch keinem damit gedient gewesen. Es ging doch stets darum, ein isoliertes, fragmentiertes Leben der Einzelnen, auch ein solches Aufwachsen von Kindern, zu vermeiden, ihnen vielmehr einen Platz in der familiären Gemeinschaft zu erhalten und die nötige Nestwärme zu geben, auch wenn das gelegentlich mit emotionalen Spannungen einherging. Es kann also gelegentlich von Bedeutung sein, bestimmte Dinge zu verschweigen und zu verbergen, auch beim Schreiben dieses Buches.

Erna im hohen Alter auf dem Hof Wilhelmsthal und das längere Leben der Frauen

Erna verbrachte ihr hohes Alter auf dem Hof Wilhelmsthal und wurde auf natürliche Weise in das dortige Familienleben integriert. Sie las viel. Sie tat, zur Belustigung aller Beteiligten, durch ihre Herkunft bedingt, ein wenig großbürgerlich und wenn mal eine Freundin von früher zu Besuch kam „empfing sie diese im Blauen Salon", wie uns Beate Bröcher berichtete.

Die Männer starben früh oder immerhin früher, egal ob Wilhelm, Gustav, Siegfried oder Johann. Sie hatten vielleicht keine so gute Selbstsorge wie die Frauen, das heißt Erna, Lena, Johanna und Rosa.

Nachdenken über andere Formen des Arbeitens, Lernens und Lebens

Die Alternative zum pädagogischen und wissenschaftlichen Weg wäre für mich sicher die Landwirtschaft gewesen, in Verbindung mit einem historischen Gebäude. Der Gutshof Wilhelmsthal war in dem Zusammenhang sicherlich inspirierend für mich, dennoch ist es auch eine mysteriöse, dunkle Geschichte, denken wir an all das, was sich hier zugetragen hat.

Ein wichtiges Thema, wenn wir an die ausbeuterischen Verhältnisse denken, unten denen Josef Eichert und seine Vorfahren im Bergbau arbeiteten, ist sicher die durchaus notwendige Kapitalismuskritik. Es gäbe vielleicht Alternativen, freilich ohne dass wir gleich wieder in die ebenso wenig bewährte sozialistische Planwirtschaft verfallen.

Ich möchte auf dem jetzt in Anhalt erworbenen Dreiseitenhof aus dem Jahr 1884 solche Gedankenexperimente anstellen (Bröcher, 2021 a, c, d; Bröcher, 2022, 2023, 2024; Bröcher und Painter, 2023). Zur Idee einer solchen Denkfabrik gehören auch historische Rückgriffe und Rekonstruktionen, wie wir sie hier in diesem Buch anstellen.

Gemeinschaffen und Teilen der Ressourcen als Alternative

Eine solche Alternative wäre das sog. „Gemeinschaffen", in der englischsprachigen Literatur auch „Commoning" genannt (z.B. Baldauf et al., 2016; Bollier and Helfrich, 2012; Broecher and Painter, 2019; Gruber et al., 2018; Kirwan et al., 2016). Menschen teilen hier die Ressourcen und arbeiten miteinander und nicht jeder für sich oder gar gegeneinander. Frühe Formen davon gab es schon im Mittelalter.

Ich nenne diese freilich noch utopischen Formen „transformative Communities" (Broecher und Painter, 2023). Die Krupps und die Weingartens auf der einen Seite und die Eicherts, Bröchers usw. auf der anderen Seite arbeiten dann auf Augenhöhe miteinander und nicht in diesen alten, auf Besitz und Besitzlosigkeit, Macht und Abhängigkeit beruhenden Strukturen.

Auch die Zivilisationskritik von Herbert Marcuse gehört für mich zu den wesentlichen Impulsgebern für das Entwickeln einer anderen Zukunft, ebenso das High Scope-Camp in Michigan, wie es David Weikart mit anderen in den 1960er Jahren begründet hat. HighScope war ebenso eine Art Farm, mit ausgeprägtem pädagogischen Bezugsrahmen (vgl. Broecher, 2015).

Die Geschichte und der besondere Charakter des Gutshofs Wilhelmsthal gab mir auch Ideen und Perspektiven, war es doch ein Mehrgenerationenprojekt. Doch bin ich sehr froh, dass wir den Hof in Anhalt aus eigener Arbeit erworben und finanziert haben, und nicht durch so etwas wie das illustre Reichserbhofgesetz oder etwas Vergleichbares bekommen haben.

Johann entwarf Rahmenbedingungen und Konzepte für eine bessere Schulbildung

Wir wissen aus den Sitzungsprotokollen des Wendener Gemeinderates, dass sich Johann intensiv mit der Schulpolitik befasste. Stellen wir uns vor, dass er von dem Grundsatz geleitet wurde, dass sich über eine verbesserte schulische Bildung auch eine höher entwickelte, gerechtere Gesellschaft fördern ließ.

Wie die Ereignisse am Abend des großen Brandes auf dem Hof Wilhelmsthal in Gang kamen

Es gab in Ottfingen einen Burschen, der einige Jahre älter war als ich und mit dem ich öfter aneinander geraten war. Sie hatten ihn auf dem Hof Wilhelmsthal in die Arbeitsabläufe integriert, was ihm sichtlich gut bekam, denn er konnte sich hier nützlich machen. Er erhielt Anerkennung, was ihn wiederum festigte, sodass er uns jüngere Jungen schon weniger drangsalierte, was teils schlimme Formen annahm.

Am Abend des 11. September 1975 war er, wie an allen Abenden, dabei die Kühe, die Bullen, die Pferde und Schweine in den Ställen zu füttern. Er kletterte nach oben, auf den Dachboden, und begann Heu nach unten in die Ställe zu werfen. Das im Sommer gemähte, getrocknete und gerade erst eingefahrene Heu lag bis hoch unter die Dächer. Jeder Winkel war damit ausgestopft. Nun aber kam etwas in Bewegung, durch die Hände des Stallburschen.

Die Hände des Burschen, Werkzeuge des Schicksals

Seine Hände wurden nun zum Werkzeug des Schicksals. Sie setzten eine Ereigniskette in Gang, die alles ändern sollte. Durch das Bewegen des Heus bildete sich eine Art Schlot, eine Verbindung zwischen unten und oben, ein Luftzug, dann die Gase, die sich entzündeten, der erste Rauch. Als sie es rochen, brach Panik aus. Dann irgendwann Flammen, Rauch, der durchs Dach nach außen gelangte. Ein Glutherd hoch oben, mitten im Heu, tief im Inneren des Dachbodens, sodass keiner an das Feuer herankommen konnte, um es zu löschen.

Die Schlote, der Luftzug, die Gase, schließlich die Flammen

Es dauerte gefühlt eine Ewigkeit, bis dass einige Feuerwehrwagen vor Ort waren. Die Flammen fraßen sich vorwärts, zu den Seiten hin, nach oben und nach unten. Als sich die Dunkelheit herabsenkte, stand das ganze Gehöft, in voller Länge, lichterloh in Flammen. Während Siegfried, Willi und Lena ganz damit beschäftigt waren, die Tiere aus den Ställen zu treiben und in Sicherheit zu bringen, ging Tochter Helga, die aus Altenhof herbeigeeilt war, in die Wohnräume, auch oben in die Schlafzimmer, womöglich gar in die „Zementbude", die sich ja tief im Inneren des Heubodens befand, um noch persönliche Dinge herauszuholen, entgegen der Weisungen der Feuerwehrmänner, denn der gesamte Dachbereich glühte und leuchtete bereits Hellorange.

Ein Feuerwehrmann hatte Helga Buchen den Weg versperrt, doch sie hatte ihn energisch beiseite geschoben und war trotzdem ins Haus gegangen. Wir verdanken dieser mutigen Frau, dass wir uns nachher über Fotoalben, Stammbücher, Wirtschaftsbücher, Briefe, Tagebücher und all die anderen Materialien, die wir ausgewertet haben, beugen konnten, denn ohne Helgas entschlossenes Handeln wäre das alles in den Flammen untergegangen.[33]

---

[33] Es ist vieles davon in dem Buch über die Bräijder dokumentiert.

Nur wenig später, nachdem diese couragierte Frau die wichtigsten Wertgegenstände und Dokumente aus dem brennenden Anwesen herausgeholt hatte, brach das Feuer an mehreren Stellen gleichzeitig durch die Dächer. Meterhohe Flammen schossen in den dunklen Himmel. Erschrocken wich die Menschengruppe, die sich auf der angrenzenden Weide von Ottfingen her eingefunden hatte, zurück. In der oberen Etage stürzten die ersten Zimmerdecken ein. Die einst so herrschaftlichen Räume glühten jetzt in einem hellen, heißen Orange. Als die Glasscheiben der Fenster zersprangen, hörte man ein Klagen und Seufzen aus der Menschengruppe, die diese Tragödie mitansah, so groß war das Entsetzen.

Die Arbeits- und Lebensbedingungen der unteren Sozialschichten verbessern

Der polnische Schriftsteller Stefan Żeromski (1864-1925) thematisiert in seinem 1900 erschienenen Roman „Die Heimatlosen" (Ludzie bezdomni), das Elend der unteren Sozialschichten. Darin ist die Hauptfigur ein Arzt, der selbst aus der Armut kommt und sich daher das Ziel setzt, die Lebensbedingungen der Menschen der unteren Sozialschichten, und damit zugleich auch ihre Gesundheit, zu verbessern. Doch die finanziellen Interessen der gesellschaftlichen Eliten stehen dem im Wege und es kommt zu erheblichen Schwierigkeiten und Konflikten. Am Ende scheitert der sozial engagierte Arzt.

Mit Josef Eichert im Golf von Neapel

So wie Alfred Krupp sich auf Capri aufhielt, so will ich mit Josef Eichert in den Golf von Neapel reisen. Ich nehme ihn aus der Lungenheilanstalt in Meschede-Beringhausen mit, weil sie ihm dort nicht helfen können. Im Grunde wollen sie, die Beauftragten der damaligen Regie-rung und dieser überkommenen, ausbeuterischen Industrie nur auf seinen Tod vorbereiten und ein wenig besänftigen. Josef wirkte so verloren, mit seiner von Maria genähten Leinentasche, auf dem Bahnsteig, auf dem Weg in das Sanatorium.

Josef und ich nehmen den Nachtzug von München nach Neapel. Wir reisen in einem Schlafwagen, in einem Zweierabteil und lauschen auf das Geratter der Räder in den Gleisen. Für Josef ist all das so fremd und neu, dass es ihm als Traum erscheint. Wir setzen schließlich mit einer Fähre nach Ischia über, beziehen ein Hotel in Ischia-Ponte und begeben uns alsbald in eines der, mit warmem vulkanischen Wasser gespeisten, Heilbäder. Sagen wir die täglichen Bäder könnten Josefs Lunge heilen und alles das, was sich dort über Jahrzehnte in den Stollen und Schächten des Vahlberger Zuges abgelagert und entzündet hat, käme nun nach und nach tatsächlich wieder nach draußen.

Bis zu dem Zeitpunkt hat Josef all seine Stärke zusammengenommen, um weitermachen und durchhalten zu können. Auf dem Bahnsteig, auf dem Weg zur Lungenheilanstalt, verlässt ihn die Kraft und ein Gefühl von Vergeblichkeit und Trauer setzt ein. Es entsteht das Bild eines teils versäumten und nicht gehabten Lebens, wie man es hier in der Farbigkeit des Golfs von Neapel sehen und erfahren kann, bei einem Glas Wein und dem Duft der Limonen. Erstmalig weint Josef und ich, sein Urenkel, halte ihn in meinen Armen.

Schlussfolgerungen und Erkenntnisse

Es gibt nicht die eine Schlussfolgerung aus dem Ganzen, auch nicht die einzig wahre Erkenntnis aus alldem. Ich möchte diese Studie, diese Recherchen, diese Reflexionen und Imaginationen, daher mit dem dritten Untertitel der „Jakobsbücher" abschließen, den die polnische Nobelpreisträgerin Olga Tokarczuk diesem Epochenwerk gegeben hat:

„Den Klugen zum Gedächtnis, den Landsleuten zur Besinnung, den Laien zur erbaulichen Lehre, den Melancholikern zur Zerstreuung."

Personenverzeichnis

Adenauer, Konrad (1876-1967), christdemokratischer Politiker und Staatsmann, Bundeskanzler der Bundesrepublik Deutschland; traf Johann Eichert 1961 in dessen Funktion als Bürgermeister von Wenden.

Bergman, Ingmar (1918-2007), schwedischer Drehbuchautor, Film- und Theaterregisseur, der auf einzigartige Weise die Themen der menschlichen Existenz bearbeitet hat. Raimund Quiter, damals Gymnasiallehrer in Olpe, ließ Joachim Bröcher Informationen über ein Wochenendseminar zukommen, bei dem ausgewählte Filme von Bergman angeschaut und diskutiert wurden. Filme von Bergman sind etwa „Wilde Erdbeeren" (1957), „Licht im Winter" (1962), „Schreie und Flüstern" (1972) oder „Fanny und Alexander" (1982).

Bröcher, Alwine („Bräijder Wahs") (geb. 1863, Todesjahr unbekannt), ledige Schwester von Anton Bröcher, Rosa Eicherts zukünftigem Schwiegervater; lebte mit im Bräijder Haus; tanzte auf der Diele mit einem Strohballen und stellte sich vor, dass es ein Mann sei, den sie nicht hatte; erinnerte Rosa durch ihre bizarre Art daran, dass sie nicht ledig bleiben, sondern heiraten und Kinder bekommen wollte.

Bröcher, Anton (1865-1935), Rosa Eicherts Schwiegervater; Vater ihres Mannes Gustav, Vater von Wilhelm Bröcher und Siegfried Bröcher d. Ä., Vater von Karoline Bröcher; Ehemann der Wilhelmine Bröcher, geb. Schwarz, aus Gerlinger Mühle; Tagelöhner und Knecht auf dem Gutshof Wilhelmsthal; den Erzählungen zufolge ein kräftiger Mann, der den Holzkarren, voll beladen, durch sumpfiges Gelände drückte.

Bröcher, Erna, geb. Wendtland (1900-1998), Wilhelm Bröchers gebildete Ehefrau aus Pommern; las Literatur, schrieb Briefe und Tagebücher; versorgte Rosa, ihre Schwägerin, mit Romanliteratur. Sie war elegant gekleidet und kam mit schicken Hüten, Kostümen und

Pumps nach Ottfingen. Sie führte einen metropolitanen Lebensstil, reiste viel mit dem Zug zwischen Südwestfalen und Berlin, Deutsch Krone, Köslin, das heißt Pommern, auch nach Breslau, Schlesien und Königsberg, Ostpreußen, dies gemeinsam mit ihrem Mann Wilhelm. Erna verbrachte ihren Lebensabend auf dem Gutshof Wilhelmsthal, mit einer Bibliothek an Romanliteratur.

Bröcher, Gustav (1902-1970), Ehemann von Rosa Bröcher, Huf- und Wagenschmied in Ottfingen; zeichnete sich durch ausgeprägten Widerspruchsgeist und Humor aus, aber auch durch Leichtlebigkeit und mangelnde Vorsicht; war zehn Tage im Gefängnis, während des Dritten Reiches, wegen regimekritischer Äußerungen; Networking in den Kneipen, bekannt für seine provokativen Hitler-Witze; der Dorfpriester Albert Kampmann verhandelte mit den nationalsozialistischen Stellen, um Gustav freizubekommen und seinen Abtransport in ein Konzentrationslager zu verhindern.

Bröcher, Helene, geb. Nebeling („Lena") (1916-2004), loyale und gutmütige, tatkräftige und mit der Bewirtschaftung eines großen Hofes erfahrene Ehefrau von Siegfried Bröcher d. Ä.; Bäuerin auf dem Hof Wilhelmsthal; Hochzeit 1938; Mutter von Helga Buchen.

Bröcher, Joachim, Dr. (geb. 1961), Enkel von Rosa Bröcher, geb. Eichert (1901-1986); Sohn ihres erstgeborenen Sohnes; Großneffe von Johann Eichert (1905-1971), Urenkel von Josef Eichert d. Ä., dem Bergmann (1874-1925); Professor an der Europa-Universität Flensburg; aktuelle Themen und Handlungsfelder: Emotionale und soziale Geografien in der polnischen Literatur; Um- und Ausbau eines Dreiseitenhofs von 1884, gelegen in Anhalt, Ostdeutschland, zur Denkfabrik.[34]

Bröcher, Heinrich (geb. ca. 1815), Sohn des Johann Josef Bröcher (1766-1833) und der Anna Katharina Quast (1774-1840), wanderte 1854 von Ottfingen nach Amerika aus, wo sich sein Bruder Peter Josef, mit Ehefrau und Kindern, bereits seit 1851 befand; zugleich Bruder des Peter Anton Bröcher, der 1856 bei einem Grubenunglück

---

[34] https://bröcher.de/

im Bergbau ums Lebens kam; dies geschah, als die beiden Brüder bereits in Nordamerika lebten.

Bröcher, Peter Josef (geb. ca. 1819), Sohn des Johann Josef Bröcher (1766-1833) und der Anna Katharina Quast (1774-1840), Hufschmiedemeister aus Ottfingen, wanderte 1851 nach Amerika aus, gemeinsam mit seiner Ehefrau Catharina Bröcher, geb. Zey, und Kindern; Bruder des Heinrich Bröcher (geb. ca. 1815), der 1854 ebenfalls nach Amerika ging; Bruder des Peter Anton Bröcher, der 1856 bei einem Grubenunglück im Bergbau ums Lebens kam.

Bröcher, Rosa, geb. Eichert (1901-1986), Tochter und erstgeborenes Kind von Josef Eichert und Maria Eichert, geb. Weber; heiratete Gustav Bröcher, Huf- und Wagenschmied aus Ottfingen; gemeinsam bekamen die beiden acht Kinder; Rosa las mit Leidenschaft Romanliteratur; ihre Persönlichkeit war geprägt durch ein hohes Maß an Gelassenheit und Stoizismus. Sie setzte auf dem Gebiet der Lebenskunst mit ihrer stillen und zurückhaltenden, zugleich resoluten und beständigen Art Maßstäbe.

Bröcher, Siegfried d. Ä. („der Bär") (1907-1989), jüngster Sohn von Anton Bröcher und Wilhelmine Bröcher, geb. Schwarz; arbeitete zunächst, gemeinsam mit dem Vater, als Tagelöhner und Knecht auf dem Gutshof Wilhelmsthal; bekam den Hof im Jahr 1937 durch das Reichserbhofgesetz der Nationalsozialisten zugesprochen, weil die vorherige Besitzerin Anna Weingarten keinen Erben hatte; blieb trotz allem auf Distanz zum Dritten Reich und ließ sich niemals ideologisch oder politisch vereinnahmen. Siegfried d. Ä. war bekannt für seinen widerständigen Charakter und seine herbe Männlichkeit.

Bröcher, Siegfried d. J. (geb. 1940), jüngster Sohn von Rosa Bröcher, geborene Eichert und Gustav Bröcher; ausgeprägte Interessen an Heimat- und Ahnenforschung, an Balladen, Gedichten und historischen Lesebüchern. Er unterstützte uns nach Kräften bei der Entstehung der vorliegenden Studie.

Bröcher, Wilhelm (1900-1978), Schwager von Rosa Bröcher, geb. Eichert; machte nach seinem Fachschulbesuch in Siegen Karriere in den deutschen Ostgebieten, im Straßen- und Wiesenbau und in den diesbezüglichen Behörden; Mitglied der NSDAP und der Organisation Todt; seine Ehefrau war Erna Wendtland, eine hochgebildete Frau; nach dem Krieg in einem Gefangenenlager, später dann hoher Beamter in Westdeutschland.

Bröcher, Wilhelmine, geb. Schwarz (1869-1944), Schwiegermutter von Rosa Bröcher, geb. Eichert; ermöglichte ihrem Sohn Gustav und dessen Frau Rosa mit ihren finanziellen Mitteln den Bau eines Wohnhauses und einer Schmiede. Wilhelmine kam aus Gerlinger Mühle, aus einer Müllersfamilie. Um ihre wahre Herkunft, insbesondere was ihren leiblichen Vater angelangt, ranken sich Spekulationen, die sie mit dem Landadel des Siegerlands in Verbindung bringen.

Buchen, Helga, geb. Bröcher (geb. 1943), Tochter von Siegfried Bröcher d. Ä. („der Bär"), wuchs auf dem Hof Wilhelmsthal auf; holte mutig und entschlossen noch alle wichtigen Unterlagen und Dokumente aus den Wohnräumen, als das Gebäude bereits in voller Länge lichterloh brannte und der übrige Teil der Familie damit beschäftigt war, die Tiere aus den Stallungen zu treiben und in Sicherheit zu bringen.

Burbach, Karoline, geb. Bröcher („Karlinchen") (1903-1994), die Schwester von Gustav Bröcher und damit Schwägerin von Rosa Bröcher, geb. Eichert; wirkte als Kabarettistin und Rednerin insbesondere im Saal Eichert. Ihre Nichte Helga Buchen führte diese Tradition später fort. Diese hütet bis heute den Nachlass ihrer Tante, d.h. die Requisiten und Textvorlagen aus früheren Jahrzehnten.

Darré, Richard Walther (1895-1953), Schlüsselfigur in Zusammenhang mit der nationalsozialistischen Ideologie und Blut-und-Boden-Politik; gestaltete als Reichsbauernführer und Reichsminister für Ernährung und Landwirtschaft maßgeblich die nationalsozialistische Agrarpolitik[35]; Mitwirkung am 1933 erlassenen Reichserbhofgesetz,

---

[35] https://ghdi.ghi-dc.org/sub_document.cfm?document_id=1550&language=german; https://germanhistorydocs.ghi-dc.org/sub_image.cfm?image_id=2018&language=german

das Anna Weingarten daran hinderte, den Gutshof Wilhelmsthal, vor ihrem Tode 1936, an das Kloster Osterseifen zu überschreiben und stattdessen die Vererbung an einen geeigneten deutschen Mann mit einer passenden Frau an seiner Seite vorsah.

Eichert, Eduard („Ede") (1937-2012); Sohn von Johann Eichert und Johanna Eichert, geb. Ullrich; Bruder von Lissa Eichert-Klute; hielt immer ein Pferd für seine Schwester bereit, wenn sie zu Besuch nach Ottfingen kam und zeigte ihr bei den gemeinsamen Ausritten die schönsten Plätze und Wege in der Wendener Landschaft.

Eichert, Elisabeth („Lissy") (geb.1965); Tochter von Josef Eichert d. J. (1931-1993) und Enkelin von Johann Eichert (1905-1971); als Pastoralreferentin seelsorgerisch und sozialpädagogisch tätig in Berlin-Neukölln[36]; spricht regelmäßig das „Wort zum Sonntag", aus katholisch-gesellschaftskritisch-emanzipatorischer Perspektive.[37]

Eichert, Johannes („Johann") d. Ä. (1905-1971), Vater von Lissa Eichert-Klute und Großonkel von Joachim Bröcher; besuchte als einer von ganz wenigen aus dem Wendener Land das Rivius-Gymnasium in Attendorn, musste dieses, bedingt durch den frühen bergbaubedingten Tod seines Vaters kurz vor dem Abitur verlassen und sich eine Arbeit suchen; später ehrenamtlicher Bürgermeister der Gemeinde Wenden; weitere zivilgesellschaftliche Führungsrollen und Ämter; Ernennung zum Ehrenbürger der Gemeinde Wenden.

Eichert, Johannes d. J. (geb. 1968), wie schon sein Vater Josef Eichert d. J. (1931-1993) engagiert sich Johannes als christdemokratischer Politiker im Wendener Land; Bruder von Lissy Eichert (geb. 1965) und Enkel von Johann Eichert (1905-1971). Beide Geschwister führen damit bestimmte Facetten des zivilgesellschaftlichen Engagements ihres Großvaters fort und gestalten dies auf ganz eigene Art und Weise.

---

[36] https://www.christophorus-berlin.de/kontakt/
[37] https://www.daserste.de/information/wissen-kultur/wort-zum-sonntag/sprecher/lissy-eichert-st-christophorus-100.html

Eichert, Johanna, geb. Ullrich (1903-1979), Mutter von Lissa Eichert-Klute und Ehefrau von Johann Eichert. Sie war eine tüchtige, mutige und lebensfrohe Frau, die ihr Leben für ihre große Familie und für ihren Mann, dem sie immer sehr verbunden blieb, gelebt hat. Eine ganz besonders schöne Erinnerung ist, dass Johanna und Johann regelmäßig zusammen sangen, in ihrem Haus in der Hepperich-straße. Sie sangen gemeinsam in guten, besonders auch in schweren Zeiten, während sie etwa in der Küche gemeinsam arbeiteten und auch sonst, im Alltag, Johann mit seiner klaren Tenorstimme und Johanna mit ihrer warmen Altstimme. Wer heute an dem Ottfinger Haus vorbeigeht, in dem die beiden ihre Kinder groß gezogen haben, sollte einen Moment innehalten, horchen und sich vorstellen, wie die Eheleute darin gemeinsam singen, um das Leben zu feiern und auch, um mit ihren Sorgen besser zurechtzukommen.

Eichert, Josef d. Ä. (1874-1925), Großvater von Lissa-Eichert-Klute und Urgroßvater von Joachim Bröcher; Bergmann, hatte mit seiner aus Altenhof stammenden Frau Maria Weber insgesamt elf Kinder. Josef starb verfrüht im Alter von 51 Jahren durch seine schwerwiegende Lungenerkrankung, die aus seiner jahrzehntelangen Tätigkeit im Bergbau resultierte. Er befand sich entweder zwei oder drei Mal für längere Zeit in dem von der Knappschaft für die Bergleute betriebenen, im Jahre 1904 eröffneten, Auguste-Victoria Lungenheilstätte in Meschede-Beringhausen.

Eichert, Josef d. J. (1931-1993), christdemokratischer Politiker in Ottfingen und Wenden; Sohn von Johann Eichert (1905-1971) und Johanna Eichert, geb. Ullrich (1903-1979); Vater von Lissy Eichert (geb. 1965) und Johannes Eichert (geb. 1968), die beide, wenn auch in unterschiedlicher Form, sein politisches und gesellschaftliches Engagement fortführen; Bruder von Lissa Eichert-Klute.

Eichert, Maria, geb. Weber (1875-1936), Ehefrau von Josef Eichert, mit dem sie elf Kinder hatte; Mutter von Johann Eichert und Rosa Bröcher, geborene Eichert; musste nach dem frühen Tod ihres Mannes ihre Familie alleine durchbringen. Dies gelang ihr auch, durch die tatkräftige Unterstützung der ältesten Kinder. Maria war dafür bekannt, dass sie sich in besonderer Weise auf alle Handarbeiten, von Stricken, Nähen bis Sticken, verstand und im Dorf oftmals um Rat gefragt wurde, wenn es um das Anfertigen von Kleidern ging.

Eichert, Norbert (1904-1972), Sohn von Josef Eichert und Maria Eichert, geb. Weber; Bruder von Johann Eichert und Rosa Bröcher, geb. Eichert; baute das Harmonium bzw. Klavier und organisierte die Gesangsproben in einer Schlafstube im Chreschten Haus; verfasste 1927 ein bedeutsames Dokument zur Ahnenreihe der Ottfinger Chreschten. Norbert wohnte mit seiner lebensfrohen Frau und zahlreichen Kindern auf dem „Eichertshof", einem einzeln liegenden Gehöft in Richtung Wenden, das ihm durch ein unerwartetes Erbe, von außerhalb der Familie der Chreschten, zugefallen war.

Eichert-Klute, Berteliese („Lissa"), geb. Eichert (1948), jüngste Tochter von Johann Eichert und Johanna Eichert; ausgeprägte Interessen an gesellschaftlichen, philosophischen und literarischen Themen. Lissa siedelte in Zusammenhang mit ihrer Heirat in den Sunderaner Raum über. Trotz allem ist sie ihrem Heimatdorf Ottfingen, bis zum heutigen Tage, stets eng verbunden geblieben.

Grimmelshausen, Hans Jakob Christoffel von (1621-1676), deutscher Schriftsteller aus der Zeit des Barock; sein Hauptwerk „Der abenteuerliche Simplicissimus Teutsch" erschien 1668/69; darin wird das Leben im 17. Jahrhundert, insbesondere auch die Zeit des Dreißigjährigen Krieges plastisch und drastisch ausgemalt; so können wir uns die dramatischen Ereignisse, inklusive der Überfälle und Verwüstungen, wie sie sich auch im Dorf Ottfingen während dieser Jahre abgespielt haben, besser vorstellen.

Kampmann, Albert, katholischer Priester im Dorf Ottfingen während der Jahre 1934-1946; bekannt für seine regimekritischen Predigten während der Zeit des Nationalsozialismus. Nachdem er von einem der wenigen Ottfinger, die sich dem NS-Regime angeschlossen hatten, denunziert worden war, verlangten die regierenden Stellen von Priester Kampmann, seine Predigten vorab genehmigen zu lassen. Den von den Behörden genehmigten Text musste er dann vom Blatt ablesen. Trotz allem fand der mutige und aufrichtige Priester Wege, den Widerspruchsgeist und die ethische Haltung der Ottfinger zu stärken, indem er seine Botschaften zwischen die Zeilen legte und in Bildern sprach. Er war es auch, der mit den Behörden verhandelte, dass sie Gustav Bröcher, der wegen Hitler-Witzen und regimekritischen Bemerkungen in Wenden im Gefängnis saß, nicht, wie geplant, in ein Konzentrationslager verlegten, sondern dass sie ihn freiließen. Die ältesten noch lebenden Ottfinger berichteten, Kampmann habe den regierenden Stellen versichern müssen, mäßigend auf den aufmüpfigen Schmied, den man im Dorf und auf den Höfen ja unbedingt brauchte, einzuwirken.

Krähmer, Käte (1896-1981), Künstlerin, der wir das Landschaftsbild von Ottfingen, vorne auf dem Buch, verdanken. Sie kam nach dem Zweiten Weltkrieg aus Königsberg, Ostpreußen nach Westdeutschland und lebte bis zu ihrem Tod in Ottfingen.

Krupp, Friedrich Alfred (1854-1902), deutscher Industrieller, Alleinerbe und Eigentümer der Essener Gussstahlfabrik und weiterer Unternehmen. Friedrich Alfred verbrachte viel Zeit auf der Insel Capri, im Golf von Neapel. Es gab Spekulationen, dass Krupp Beziehungen zu einheimischen jungen Männern pflegte. Krupp gehörte zu der Oberschicht, die von der Arbeit der einfachen Männer im Bergbau finanziell profitierte. Er steht für die industrielle Elite, die die Gewinne abschöpfte, die die Männer aus den unteren Sozialschichten erwirtschafteten, mit Brechstange und Spitzhacke in der Hand, ein Leben lang. Männer wie Krupp führten einen elitären Lebensstil, der für die einfachen Menschen etwas Märchenhaftes gehabt hätte, wenn sie darüber informiert gewesen wären.

Ley, Robert, Dr. (1890-1945), führender Politiker in der Zeit des Nationalsozialismus; geboren im oberbergischen Niederbreidenbach; besuchte das Hollenberg-Gymnasium in Waldbröl durch die Empfehlung des Dorfschullehrers; studierte und promovierte in Chemie; Leiter der „Deutschen Arbeitsfront" (DAF), Begründer der NS-Ordensburgen. Ley erhängte sich in seiner Gefängniszelle in Nürnberg, wo der Prozess gegen das NS-Führungspersonal geführt wurde.

Lübke, Heinrich (1894-1972), aus dem Sauerland stammender, christdemokratischer Politiker; Bundesminister für Ernährung, Landwirtschaft und Forsten; Bundespräsident der Bundesrepublik Deutschland; Vetter von Johanna Eichert, geb. Ullrich; durch diese verwandtschaftliche Verbindung entstand ein enger Kontakt sowie ein reger geistiger Austausch zwischen Johann Eichert und Heinrich Lübke zu gesellschaftlichen und politischen Themen.

Marx, Karl (1818-1883), Philosoph, Ökonom, Gesellschaftstheoretiker und Protagonist der Arbeiterbewegung; Kritiker des Kapitalismus; zentrale Themen seiner Werke: die Frage, wer die Produktionsmittel besitzt; Abhängigkeit, Ausbeutung und soziale Lage der Arbeiterklasse; wichtige Schriften zu diesen Themen: „Das Kapital. Band I", 1867 veröffentlicht; „Grundrisse der Kritik der politischen Ökonomie von Karl Marx", 1859 geschrieben, 1953 veröffentlicht; „Die ökonomisch-philosophischen Manuskripte", 1842/43 geschrieben, 1932 veröffentlicht (Lesempfehlungen Prof. Dr. Friedhelm Decher).

Meyer Friederich, Christel, geb. Eichert (1938), Tochter von Johann und Johanna Eichert. Christel stand ihrer Schwester Lissa Eichert-Klute, während der Laufzeit des Projekts, jederzeit beratend zur Seite, als eine enge Vertraute. Als junge Frau war Christel Meyer Friederich Mitarbeiterin des Seminars für Staatsbürgerkunde, für das sich auch ihr Vater Johann viele Jahre lang als stellvertretender Vorsitzender engagierte. Der daraus entstandenen „Politischen Akademie Biggesee", in Attendorn, blieb Christel bis heute eng verbunden.

Przybyszewski, Stanisław (1868-1927), polnischer Schriftsteller, der später teils in Berlin lebte und in seinen Lebenserinnerungen den Gegensatz der sozialen Schichten, wie er in der Schule und im gesellschaftlichen Leben im preußisch regierten Polen erfahrbar wurde, lebendig beschrieben hat.

Quiter, Raimund (1931-2021), katholischer Priester, Gymnasiallehrer und Autor aus Wenden, Südwestfalen; bedeutsamer Gesprächspartner für Johann Eichert; Lehrer von Joachim Bröcher während der Oberstufe auf dem Städtischen Gymnasium Olpe; empfahl diesem ein Seminar im Franz-Hitze-Haus Münster zu besuchen, wo ein Wochenende lang mit einem Referenten gemeinsam Filme des Schweden Ingmar Bergman angeschaut und diskutiert wurden.

Reymont, Władysław Stanisław (1867-1925), beschreibt in seinem Roman „Die Bauern" das Leben der einfachen Menschen im 19. Jahrhundert; 1924 erhielt er dafür den Literatur-Nobelpreis. Das epochale Werk besteht aus vier Teilen (Herbst, Winter, Frühling, Sommer). Der 1901 bis 1908 entstandene Historienroman gibt uns eine lebendige Vorstellung des bäuerlichen Lebens. Der Roman lässt sich heranziehen, um sich das Leben, wie es früher im Dorf Ottfingen gewesen ist, besser vorstellen zu können.

Schätzle, Julia, geb. Eichert (1942), Tochter von Johann und Johanna Eichert. Sie stand Lissa Eichert-Klute während des gesamten Projekts beratend zur Seite. In Fortführung des politischen und gesellschaftlichen Wirkens ihres Vater Johann engagierte sich Julia als christdemokratische Politikerin im Wendener Land, später dann in ihrer jetzigen Heimat in Denzlingen, bei Freiburg im Breisgau. Julia wurde der Titel einer Ehrenvorsitzenden der CDL[38] Baden-Württemberg verliehen, nachdem sie 12 Jahre lang das Amt der Landesvorsitzenden innehatte.

Schwarz, Maria („Bräijder Tante") (1870-1956), Schwester der Wilhelmine Bröcher, geb. Schwarz; die noch unverheiratete Rosa Eichert hatte sie als ledige Frau vor Augen und wollte so vermutlich nicht leben; später lebte die Bräijder Tante auf dem Gutshof Wilhelmsthal; Helga Buchen, geborene Bröcher, hat in ihrer Requisitensammlung noch Original-Kleidungsstücke der Bräijder Tante.

Tokarczuk, Olga (geb. 1962), polnische bzw. schlesische Schriftstellerin und Nobelpreisträgerin, deren literarisches Werk bei der Entstehung des vorliegenden Buches zahlreiche Anregungen gegeben, insbesondere was die Prinzipien der Konjektur, d.h. der Ergänzung von fehlenden Teilstücken anbelangt, um eine Geschichte besser

---

[38] Christdemokraten für das Leben; vgl. https://de.wikipedia.org/wiki/Christdemokraten_f%C3%BCr_das_Leben

erzählen zu können, ferner das Prinzip der Imagination, denn um sich die Dinge besser vorstellen zu können, müssen wir sie regelrecht ausmalen. Wo immer das in dem Buch geschieht, ist das auch durch die polnische Nobelpreisträgerin inspiriert.

Twardoch, Szczepan (geb. 1979), schlesischer Schriftsteller, der in seinem literarischen Werk unter anderem die Bergmannsgeschichte seiner Familie erkundet und verarbeitet. Twardoch macht das auf eine sehr plastische und drastische Art.

Weingarten, Anna Catharina (1868-1936); unverheiratete und kinderlose Gutsherrin auf dem Hof Wilhelmsthal; hochgebildet; hatte keine Erben; wurde über das Reichserbhofgesetz dazu gezwungen, das von ihrem Großvater aus Bergbaugewinnen errichtete Anwesen und die dazugehörigen Ländereien an einen deutschen Mann zu vererben, der die Voraussetzungen im Sinne der Blut-und-Boden-Politik des NS-Regimes erfüllte; wird in unserer Studie als Repräsentantin einer untergehenden gesellschaftlichen Kultur betrachtet.

Weingarten, Josef (1840-1901), Sohn von Wilhelm Weingarten, Vater der Anna Catharina Weingarten und Eigentümer der Grube „Friedrich Wilhelm bei Wenden", wo Eisenerz abgebaut wurde; gehörte somit zu den finanziellen Profiteuren des Geschäfts mit den Gruben.

Weingarten, Wilhelm (1796-1857), errichtete den Gutshof und Großgrundbesitz Wilhelmsthal, um 1820; Vater von Josef Weingarten und Großvater von Anna Catharina Weingarten; profitierte vom Geschäft mit den Erzgruben; die Weingartens waren aus dem Rheinland nach Wenden eingewandert.

Żeromski, Stefan (1864-1925), polnischer Schriftsteller, der in seinem 1900 erschienenen Roman „Die Heimatlosen" (Ludzie bezdomni), das Elend der unteren Sozialschichten thematisiert. Darin ist die Hauptfigur ein Arzt, der selbst aus der Armut kommt und sich daher das Ziel setzt, die Lebensbedingungen der Menschen der unteren Sozialschichten, und damit zugleich auch ihre Gesundheit, zu verbessern. Doch die finanziellen Interessen der gesellschaftlichen Eliten stehen dem im Wege.

Literatur

Allgemeiner Knappschaftsverein zu Bochum (Hrsg.) (1904). *Die Auguste Viktoria Knappschafts-Heilstätte in Beringhausen bei Meschede i. W. Denkschrift zur Feier der Eröffnung der Anstalt.* Berlin: Wilhelm Greve.

Ariès, P. und Duby, G. (Hrsg.) (1993). *Die Geschichte des privaten Lebens, Bd. 5: Vom ersten Weltkrieg bis zur Gegenwart* (französische Originalausgabe „Histoire de la vie privée, Vol. 5, De la premiere guerre mondiale a nos jours", 1985; S. 153-343). Frankfurt am Main: Fischer.

Baldauf, A., Gruber, S. et al. (2016). *Spaces of commoning.* Berlin: Sternberg Press.

Balzac, H. de (1988). *Eugénie Grandet* (6. Aufl., französische Originalausgabe, 1834). Berlin: Insel.

Blos, P. (1990). *Sohn und Vater: Diesseits und jenseits des Ödipuskomplexes* (amerikanische Originalausgabe „Son and father: Before and beyond the Oedipus Complex", 1985). Stuttgart: Klett-Cotta.

Blos, P. (1989). *Adoleszenz: Eine psychoanalytische Interpretation* (amerikanische Originalausgabe „On adolescence: A psychoanalytic interpretation", 1962). Stuttgart: Klett-Cotta.

Böhler, K., Grün, W.-D., Klein, A., Krause, F. und Quiter, R. (2013). *Wenden. Einblicke in die Geschichte, Band 3.* Wenden: Gemeindedruckerei.

Bollier, D. and Helfrich, S. (Eds.) (2012). *The wealth of the commons: A world beyond market and state.* Amherst, MA: Levellers Press

Boszormenyi-Nagy, I. und Spark, G. M. (1981). *Die unsichtbaren Bindungen. Die Dynamik familiärer Systeme.* Stuttgart: Klett-Cotta.

Bourdieu, P. (1993). *Die feinen Unterschiede. Kritik der gesellschaftlichen Urteilskraft* (6. Aufl.; französische Originalausgabe „La distinction. Critique sociale du jugement", 1979). Frankfurt am Main: Suhrkamp.

Broecher, J. (2015). How David P. Weikart's HighScope Summer Camp for (Gifted) Teenagers became a sustainable model for my later work in special education and inclusive education. *Gifted Education International, 31*(3), 244-256, https://doi.org/10.1177/0261429414526655, Download.

Broecher, J. (2016). The long struggle to turn around an inhumane, corrupt, paramilitary school specialized for students with emotional and behavioral difficulties. In R. Nata (Ed.), *Progress in Education, Vol. 38* (pp. 39-72). New York: Nova Science Publishers, Download.

Bröcher, J. (2021 a). *Anders lernen, arbeiten und leben. Für eine Transformation von Pädagogik und Gesellschaft.* Bielefeld: transcript, https://doi.org/10.14361/9783839456514, Download.

Bröcher, J. (2021 b). Das ländliche Westdeutschland zur ersten Hälfte des 20. Jahrhunderts: Soziokulturelle Rekonstruktionen. In J. Bröcher, *Anders lernen, arbeiten und leben. Für eine Transformation von Pädagogik und Gesellschaft* (S. 183-208). Bielefeld: transcript, https://doi.org/10.14361/9783839456514, Download.

Bröcher, J. (2021 c). Ein Community-Projekt im ländlichen Raum Ostdeutschlands: Dokumentation des Anfangs. In J. Bröcher, *Anders lernen, arbeiten und leben. Für eine Transformation von Pädagogik und Gesellschaft* (S. 287-296). Bielefeld: transcript, https://doi.org/10.14361/9783839456514, Download.

Bröcher, J. (2021 d). Lernen in der Zukunft: Selbstbestimmt und generationenübergreifend; *https://bildungsklick.de/*, 27. Mai 2021, Link.

Bröcher, J. (2022). *Tomasz oder: Über das Lernen, Arbeiten und Leben der Zukunft. Pädagogische Entwürfe und Erfahrungen auf einem Gehöft in Anhalt* (2. überarb. Aufl.). Norderstedt: Books on Demand.

Bröcher, J. (2023). *Ludwik oder: Über das Lernen, Arbeiten und Leben der Zukunft. Pädagogische Entwürfe und Erfahrungen auf einem Gehöft in Anhalt, Ostdeutschland, Teil II.* Norderstedt: Books on Demand.

Bröcher, J. (2024). *Ragnar oder: Wie ein junger Mann neue Motivation für das Lernen, Arbeiten und Leben entwickelt. Prozesse, Erfahrungen und*

Erkenntnisse beim Aufbau einer Denkfabrik in Anhalt, Ostdeutschland, Teil III (E-Book). ResearchGate, 26. August 2024, Download.

Bröcher, J. und Bröcher, S. (2014). *Die Bräijder und ihre Zeit: Familien-, Kultur- und Gesellschaftsgeschichte im Wendener Land, Südwestfalen, 1495-1970, rekonstruiert im generationenübergreifenden Dialog, in Fotografien und Erzählungen. Neue Formen des intergenerationalen Lernens.* Norderstedt: Books on Demand, Download.

Broecher, J., Davis, J. H., and Painter, J. F. (2017). Rediscovering the political dimension of the personal life story: Results from an intergenerational narrative learning project with older adults in South Westphalia. *International Journal of Lifelong Education, 36* (4), 471-485, https://doi.org/10.1080/02601370.2017.1285361, Download.

Broecher, J., Painter, J. F., and Davis, J. H. (2018). Life stories from citizens of South Westphalia, Germany, born between 1930 and 1945: Constructed meaning through relational engagement and expression. European Society for Research on the Education of Adults (ESREA). *Life History and Biography Network Annual Conference: Togetherness and its discontents*, COREP, Turin, Italy, March 1-4 (poster presentation), ResearchGate, February 3, 2018, DOI: 10.13140/RG.2.2.30421.32489; Download.

Broecher, J. and Painter, J. F. (2019). Spaces of commoning, in Berlin and other cities, and their potential for the building of sustainable social communities and educational cultures. 49th annual conference of the Urban Affairs Association (UAA): *Claiming Rights to the City: Community, Capital, and the State*, April 24–27, 2019, Los Angeles, California, Luskin Conference Center (poster presentation); ResearchGate, May 2, 2019, DOI: 10.13140/RG.2.2.31459.20002/1, Download.

Broecher, J. and Painter, J. F. (2021). Throwing out a net over Berlin via Airbnb bookings. Educators in search of the metropole's creative potential. In R. Nata (Ed.), *Progress in Education, Vol. 66* (pp. 99-123). New York: Nova Science Publishers, Download.

Broecher, J. and Painter, J. F. (2023). Transformative community projects in East Germany's rural spaces: Exploring more sustainable forms of learning, working, and living. *Frontiers in Sociology*, Vol. 8, 1164293, https://doi.org/10.3389/fsoc.2023.1164293, Download.

Bronfenbrenner, U. (1989). *Die Ökologie der menschlichen Entwicklung* (amerikanische Originalausgabe „The ecology of human development", 1979). Frankfurt am Main: Fischer.

Brontë, E. (2014). *Sturmhöhe* (10. Aufl., englische Originalausgabe „Wuthering Heights", 1847). München: dtv.

Butz, S. (2021). Vom Rittergut über die Auguste-Victoria-Heilstätte zur Geister-Klinik. *WOLL-Magazin*, https://woll-magazin.de/vom-rittergut-ueber-die-auguste-victoria-heilstaette-zur-geister-klinik/

Chase, S. E. (2011). Narrative inquiry: Still a field in the making. In N. K. Denzin and Y. S. Lincoln (Eds.), *The SAGE handbook of qualitative research* (4th ed., pp. 421-434). Thousand Oaks, CA, London, UK: Sage.

Denzin, N. K. and Lincoln, Y. S. (Eds.). *The SAGE handbook of qualitative research* (4th ed.). Thousand Oaks, CA, London, UK: Sage.

Dickens, C. (2012). *Oliver Twist* (englische Originalausgabe "Oliver Twist: The Parish Boy's Progress", 1838). Köln: Anaconda.

Droste-Hülshoff, A. v. (2006). *Die Judenbuche* (Erstveröffentlichung 1842). Köln: Anaconda.

Duxbury, N., Garrett-Petts, W. F., and MacLennon, D. (Eds.) (2015). *Cultural mapping as cultural inquiry*. New York, London: Routledge.

Erikson, E. H. (1989). *Identität und Lebenszyklus* (amerikanische Originalausgabe "Identity and the life cycle", 1959). Frankfurt am Main: Suhrkamp.

Feyerabend, P. (1995). *Wider den Methodenzwang* (5. Aufl.; Erstveröffentlichung 1975). Frankfurt am Main: Suhrkamp.

Flaubert, G. (2023). *Madame Bovary* (französische Originalausgabe 1856). Köln: Anaconda.

Fontane, T. (2005). *Effi Briest* (Erstveröffentlichung 1895). Köln: Anaconda.

Fontane, T. (2019). *Der Stechlin* (Erstveröffentlichung 1898). Köln: Anaconda.

Foucault, M. (1991). *Sexualität und Wahrheit III: Die Sorge um sich* (2. Aufl.; französische Originalausgabe „Histoire de la sexualité, Tome 3: Le souci de soi, 1984). Frankfurt am Main: Suhrkamp.

Freud, S. (1989 a). *Die Traumdeutung.* Studienausgabe, Band II (8. Aufl., Erstveröffentlichung 1899). Frankfurt am Main: Fischer.

Freud, S. (1989 b). Das Unbewußte. In S. Freud, *Psychologie des Unbewußten.* Studienausgabe, Band III (6. Aufl., S. 119-174; Erstveröffentlichung 1915). Frankfurt am Main: Fischer.

Friedell, E. (2023). *Geschichte der Neuzeit. Die Krisis der europäischen Seele von der Schwarzen Pest bis zum Ersten Weltkrieg* (4. Aufl., Erstveröffentlichung 1927). München: C. H. Beck.

Gadamer, H.-G. (1990). *Wahrheit und Methode. Grundzüge einer philosophischen Hermeneutik* (6. Aufl.; Erstveröffentlichung 1960). Tübingen: Mohr Siebeck.

Ganghofer, L. (2016). *Schloss Hubertus* (Originalausgabe 1895). Berlin: Hofenberg.

Ganghofer, L. (2022). *Das Schweigen im Walde* (Originalausgabe 1899). Oberursel: Gröls Verlag.

Goodley, D., Lawthom, R., Clough, P., and Moore, M. (2004). *Researching life stories: Method, theory and analysis in a biographical age.* London, New York: Routledge-Falmer.

Goodson, I. and Sikes, P. (2001). *Life history research in educational settings: Learning from lives.* London: Open University Press.

Goodson, I. F., Biesta, G. J. J., Tedder, M., and Adair, N. (2010). *Narrative learning.* New York: Routledge.

Grimmelshausen, H. J. C. von (2005). *Simplicissimus Teutsch* (5. Aufl., Erstveröffentlichung 1669). Berlin: Deutscher Klassiker Verlag.

Gruber, S., Ngo, A.-L., and Institut für Auslandsbeziehungen e.V. (Eds.) (2018). *An Atlas of Commoning. Places of collective production*. Aachen: ARCH+

Hillern, W. v. (2016). *Die Geier-Wally: Eine Geschichte aus den Tiroler Alpen* (Erstveröffentlichung 1873-1875). Altenmünster: Jazzybee Verlag.

Jahnn, H. H. (2017). *Perrudja* (Originalausgabe 1929). Hamburg: Hoffmann und Campe.

Jahnn, H. H. (2014). *Fluss ohne Ufer* (drei Bände, Originalausgabe 1950). Hamburg: Hoffmann und Campe.

Jüttemann, A. (2015). *Die preußischen Lungenheilstätten 1863-1934 (unter besonderer Berücksichtigung der Regionen Brandenburg, Harz und Riesengebirge)*. Medizinische Fakultät, Charité, Universitätsmedizin Berlin, Berlin 11.12.2015.

Katholische Bibelanstalt (Hrsg.) (2006). *Die Bibel: Einheitsübersetzung der Heiligen Schrift. Gesamtausgabe* (Originalausgabe 1980). Stuttgart: Katholische Bibelanstalt (darin: Das Buch Kohelet, S. 716-729).

Kaufmann, K. H. (2001). *Wenden. Wo die Wendschen wohnen*. Kreuztal: verlag die wielandschmiede.

Keseberg, B. (1986). *Gemeinde Wenden. Spiegel der Zeit in Wort und Bild*. Meinerzhagen: MD&V, Meinerzhagener Druck- und Verlagshaus.

Kirwan, S., Dawney, L, and Brigstocke, J. (Eds.) (2016). *Space, power and the commons: The struggle for alternative futures*. London, New York: Routledge

Klein, L. (2024). Zwei gebürtige Ottfinger auf der Suche nach ihren Familienwurzeln. Geschichte einer Bergmannsfamilie. *LokalPlus. Newsportal für die Region*, 22.12.2024, Link.

Luther, M. (1985). *Die Bibel oder die ganze Heilige Schrift des Alten und Neuen Testaments* (revidierte Textfassung von 1912). Stuttgart: Deutsche Bibelgesellschaft.

Mann, T. (2017). *Die Buddenbrooks: Verfall einer Familie* (4. Aufl.; Originalausgabe 1901). Frankfurt am Main: Fischer Taschenbuch Verlag.

Mann, T. (2012). *Der Zauberberg* (6. Aufl., Originalausgabe 1924). Frankfurt am Main: Fischer Taschenbuch Verlag).

Marcuse, H. (2014). *Der eindimensionale Mensch. Studien zur Ideologie der fortgeschrittenen Industriegesellschaft* (amerikanische Originalausgabe "One-dimensional man: Studies in the ideology of advanced industrial society", 1964). Lüneburg: zu Klampen.

Maupassant, G. de (2012). *Das Haus Tellier* (5. Aufl., französische Originalausgabe „La maison Tellier", 1881). Zürich: Diogenes.

Merrill, B. (2004). Biographies, class and learning: The experience of adult learners. *Pedagogy, Culture and Society,* 12(1), 73-93.

Merrill, B. and West, L. (2009). *Using biographical methods in social research.* Thousand Oaks, CA, London, UK: Sage.

Mitchell, D. (2000). *Cultural geography. A critical introduction.* Malden, MA, Oxford, UK: Blackwell Publishing

Münkel, D. (1996). *Nationalsozialistische Agrarpolitik und Bauernalltag.* Frankfurt am Main, New York: Campus.

Norton, W. (2006). *Cultural geography: Environments, landscapes, identities, inequalities* (2nd ed.). Ontario, Oxford, New York u.a.: Oxford University Press.

O'Donohue, J. (2010). *Anam Cara: Das Buch der keltischen Weisheit* (12. Aufl., irische Originalausgabe „Anam Cara. Spiritual wisdom from the Celtic world", 1997). München: dtv.

O'Donohue, J. (1999). *Echo der Seele: Von der Sehnsucht nach Geborgenheit* (irische Originalausgabe „Eternal echoes. Exploring our hunger to belong", 1998). München: dtv.

Patton, M. Q. (2002). *Qualitative research and evaluation methods* (3rd ed.). Thousand Oaks, CA: Sage.

Proust, M. (2000). *Auf der Suche nach der verlorenen Zeit* (5. Aufl., 3 Bände; französische Originalausgabe „A la recherche du temps perdu", 1913-1927). Berlin: Suhrkamp.

Przybyszewski, S. (1965). *Erinnerungen an das literarische Berlin* (polnische Originalausgabe, 1926: „Moi współcześni – Wśród obcych"). München: Winkler.

Reymont, W. (2017). *Die Bauern* (polnische Originalausgabe „Chłopi", 1902-1908). Berlin: Hofenberg.

Roberts, L. (Ed.). (2012). *Mapping cultures. Place, practice and performance.* New York: Palgrave Macmillan.

Sartre, J.-P. (1991). *Das Sein und das Nichts. Versuch einer phänomenologischen Ontologie* (französische Originalausgabe „L'être et le néant. Essai d'ontologie phénoménologique", 1943). Reinbek: Rowohlt.

Saure, W. (1937). *Das Reichserbhofgesetz: Ein Leitfaden mit Wortlaut des Reichserbhofgesetzes vom 29. September 1933* (5. Aufl.). Berlin: Neudeutsche Verlags- und Treuhandgesellschaft.

Schmidt-Hertha, B., Jelenc Krasovec, S., and Formosa, M. (Eds.) (2014). *Learning across generations in Europe: Contemporary issues in older adult education.* Rotterdam, Boston, Taipei: Sense.

Schneider, R. (2020). *Schlafes Bruder* (Erstveröffentlichung 1992; Verfilmung von Josef Vilsmaier, 1995). Leipzig: Reclam.

Schütz, A. und Luckmann, T. (1994 a). *Strukturen der Lebenswelt, Band I*. Frankfurt am Main: Suhrkamp.

Schütz, A. und Luckmann, T. (1994 b). *Strukturen der Lebenswelt, Band II*. Frankfurt am Main: Suhrkamp.

Schulz, B. (2020). *Die Zimtläden* (7. Aufl., polnische Originalausgabe „Sklepy cynamonowe", 1934). München: dtv.

Shopes, L. (2011). Oral history. In N. K. Denzin and Y. S. Lincoln (Eds.), *The SAGE handbook of qualitative research* (4th ed., pp. 451-465). Thousand Oaks, CA, London, UK: Sage.

Shusterman, R. (1994). Die Sorge um den Körper in der heutigen Kultur. In A. Kuhlmann (Hrsg.), *Philosophische Ansichten der Moderne* (S. 241-277). Frankfurt am Main: Fischer Taschenbuch Verlag.

Sikes, P. (2007). *Auto/biographical and narrative research approaches.* London: LTRP.

Sloterdijk, P. (1998). *Sphären I: Blasen.* Frankfurt am Main: Suhrkamp.

Sloterdijk, P. (2004). *Sphären III: Schäume.* Frankfurt am Main: Suhrkamp.

Solbach, H. (um 1990). *Ottfingen. Dorfansichten* (Herausgeber: Arbeitskreis Ortsgeschichte). Schmallenberg-Fredeburg: Grobbel-Druck.

Stendhal (Beyle, M.-H.) (2008). *Die Kartause von Parma* (französische Originalausgabe „La Chartreuse de Parme", 1839). Frankfurt am Main: S. Fischer.

Thomae, H. (1968). *Das Individuum und seine Welt. Eine Persönlichkeitstheorie.* Göttingen: Hogrefe.

Thomae, H. (1988). *Das Individuum und seine Welt. Eine Persönlichkeitstheorie* (2. neu bearb. Aufl.). Göttingen: Hogrefe.

Tokarczuk, O. (2019). *Die Jakobsbücher oder: Eine große Reise über sieben Grenzen, durch fünf Sprachen und drei große Religionen, die kleinen nicht mitgerechnet. Eine Reise erzählt von den Toten und von der Autorin ergänzt mit der Methode der Konjektur, aus mancherlei Büchern geschöpft und bereichert durch die Imagination, die größte natürliche Gabe des Menschen. Den Klugen zum Gedächtnis, den Landsleuten zur Besinnung, den Laien zur erbaulichen Lehre, den Melancholikern zur Zerstreuung* (polnische Originalausgabe „Księgi Jakubowe", 2014). Zürich: Kampa.

Tokarczuk, O. (2023). *Empusion. Eine natur(un)heilkundige Schauerge-schichte* (polnische Originalausgabe „Empuzjon. Horror przyrodolecz-niczy", 2022). Zürich: Kampa.

Tolstoi, L. (2010). *Krieg und Frieden* (russische Originalausgabe 1878). Köln: Anaconda.

Twardoch, S. (2022). *Drach* (polnische Originalausgabe 2014). Berlin: Rowohlt Taschenbuch Verlag.

Verne, J. (2010). *Die Reise zum Mittelpunkt der Erde* (11. Aufl.; französi-sche Originalausgabe „Voyage au centre de la terre", 1864). München: dtv.

Vincent, G. (1993). Eine Geschichte des Geheimen. In P. Ariès und G. Duby (Hrsg.), *Die Geschichte des privaten Lebens, Bd. 5: Vom ersten Weltkrieg bis zur Gegenwart* (französische Originalausgabe „Histoire de la vie privée, Vol. 5; De la premiere guerre mondiale a nos jours", 1985; S. 153-343). Frankfurt am Main: Fischer.

Wiemers, F. (2004). *Heimatbuch des Amtes Wenden* (2. Aufl., Original-ausgabe 1951). Kreuztal, Wenden: verlag die wielandschmiede.

Winkel, J. (2024). Zwei Leben schreiben Geschichte. Familienhistorie der „Chreschten" und „Bräijder": Milieustudie aus harten Zeiten. *Westfalen-post*, 25.11.2024; zugleich online erschienen unter dem Titel „Leben und Leiden im Bergbau: Die Eichert-Geschichte", 24.11.2024, Link.

Zola, E. (2008). *Nana* (2. Aufl., französische Originalausgabe 1880). Ber-lin: Insel Verlag.

Żeromski, S. (1954). *Die Heimatlosen* (polnische Originalausgabe „Ludzie bezdomni", 1900). Berlin: Aufbau-Verlag.

Materialien

Wenden ... fünf und zwanzigsten November tausend ... und eins.

Auf Mittheilung der Ortspolizei ... zu Wenden ... ist eingetragen worden, ... Pater Eickert, vierzig Jahre alt, katholischer Religion, ... zu Ottfingen, geboren zu Ottfingen, ...

Herbanau eheleute Villaver Joseph Eichert, und der Angela Regina geb.
Hüpe, zuletzt wohnhaft zu Oetin-
gen, auf dem von Oettingen nach
Römershagen führenden Wege
im Distrikt Römershagenersießen,
Gemarkung Oettingen, wo immer
Rad seines mit einer Kuh bespannten beladenen Karrens liegend, am
ein und zwanzigsten November
des Jahres tausend achthundert sechzig
und eins, Nachmittags gegen sieben

und eine Stelle Steine, doch nicht gefunden worden ist.

Der Standesbeamte:

Weingarten

Der gesammte Vordruck gestrichen

Der Standesbeamte:

Weingarten.

In Übereinstimmung mit dem Haupt-register beglaubigt.

Wenden am 25. November 1885

Der Standesbeamte:

Weingarten

Beurkundung des Todes von Peter Eichert, Vater von Josef Eichert, Auszug aus dem Stammbuch, Eintrag vom 25. November 1885, aufge-teilt in drei Abschnitte, wegen der länglichen Form des Eintrags.[39]

[39] Wir bedanken uns bei Astrid Stahl für ihre Hilfe beim Auffinden dieses Dokuments; https://data.matricula-online.eu/de/

Namen und Stand der Ehegatten.	Religion.	Geburtstag und Geburtsort.	Namen, Stand und Wohnort deren Eltern.	Zeit u. Ort der Eheschließung und Nummer des Reg.
Eichert Josef, Bauginner	Kath.	18. Dezember 1877 Offingen	Eichert Anton, Anton u. Bauginner und Eheltn geb. Parker zu Offingen	18/4-1900 Weweln № 17
Weber Maria	"	16. Juni 1875 Altenhut	Weber Johann, Anton, und Katharina geb. Halbe zu Altenhut	

des Heirathsregisters.

Die oben stehende Abbildung zeigt Auszüge aus dem Familienstammbuch von Josef und Maria Eichert, geb. Weber. Zu sehen sind Eintragungen der Geburtsdaten, der Geburtsorte sowie der Namen, des sozialen Standes und der Wohnorte ihrer Eltern.

Nummer.	Vor- und Zunamen.	Zeit und Ort der Geburt	Standesamt und Nummer des Geburts- registers.	Beglaubigung des Standesbeamten.
1	Rosa Eichert	24 März 1901 Ottfingen	Wenden Nr 35	Weingarten
2	Maria Eichert	28 Juli 1902 Ottfingen	Wenden Nr 107	Weingarten
3	Peter Eichert	22 Juli 1903 Ottfingen	Wenden Nr 87	Weingarten.
4	Herbert Eichert	11 Juli 1904 Ottfingen	Wenden 105	Weingarten

Dieser Auszug aus dem Familienstammbuch von Josef und Maria Eichert zeigt im obersten Feld der Tabelle (Nr. 1) die Geburtsdaten von Tochter Rosa.

Nummer.	Vor= und Zunamen.	Zeit und Ort der Geburt	Standesamt und Nummer des Geburts= registers.	Beglaubigung des Standesbeamten.
5	*Johannes Eichert*	*1. November 1905 Oeffingen*	*Wenden N° 131*	*Weingarten*
6	*Hildegard Eichert*	*16 März 1907 Oeffingen*	*Wenden N° 44*	*Weingarten*
7	*Eduard Eichert*	*13. November 1908 Oeffingen*	*Wenden N° 122*	*Weingarten*
8	*Hubert Eichert*	*13. April 1910 Oeffingen*	*Wenden N° 38*	*Weingarten*

Dieser weitere Auszug aus dem Familienstammbuch von Josef und Maria Eichert, geb. Weber, zeigt im oberen Feld der Tabelle (Nr. 5) die Geburtsdaten von Sohn Johann.

Ahnentafel der Familie [...]
Geschwister des Norbert Eichert

Eichert Rosa geb. 27.3.1901. [...] 1.6.1939. [...]
Eichert Maria geb. 28.7.1902. gest. 15.8.1902. [...]
Eichert Peter geb. 22.7.1903. [...] 6.11.1931. [...]
Eichert Johann geb. 1.11.1905. [...] 27.5.1930. [...]
Eichert Hildegard geb. 16.3.1907. [...] 28.12.1933. [...]
Eichert Eduard geb. 13.?.1908. led. [...]
Eichert Hubert geb. 13.X.1910. [...] 2.2.193?. [...]
Eichert [...] geb. 21.?.1913. led. [...]
Eichert Anna geb. 23.9.1914. led. [...]
Eichert Walter geb. 25.3.1916. led. [...]

Eltern.

Eichert Joseph 18.12.187?. [...] 19.5.1900. [...]
Eichert Maria geborene Weber geb. 16.6.1895. [...]

Geschwister der Eltern.

Eichert Anna geb. 5.2.1873. [...] 22.7.1898. [...]
Eichert Emil geb. 31.12.1878. [...] 18.6.1907. [...]
Eichert Katharina geb. 11.8.1881. [...] [...]
Eichert Wilhelm geb. 18.1.1886. [...] 12.1.191?. [...]
Weber Rosalia geb. 11.3.1877. [...] 13.2.1900. [...]
Weber Albert geb. 22.3.1880. [...] 22.1.1907. [...]

Großeltern.

Eichert Peter geb. 18.7.1845. [...] 12.5.1872. [...]
Eichert Lisette geb. Weber geb. 19.3.1845. [...]
Weber Johann [...] geb. 16.10.1838. [...] 8.2.1895. [...]
Weber Katharina geb. Halba geb. 27.11.1842. [...]

Geschwister der Großeltern

Eichert Peter Anton geb. 18.11.1832. [...] 19.X.1867. [...]
Eichert Johann Peter geb. 1835. [...] 8.11.1866. [...]
Eichert [...] geb. 23.X.1838. led. [...] 30.6.[...]
Eichert Clara geb. 28.8.1841. led. [...] 24.[...]
Eichert Michael geb. [...].8.1851. [...] 8.6.18[...]
Eichert Johann geb. 23.8.1857. [...] 8.12.18[...]
Eichert Elisabeth geb. 13.6.1849. [...] 26.9.18[...]

Auf dieser Buchseite und auf den folgenden fünf Seiten sehen wir die bedeutsame Niederschrift des Norbert Eichert aus dem Jahr 1927.

Mather Anton geb. 21.8.1825.   Mather Maria

Mather Johann Barnhard geb. 18.2.1836.   Mather

Mather Maria Katharina geb. 14.8.1835.   geb.

Mather Maria Elisabeth geb. 9.10.1840. verh.

Halber Josef geb. 3.8.1845. gest. 1.2.1848.

Halber Johann geb. 17.8.1840. verh. 8.8.1871.

Halber Karolina geb. 20.12.1851. verh. 31.8.1877.

Halber Regina geb. im September 1877. verh. 1.10.

Halber Angela geb. 1.9.1877. verh. 24.11.1883. geb.

Urgroßeltern.

Eichert Josef geb. 6.11.1807. verh. 22.11.1831.

Eichert Angela Regina geb. Hüga geb. 13.10.1808

Mather Anton geb. 14.9.1795. verh. ?   gest. 30.9

Mather Barbara geb. Freindsof geb. 22.11.1803.

Mather Johann Josef geb. 20.1.1817. verh. 23.11.

Mather Klara geb. Maurer (Feid.) geb. ?   gest.

Halber Peter Philipp geb. 4.3.1809. verh. 25.6.1

Halber Anna Katharina geb. Wolf geb. 14.5.1845.

Ungezählten Ur

Eichert Maria Katharina geb. 2.10.1798. verh.

Eichert Angela Regina geb. 5.12.1800. verh. 3.11.

Eichert Anna Margareta geb. 23.9.1802. verh.

Eichert Maria Elisabeth geb. 8.12.1804. gest.

Hüga Johann Peter geb. 1.2.1797. verh. 17.2.1822.

Hüga Maria Katharina geb. 13.11.1800. Ehm.

Hüga Bartholomäus geb. 29.8.1808. gest. 4.1.1

Mather Peter Anton geb. 1.2.1807. Mather Johann

Halber Josef geb. 3.8.1845. gest. 5.11.1902. an

Stork Heinrich geb. 28.9.1812. gest. 27.3.1838.

Stork Johann Josef geb. 12.6.1818. gest. 28.1.1884.

Ur -

Eichert Johann Josef geb. 1.10.1777. verh. 20.

Eichert Anna Margareta geb. Buchheim.

Hüga Johann Peter geb. ? verh. 12.8.1777.

Hüga Angela Regina geb. geb. ?

Freindsof Eduard geb. 1768. gest. 19.11.1836.

... Anna ... geb. 8.12.1867. gest. ...
Hüge Johann Peter geb. 1.2.1797. noch 17.2.1822.
Hüge Maria Katharina geb. 13.11.180?. Elten.
Hüge Bartholomäus geb. 29.8.1808. gest. 4.1.1...
Weber Peter Anton geb. 1.2.1807. Weber Johann ...
Halbe Josef. geb. 3.8.1845. gest. 5.11.1902. in ...
Noot Heinrich geb. 28.9.1812. gest. 27.3.1857. ...
Noot Johann Josef geb. 13.6.1818. gest. 28.1.1884.

Ur - ...

Eickert Johann Josef geb. 1.10.1777. noch 20.?.
Eickert Anna Margareta geb. Buchkom. ...
Hüge Johann Peter geb. ? noch 12.8.1777. ...
Hüge Angela Regina geb. Arenz geb. ? ...
Fründorf ?upper geb. 1768. gest. 19.11.1836.
Fründorf Anna Maria geb. Birschof. ...

Schmitz Weber geb. 1763. noch 23.4.1803. gest. ...
Weber Elisabeth geb. Büner geb. 1777. gest. ...
Müller Paul ...
Müller Anna Margareta geb. Schumacher
Halbe Johann geb. ? gest. 8.4.1814. in ...
Halbe Anna Katharina geb. Hutzel geb. 17?
Noot Mattias geb. 1790. gest. 15.7.1857.
Noot Elisabeth geb. Müren geb. 1785. ...

Ur - Ur - Ur - ...

Eickert Johannes Peter
Eickert Anna Margareta geb. Nittlob
Hüge Peter (Elten)
Hüge Anna Katharina geb. Arends (aus ...
Buchkom Peter.
Buchkom Anna Katharina geb. Arens. (El...
Arenz Adam.
Arenz Elisabeth geb. Müren (Elten)

... lin Norbert Eichert Oetlingen, geb 11.7.03. gef. 25.7.37.

...ert. ...

...d Oetlingen

...räugfe.

...t Müllmieten

...d Oetlingen

...t. Oetlingen

...d Oetlingen

...ldn.

...

...

... gel. 10. Juli 1936. an Schlag fuß.

Oetlingen.

... 6. 1913. an Hanzbenhelentzündung. durch Lavgmann

...

... gest. 15.2. 1927. durch Lavgmann Lille 16 Jahren in der Feste

...03 an Schwindsucht.

7.8. 9?0. Unglücks fall.

?. 11. 1385. Unglücksfall.

gest. 7. 11. 1920. Lungentzündung.

gest. 13.7. 1913. an Wassersucht. durch Heimerich ...

?.2. 1913. an Schlagfuß. durch Habermann.

...

?. 3. ?. 76 ?5. an ... Herzen ... schwindung.

37.8. 1891. an Schwindsucht

887. an Schwindsucht.

1868. an Auszehrung.

... an Bräugfe.

... an Braunen.

gest. 12.8. 1877 Wassersucht u. Lungenkrankh. (Beckner

...rotha geb. 18.12.1824. Walter Carl geb. 29.12.1849.
Georg geb. 1.8.1839. Weitere Daten sind nicht zu finden.
27.11.1835. Schwäche. (Altersh.
...8.1867. gest. 17.4.1925. an Schwäche. (Altersh.
...7.11.1885. Brustfieber. Wohnort Zündorn.
...st. 8.X.1908. Wassersucht. Wohnort Römerbergen.
...st. 23.4.1929. Altersschwäche. Wohnort Treuchtingen.
... gest. 12.9.1911. Unglücksfall. Wohnort Kindersischbach.
...1932. Schwäche. Wohnort Zündorn.

...26.7.1867. Nervenfieber. Wohnort Oettingen.
...gest. 19.7.1870. Schwäche.
...1853. Brustfieber. Wohnort Langenn...
...gest. 31.3.1880 in Oettingen an Schwäche.
...gest. 12.10.1845. Infolge eines Falles von der Kanne (Altersh.
...6.1845. an Schmiedsucht. in Altersh.
... gest. ?   Wohnort Zündorn.
...singen gest. 29.5.1845. an Schwäche in Zündorn.

...1826. gest. 7.11.1854. an Erbgefolge Wohnort Oettingen.
...33. gest. 15.1.1842. Nervenfieber.
...5.1828. gest. 26.1.1855. Brustfieber u. Wagendruck. (Oettingen.
...1808. fallende Krankheit oder Epilepsie. (? ?)
...28.3.1824. an Erbgefolge Wohnort Elben.
...eitere Daten sind nicht zu finden)
...12. an Wassersucht. (Elben.)
...st. 9.9.1805. Altersh. Zuwuchs u. Verbleiben nicht zu finden.
...ucht Zündorn. Halbe Kinder geb. 27.11.1842. gest. ?
... Oettingen Tochter Anna Katharine geb. 23.3.1821. gest. ?
...Brustfieber Oettingen.
... Großaltern.
...848. gest. 10.4.1828. am hitzigen Fieber. Oettingen.
... sind nicht zu finden.
...20.11.1810. am faulen ... Nervenfieber. Elben.
...

...1005. ...

...6. 25. 3. 1824. an Entzündung ...ankheit Elban.
(...ten Akten sind nicht zu finden.)

...12. an Wassersucht. (Elban.)

...9. 9. 1805. Altershof. ...rats u. ...datum nicht zu find...
...Zündbeorn. Halbe ...harina geb. 27. 11. 1842. gest. ?
...Ottfingen ...echt Anna Katharina geb. 23. 3. 1821. gest. ?

...Ottfingen.

...Großaltern.

...848. gest. 10. 4. 1828. am hitzigen Fieber. Ottfingen.
...sind nicht zu finden.

...20. 11. 1810. am faulen ... Nervenfiebers. Elban.
...29. 11. 1818. Brustfieber.

...nachricht Sengenne.

...sind nicht zu finden.

2. 8. 1836. Altersschwäche. Altenhof.
25. 6. 1833. Entzündung

...Hand. Akten sind nicht zu finden.

...zündung (Zündbeorn.
...8. gest. 6. 10. 1836. Gicht.
...an Entzündung Ottfingen.
...16. 11. 1853. Altersschwäche u. Brustfieber
...altern.

Ottfingen)

...wachen.) } Akten sind nicht zu finden.
...nen)

Dieses Foto zeigt Josef Eichert und Maria Weber als junges Brautpaar, am 18. Mai 1900. Maria ist da 24 Jahre und Josef ist 25 Jahre alt. Der Altersunterschied zwischen den beiden Eheleuten beträgt etwa sechs Monate.

Hier sehen wir das Fotoportrait der Familie von Josef und Maria Eichert, mit den zehn Kindern, die überlebten. Das Bild stammt vermutlich aus dem Jahr 1922.

Wir sehen hier einen vergrößerten Ausschnitt aus dem Familienportrait von 1922. Dieser zeigt die Strumpfstrickerin und Mutter von elf Kindern Maria Eichert, geb. Weber, aus Altenhof.

Das hier ist ein vergrößerter Ausschnitt aus dem Familienportrait von 1922. Wir sehen den Bergmann und Familienvater Josef Eichert.

Die beiden Fotos zeigen die, mehrere hundert Jahre alte, Doppelhaushälfte, die vermutlich auf das Jahr 1650 zurückgeht und die höchstwahrscheinlich noch viel ältere Fundamente hat. Hier lebten die Familien der Chreschten seit Mitte des 18. Jahrhundert in fünf aufeinander-
folgenden Generationen. Weil sie gleich neben der mittelalterlichen Kirche aus dem 11. Jahrhundert wohnten, nannte man sie vermutlich eben
die „Chreschten", was ein regionalsprachliches Wort für Christen ist.
Der trutzige Kirchturm ist der älteste Teil der Kirche und diente den
Menschen damals als Fluchtburg, etwa im Dreißigjährigen Krieg (1618-
1648), als vielfach Soldaten, Räuber und allerlei gewalttätige Gesellen
durchs Land zogen.

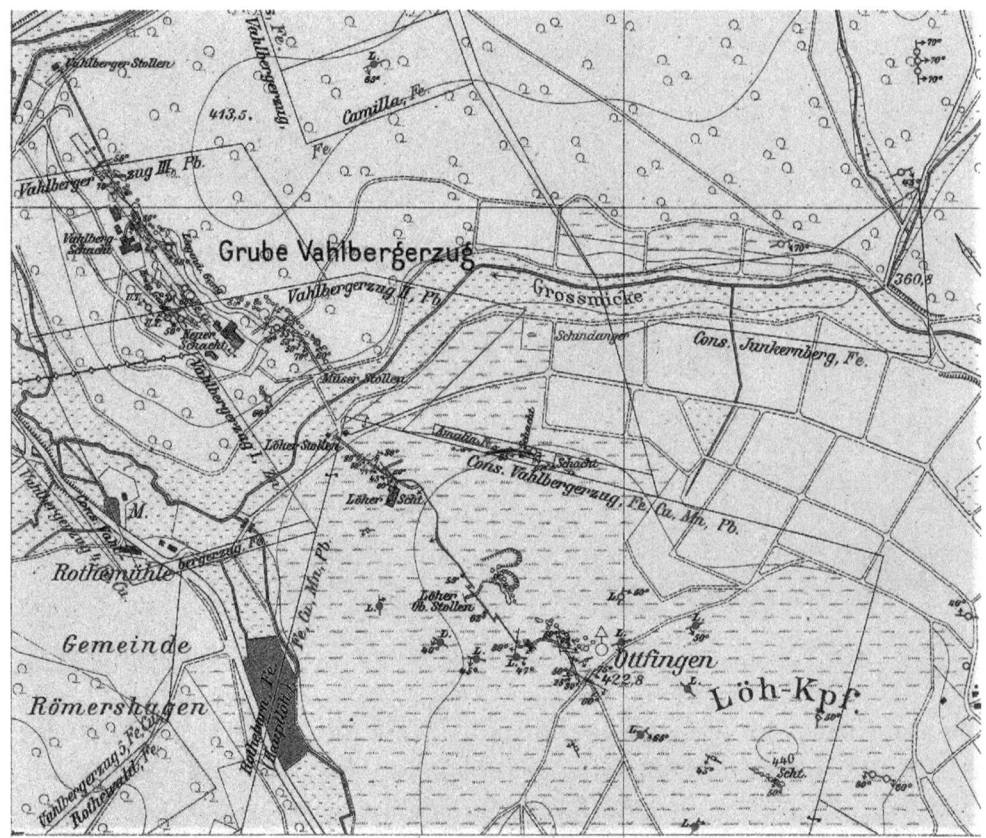

Dieser Kartenausschnitt zeigt das Bergwerk Vahlberger Zug, zwischen Ottfingen, dem Berg Löhkopf, Rothemühle und Brün gelegen. Unten auf der Karte ist das Folgende notiert: „Angefertigt im Jahre 1911 auf dem Markscheiderbureau des Kgl. Oberbergamtes zu Bonn unter Leitung des Oberbergamtsmarkscheiders Walter. Gez. durch J. Hein und W. Müller. Einzelne Nachträge 1923. In Vertrieb bei der Preuß. Geologischen Landesanstalt, Berlin N 4, Invalidenstr. 44." Trotz intensiver Recherchen gelang es uns nicht, die heutigen Inhaber von Urheberrechten an dieser Karte oder den jetzigen Aufbewahrungsort ausfindig zu machen. Wir nehmen gerne diesbezügliche Hinweise entgegen und nehmen diese dann gegebenenfalls in eine korrigierte Auflage des Buches auf. Dank an Matthias Reinhardt für seine Unterstützung.

Dieses Foto zeigt die Belegschaft, das heißt die Bergmänner, die Verwalter und Manager, der Grube Vahlberger Zug, im Jahre 1910. Das Bild befindet sich im Privatarchiv von Matthias Reinhardt, Drolshagen und wir bedanken uns für die Erlaubnis, es hier verwenden zu dürfen.

Die folgende Seite 271 zeigt einen vergrößerten Ausschnitt des oben abgedruckten Bildes, das heißt eine Vergrößerung des Bildteils ganz links. Der Bergmann oben in der Mitte, mit der rechten Schulter vor dem geöffneten Fenster stehend, ist nach unserer Einschätzung Josef Eichert (1874-1925). Unser Großvater bzw. Urgroßvater ist hier 36 Jahre alt.

Auf dem Foto oben sehen wir Bergleute bei der Arbeit unter Tage. So wird ihr Leben und ihre Tätigkeit besser vorstellbar. Dieses Bild vermittelte uns dankenswerterweise Matthias Reinhardt, Drolshagen. Es zeigt Bergmänner in der Grube Herdorf. Das Foto gehört zum Archiv Josef Dreier, Herdorf.

Das ganzseitige Bild auf Seite 272 stammt aus dem Jahr 1936. Es gehört zum Privatarchiv von Matthias Reinhardt, Drolshagen, und zeigt Bergleute in der Grube Storch & Schöneberg bei Gosenbach, auf Sohle 21, in einer Tiefe von 1000 Meter, wo eine Temperatur von 30 Grad Celsius herrschte, weshalb die Männer auch wenig Kleidung trugen. Hinten rechts an der Stange stehend sehen wir den Großvater von Matthias Reinhardt, das heißt Walter Reinhardt. Mit herzlichem Dank für die Erlaubnis, dieses eindrucksvolle Foto hier verwenden zu dürfen.

Dieses Foto aus dem frei verwendbaren Fundus von „wikimedia commons" zeigt Bergarbeiter beim Bohren von Sprenglöchern mit einem Handbohrmeißel und der Beleuchtung durch eine Öllampe. Die Szene ist aus Nuttlar, um 1900. Wir haben das Bild und die weiteren Fotos deshalb hier aufgenommen, weil die herausfordernde und gefährliche Arbeit der Bergleute durch solche Innenperspektiven viel besser vorstellbar wird. Das Foto kann unter den unten stehenden Links heruntergeladen und hinsichtlich seiner Herkunft lokalisiert werden.[40]

---

[40] http://www.schieferbau-nuttlar.de; https://commons.wikimedia.org/wiki/File:Bergarbeiter_Nuttlar1a.jpg

Dieses Foto, es stammt ebenfalls aus dem frei verwendbaren Fundus von „wikimedia commons", zeigt einen Bergarbeiter in einer Goldmine in Wales, Großbritannien, im Jahre 1938. Die Decke des Stollens wird hier lediglich mit Hölzern abgestützt. Rechts auf dem Felsen steht die Grubenlampe des Bergmanns. Das Bild befindet sich in der National Library of Wales. Es kann unter dem unten stehenden Link heruntergeladen und hinsichtlich seiner Herkunft lokalisiert werden.[41]

---

[41] https://commons.wikimedia.org/wiki/File:Miner_underground_at_Pumsaint_gold_mine_(1294028).jpg

Dieses dritte Foto, aus dem frei verwendbaren Fundus von „wikimedia commons", zeigt Bergarbeiter in Gammelgruva, Løkken Verk, Norwegen, 1900-1910. Das Foto kann über die unten eingefügten Links heruntergeladen und hinsichtlich seiner Archivierung im Orkla Industriemuseum, Norwegen, lokalisiert werden.[42]

---

[42] https://commons.wikimedia.org/wiki/File:Gammelgruva_L%C3%B8kken_Verk.jpg; https://digitaltmuseum.no/011012870841/transport-i-gammelgruva-lokken-verk-med-hest-og-skinnegaende-vogn

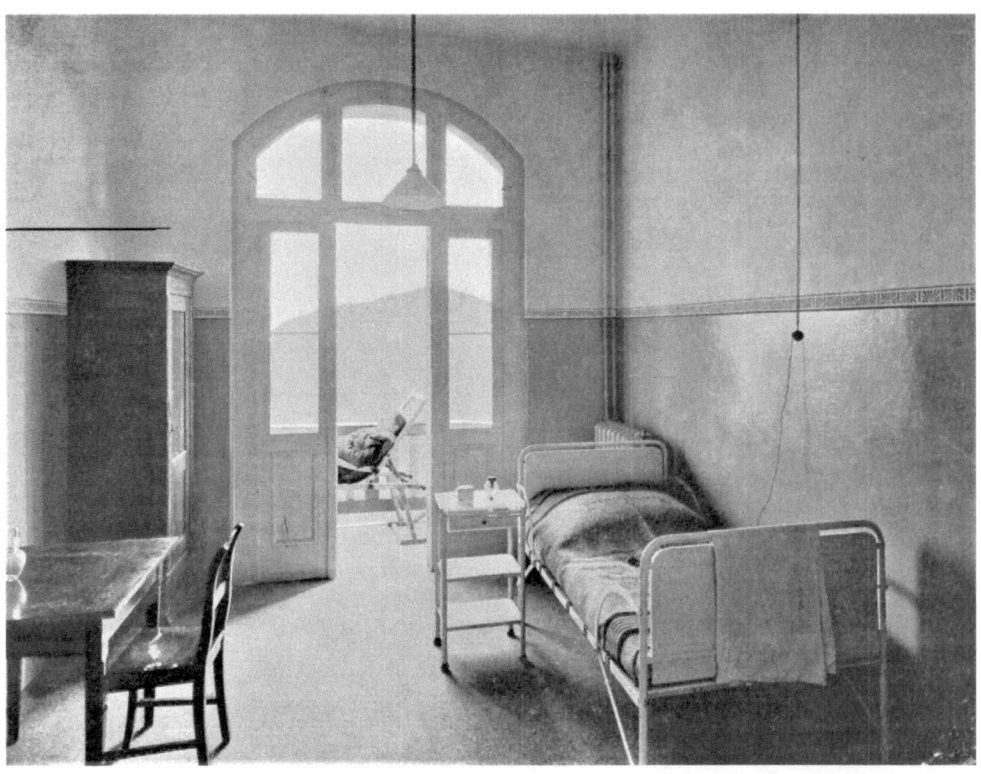

Krankenzimmer in der Auguste Viktoria Knappschafts-Heilstätte in Beringhausen bei Meschede in Westfalen. Hier wurden speziell an Tuberkulose und / oder Staublunge erkrankte Bergleute, d.h. ausschließlich Männer, behandelt. Josef Eichert war 1920-1925 zwei, eventuell auch drei Mal hier. Einzelzimmer bekamen Patienten die auf eine besonders schwere Art erkrankt waren oder Personen aus höheren sozialen Schichten.[43]

---

[43] Den Hinweis auf dieses Bildmaterial gab ein Artikel von Sabina Butz (2021). Hermann-J. Hoffe vom WOLL-Magazin Schmallenberg stellte den Kontakt zu Christel Zidi her und diese verwies dankenswerterweise auf die Datenbank der Universität Münster, die das Buch (Allgemeiner Knappschaftsverein zu Bochum, 1904) digitalisiert hat, https://sammlungen.ulb.uni-muenster.de/hd/content/pageview/3903009

Vierbettzimmer in der Auguste Viktoria Knappschafts-Heilstätte in Beringhausen bei Meschede in Westfalen, Foto von 1904.[44] Die Knappschaft unterhielt das Sanatorium vor allem für Bergleute aus dem Ruhrgebiet, aber auch für erkrankte Bergleute aus dem Kreis Olpe.

---

[44] Quelle wie auf der Seite vorher.

Freiluft-Liegehalle in der Auguste Viktoria Knappschafts-Heilstätte in Beringhausen bei Meschede in Westfalen, Foto von 1904.[45]

---

[45] Quelle wie auf den Seiten vorher.

Baderaum für Wasserbehandlungen in der Auguste Viktoria Knapp-schafts-Heilstätte in Beringhausen bei Meschede in Westfalen, Foto von 1904.[46]

---

[46] Quelle wie auf den Seiten vorher.

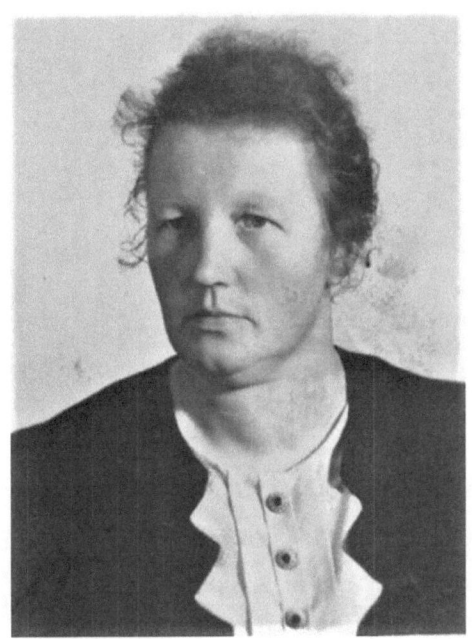

Rosa Bröcher, geb. Eichert, als junges Mädchen, 1916-1918, als Ehefrau und Mutter, 1930-1931 und in späteren Jahren, etwa 1980.

Dieses Foto zeigt Rosa Bröcher, geb. Eichert, im Kreis der Bräijder, das heißt der Großfamilie, in die sie eingeheiratet hat, bei einem Sonntagsspaziergang, vermutlich im Jahr 1940. Rosa sitzt ganz hinten, in der Mitte dieser Gruppenformation, und schaut nach unten. Hinten bzw. oben links sehen wir Gustav Bröcher, den Ottfinger Huf- und Wagenschmied, Rosas Ehemann. Ganz in seiner Nähe stehen zwei ihrer gemeinsamen Töchter. Ein wenig rechts vom Bildzentrum sitzt Wilhelmine Bröcher, Gustavs Mutter und somit Rosas Schwiegermutter. Links von ihr befindet sich Sohn Edmund, rechts von ihr Sohn Robert. Des weiteren sehen wir deren Ehefrauen und Kinder.

Dieses Foto zeigt Johanna Ullrich und Johann Eichert in etwa 1928 oder 1929, als sich die beiden kennenlernten.

Wir sehen einen Ausschnitt aus einer Gruppenaufnahme des Ottfinger Kirchenchors. Die Männer befinden sich, gemeinsam mit Pastor Albert Kampmann (vordere Reihe, ganz rechts), vor der Ottfinger Fachwerkschule aus dem 19. Jahrhundert, nicht weit von der mittelalterlichen Kirche und dem Chreschten Wohnhaus entfernt. Das Foto lässt sich in etwa auf das Jahr 1935-1937 datieren. Weiter links, nicht im Bild, steht ein Mann in NS-Uniform. Johann befindet sich im Zentrum dieses Bildausschnitts (mittlere Reihe, vierter von rechts). Er könnte hier etwa 30-32 Jahre alt gewesen sein.

Auf diesem Foto sehen wir Johann in seiner Funktion als Bürgermeister, irgendwann zwischen 1952 und 1967. Ein Bahnbeamter, rechts im Bild, hält nach dem Zug Ausschau. Wahrscheinlich befindet sich Johann auf dem Bahnsteig in Rothemühle, um eine hochgestellte Person oder einen Amtsträger zu empfangen und dann mit nach Wenden zu nehmen.

Dieses Foto ist eine Momentaufnahme von der Fronleichnamsprozession in Ottfingen, im Jahr 1961. Rechts im Bild ist Johann Eichert zu erkennen, mit gescheiteltem Haar, meditativ vor sich hinschauend, in seiner Funktion als Kirchenvorstand, hinter dem Baldachin gehend.

Diese Foto stammt aus der Mitte der 1950er Jahre. Es zeigt Johann Eichert intensiv in ein Gespräch vertieft. Wer auch immer ihm gegenüber sitzt, mit der betreffenden Person muss es einen geistreichen, für ihn persönlich angenehmen, Dialog gegeben haben, wenn wir einmal auf seinen Gesichtsausdruck achten und uns das Spiel der Blicke vorstellen, wie es Jean-Paul Sartre, dessen Bücher Johann ja las, in seinem Werk „Das Sein und das Nichts" so schön beschrieben hat.

Nachwort, Danksagung, Ausblick

Nach zwei Jahren Arbeit verschickten wir eine Entwurfsfassung und holten Feedback ein. Am 5. November 2024 erschien das Buch. Weil noch einiges verbessert werden musste, erstellten wir Mitte Januar 2025 diese Neuauflage. Unterdessen gibt es in Ottfingen und im Rahmen des internationalen „Life History and Biography Network" erste Diskussionen des Buches, auch Besprechungen in lokalen Medien.

Wir bedanken uns für Hinweise, anerkennende Worte, teils auch Kritik und Widerspruch, sowie für alle Formen der Unterstützung in Zusammenhang mit unserem Buchprojekt, bei Olaf Arns, Beate Bröcher (geb. Sidenstein), Bruno Bröcher, Siegfried Bröcher d. J., Helga Buchen (geb. Bröcher), Hildegard Clemens-Hetzel, Prof. Dr. Friedhelm Decher, Bernd Eichert, Lissy Eichert, Marile Feldmann, Inge Fischer (geb. Bröcher), Hermann-J. Hoffe, Dr. Inge Hofsommer, Aliana Jacobs, Kunibert Kinkel, Lorena Klein, Alexander Klute, Dominik Klute, Sebastian Klute, Dr. Roland E. Koch, Nenja Lawrenz, Sylvia Mandt, Christel Meyer Friederich (geb. Eichert), Ludger Meyer, Monika Pieper-Clever, Matthias Reinhardt, André Rempel, Annalena Schäfer, Bernd Schätzle, Julia Schätzle (geb. Eichert), Rosemarie Schmidt (geb. Eich), Dr. Bernd Schulte, Helmut Sidenstein, Astrid Stahl, André Stock (Chreschten), Gabi Will, Nicole Williams, Jörg Winkel und Christel Zidi.

Gerne nehmen wir weiter Rückmeldungen aller Art entgegen, Kritik eingeschlossen. In den Fällen, wo diese aber zu massiv ausfällt, antworten wir vorab mit Rosa Eichert-Bröcher, denn es war eine weise Frau, und sie sagte in solchen Situationen nur: „Macht es besser!" Als nächstes könnte ein Buch zu anderen Ottfinger Familien entstehen. Etwa zehn oder fünfzehn Personen aus ebensovielen Familien könnten damit beginnen, Fotos und Dokumente zu sammeln sowie Geschichten aufzuschreiben. Am besten ist, sich erst einmal auf eine Person aus der eigenen Familiengeschichte zu konzentrieren und zu schauen, welches Thema sich hier anbietet. Wir unterstützen und beraten gerne dabei.

E-Mail-Adressen: lissa.klute@gmx.de; joachim_broecher@web.de